UNIVERSITY OF NORTH CAROLINA AT CHAPEL HILL
DEPARTMENT OF ROMANCE LANGUAGES

NORTH CAROLINA STUDIES
IN THE ROMANCE LANGUAGES AND LITERATURES

Founder: URBAN TIGNER HOLMES

Editors: MARÍA A. SALGADO
CAROL L. SHERMAN

Distributed by:

UNIVERSITY OF NORTH CAROLINA PRESS

CHAPEL HILL
North Carolina 27515-2288
U.S.A.

NORTH CAROLINA STUDIES IN THE
ROMANCE LANGUAGES AND LITERATURES
Number 253

EL TIEMPO Y LOS MÁRGENES

EL TIEMPO Y LOS MÁRGENES

Europa como utopía y como amenaza

en la literatura española

POR

JESÚS TORRECILLA

CHAPEL HILL

NORTH CAROLINA STUDIES IN THE ROMANCE
LANGUAGES AND LITERATURES

U.N.C. DEPARTMENT OF ROMANCE LANGUAGES

1 9 9 6

Library of Congress Cataloging-in-Publication Data

Torrecilla, Jesús, 1954-
El tiempo y los márgenes: Europa como utopía y como amenaza en la literatura española / Jesús Torrecilla
   p.   cm. – (North Carolina studies in the romance languages and literatures; 253)
Includes bibliographical references.
ISBN 0-8078-9257-2 (alk. paper)
   1. Spanish prose literature – 19th century – History and criticism. 2. Spanish prose
literature – 20th century – History and criticism. 3. Europe – In literature. 4. Utopias in
literature. 5. Spain – Civilization. I. Title. II. Series.
PQ6137.T67   1996
868'.50809 – dc20   96-15939
                                                 CIP

This publication is subsidized in part by the Program for Cultural
Cooperation between Spain's Ministry of Culture and Education
and United States' Universities.

Cover photo: Goya. *Perro semihundido*. Copyright © Museo del Prado - Madrid.
       Derechos reservados. Prohibida la reproducción total o parcial.

Cover design: Shelley Greundler.

ISBN 0-8078-9257-2

IMPRESO EN ESPAÑA

PRINTED IN SPAIN

DEPÓSITO LEGAL: V. 352 - 1997

ARTES GRÁFICAS SOLER, S. A. - LA OLIVERETA, 28 - 46018 VALENCIA

ÍNDICE

Lleno de realidades geográficas el globo terráqueo,
merced a los descubrimientos y exploraciones, todavía aprovechan en España unos cuantos los ins-
tersticios de lo real para suscitar una comarca utópica, un modo virtual, al cual llaman Europa.

JOSÉ ORTEGA Y GASSET

A mi profesor Paul Ilie

INTRODUCCIÓN

En las primeras páginas de su libro sobre el Orientalismo recuerda Said la relación que mantuvo Flaubert con una cortesana en su viaje a Egipto y considera muy significativo que nuestro conocimiento de esa mujer se produzca tan sólo de una manera mediatizada. En vez de ser Kuchuk Hanem quien exprese directamente sus emociones, el escritor francés le usurpa este derecho y forja una imagen de la "mujer oriental" para uso de europeos. La anécdota representa adecuadamente, según Said, el carácter de las relaciones de poder que se han producido entre Oriente y Occidente en los últimos siglos y pudiera muy bien servir para simbolizar el establecimiento del "Orientalism as a Western style for dominating, restructuring, and having authority over the Orient" (3). Por supuesto lo que a él le interesa es indagar las causas y propósitos del discurso europeo sobre el Oriente y llamar la atención sobre sus mistificaciones, más que analizar la percepción que los "orientales" pudieran poseer de sí mismos y de los europeos. Al lector le queda por tanto la duda de cómo habría podido interpretar Kuchuk Hanem su relación con Flaubert de haber escrito ella la historia; o de cómo la interpreta de hecho, si es que entendemos ambas figuras en un sentido simbólico. A aclarar esa duda se orienta básicamente el presente estudio.

Evidentemente no quiero implicar con ello que España forme o haya formado parte del mundo oriental, sino simplemente poner de relieve que en el proceso de acaparación del significado de Europa por parte de ciertos países europeos como Francia, la nación ibérica ha quedado con frecuencia excluida del concepto. ¿Qué razones motivan esta actitud y cómo reaccionan ante ella los escritores peninsulares? La respuesta no es de ningún modo simple y requiere un buen número de matizaciones, según se verá más adelante, pero lo que sorprende a primera vista es que los españoles evidencien a menudo estar de acuerdo con los que les denigran en considerarse atrasados, bárbaros, ignorantes o, para decirlo en una palabra extensamente utilizada, africanos, con todas las negativas implicaciones que este calificativo encierra. La constatación impone ciertas reflexiones sobre los fundamentos del juicio y la asignación de valor que muestran ser de utilidad para comprender la interacción de objetividad y subjetividad, o universalismo y particularismo, y que, en definitiva, nos lleva a plantearnos el sentido de los conceptos de tiempo e identidad en que se fundamenta el espíritu moderno.

Cuando se confronta el estudio de la literatura española de los últimos siglos llama la atención la insistencia con que numerosos autores de distintas épocas interpretan la pugna de tradición y modernidad como un conflicto de identidades. Esta aparente confusión de planos, en la que un problema temporal o interno adquiere una dimensión, por así decirlo, "espacial", está demasiado extendida como para pretender que se trate de un simple error de perspectiva. Pero ¿qué razones pueden existir para que la tradición española tienda a monopolizar el sentido de lo español y el espíritu moderno se asocie estrechamente con sociedades extranjeras? ¿Qué importancia posee este hecho para las letras españolas y qué consecuencias acarrea? Los diferentes apartados de este trabajo pondrán de relieve que la conciencia de atraso respecto a ciertos países europeos, Francia e Inglaterra sobre todo, no se trata tan sólo de un reiteradísimo tema cuyo estudio difícilmente pudiera ya despertar interés, sino de un factor que condiciona decisivamente durante un largo período de tiempo a la literatura peninsular, tanto estilística como conceptualmente.

Aun admitiendo que la historia de los movimientos europeos se reduzca a "un repetido intercambio de influencias" (Sebold, *El rapto* 79), emergen no obstante un buen número de preguntas que requieren contestación: ¿Dónde se sitúan los límites de la idea de Europa y por qué? ¿Es lícito establecer esos límites recurriendo a criterios meramente geográficos? Y si de este modo lo hiciéramos ¿cómo interpretar la obvia convicción de identidades nacionales enfrentadas que transmiten los textos? La evidencia escrita pone de manifiesto que un buen número de los más grandes autores españoles conciben su ser nacional no integrado o deficientemente integrado en esa abstracción que denominan Europa. Para calibrar la importancia del hecho, es preciso resaltar que *no se trata de una mera conciencia de diferencialidad*, sino del reconocimiento de un atraso endémico que *implica un juicio negativo de valor*, una confesión de debilidad, ignorancia, falta de espíritu e inferioridad. Más allá de su importancia temática, la conciencia de atraso demuestra poseer un carácter todavía más decisivo y condicionar el proceso creador en sus mismos orígenes. ¿Posee el autor de una sociedad rezagada la capacidad de crear o está irremisiblemente condenado a la imitación? La pregunta atormentada de Larra merece tomarse en cuenta, especialmente si constatamos que, de una u otra manera, subyace a la producción escrita de autores que por su enorme talla pudieran juzgarse representativos de la literatura peninsular.

La indagación del caso español me permitirá poner de relieve la importancia de una categoría analítica inexplicablemente excluida de los estudios literarios y llamar la atención sobre los erróneos juicios de valor e interpretación que esta exclusión ha originado. El escritor consciente de pertenecer a una comunidad atrasada tiende a plantear la tensión entre tradición y progreso como un enfrentamiento de identidades nacionales, que en el caso español podría resumirse en la fórmula de europeización frente a casticismo. ¿Deberá juzgarse una coincidencia que el llamado Siglo de las Luces, siglo de utopías y de fe ilimitada en el progreso, se perciba reiteradamente en España como una época afrancesada? ¿Qué relación existe, si es que existe alguna, entre espíritu utópico y conciencia de atraso?

La aparición de proyectos utópicos no se produce, como es sabido, en cualquier época o lugar, sino que acompaña a la emergencia en Europa de una nueva Weltanschauung esencialmente caracterizada por su progresismo. Los modelos de sociedad ideal que propone se caracterizan por fundamentarse en un concepto de razón dinámica, no estática o absoluta, que posee la virtualidad creadora de proponer ante cualquier presente concreto la imagen de un "debería ser" considerado más racional y, por tanto, más desarrollado y mejor. La noción de futuro no significa para esta nueva mentalidad una simple sucesión cronológica, sino que implica la idea de perfeccionamiento. Pero mientras que en países como Francia e Inglaterra origina una profusa creación de utopías, en territorio peninsular motiva una creciente reiteración de Europa como "utopía". Esa diferente repercusión del espíritu progresista en suelo peninsular será la que examine este libro, en algunas de sus múltiples manifestaciones, para determinar la responsabilidad que le corresponde en la creación de una literatura española "anómala" con relación a las pautas hegemónicas continentales. Me interesa insistir en que es un mismo espíritu el que, confrontado con diferentes realidades, produce resultados distintos. Lo que indica que el tradicionalismo como reacción defensiva contra la modernidad del otro no debe confundirse con el mero tradicionalismo enemigo de novedades.

La noción de avance histórico infinito se basa en la convicción de que, enfrentado a cualquier realidad, el ser humano podrá siempre proponer la imagen ideal de un futuro considerado más racional. Pero la posibilidad de desarrollo lineal no sólo implica la idea de mejora sino también la de jerarquización: las sociedades más modernas no serían únicamente las más avanzadas sino asimismo, y precisamente por serlo, las mejores. La mentalidad progresista, una de cuyas manifestaciones es la utópica, se fundamenta por tanto en dos convicciones básicas: la idea de avance infinito y la seguridad de que ese avance es universal y único. El nuevo espíritu convierte en acuciantes el problema del tiempo como intensificación racional y del otro como rival. La dinámica interna del progreso origina una dialéctica temporal entre el entusiasmo por el avance racional y la reacción contra ese avance hacia la naturaleza, el pasado, las pasiones, o hacia todos esos ámbitos que se suponen inaccesibles a la razón: el inconsciente, el misterio, la magia, lo inefable... Pero en los países que se conceptúan atrasados como España, el ineludible enfrentamiento con las sociedades más modernas se convierte en primordial y la pugna que denomino espacial relega la dinámica puramente temporal a un segundo plano: los proyectos progresistas se interpretan como una especie de amenaza para la identidad propia, por lo que la oposición a ellos posee un alto componente autodefensivo.

Creo conveniente subrayar esta diferencia porque posee un interés fundamental para comprender la índole de mi estudio. La oposición al otro más desarrollado puede producirse en términos similares al antagonismo contra el desarrollo: alabanza de lo diferencial, las pasiones, el pasado... sin embargo entre ambas actitudes existe una radical diferencia. No es lo mismo reaccionar contra la modernidad en cuanto tal, que plantearle resistencia por considerarla exógena. En el primer caso la enemiga al progreso provoca una valoración positiva de todas aquellas sociedades que se juzgan más atrasadas, por creer percibir en ellas una imagen del propio pasado; en el segundo, por el contrario, se reacciona contra la influencia amenazante de una realidad alternativa más moderna o más fuerte (ambos conceptos se identifican) hacia los componentes de la identidad propia.

La reacción tradicionalista de los progresistas españoles no elimina de hecho la percepción positiva de la modernidad sino que simplemente la interfiere con otro tipo de valoración que podríamos denominar etnocéntrica. La conciencia de atraso frente al Continente implica un reconocimiento de inferioridad y está ampliamente documentada en un buen número de escritores peninsulares que la expresan tanto en términos temporales como recurriendo a imágenes que implican falta de razón y espíritu, incultura, debilidad o pasividad. La comparación de España con comunidades africanas o asiáticas posee una referencialidad esencialmente similar, al igual que la conceptuación femenina pasiva de un país que necesita la "fecundación" europea, con todo lo que ello simboliza. Tendremos más adelante posibilidad de analizar las múltiples implicaciones de esta rica imaginería. Es significativo por ejemplo, y quiero llamar la atención sobre ello desde este momento, que el progreso se conciba en términos de fuerza: si la imagen temporal de avance implica asimismo la idea (o más bien la evidencia) de fortalecimiento, parecería convertirse en un criterio de evaluación objetivamente verificable, por más que el ejercicio de esa fuerza sea moralmente inaceptable.

La impresión de exotismo que ciertos españoles experimentan ante su propia sociedad revela el establecimiento entre ambos de una significativa distancia. Los estudios que siguen pondrán de manifiesto la existencia de una relación de causalidad al parecer inevitable entre el conocimiento de la modernidad europea y la adquisición de su punto de vista. Esta especie de parcial desnaturalización ocasiona en los progresistas peninsulares una duplicidad de lealtades que fragmenta crucialmente su personalidad. A la identificación afectiva con su país se superpone la identificación intelectual con una modernidad que consideran extranjera. La decisión de Blanco White de asimilarse a la sociedad inglesa no debería interpretarse sino como uno de los posibles intentos de integrar ambas mitades y eliminar la tensión. Para los escritores que descartan esta opción descaracterizadora, sin embargo, la posibilidad de armonización interna exige ineludiblemente la europeización del país: la sociedad española debe "racionalizarse", progresar hasta el punto en que se encuentra Europa, y precisa para ello abrirse al espíritu continental para asimilarlo. Ya veremos cómo Larra y Galdós recurren a imágenes educativas y sexuales para sugerir el proceso.

Pero incluso planteamientos decididamente partidarios de la apertura contienen un componente defensivo que de algún modo les lleva a reinterpretar la identidad del otro asociándola con la tradición propia. *Gloria* de Galdós y *En torno al casticismo* de Unamuno nos ofrecen buenos ejemplos de la ansiedad que ocasiona la apertura a un espíritu extraño considerado más fuerte y amenazante. La ansiedad no resulta de hecho en absoluto injustificada, si tenemos en cuenta que las propuestas modernizadoras exponen a veces el proceso como una relación en la que al país peninsular le corresponde adoptar una postura "corporal" receptiva frente al espíritu europeo, y parecen implicar por tanto una amenaza de sustitución espiritual.

La conciencia de esta amenaza es la que motiva la aparición de actitudes enérgicamente defensivas. Desaparece así el precario equilibrio que pretenden mantener los progresistas entre los componentes racional y afectivo, inclinando el fiel de la balanza hacia la identificación emocional con España. La europeización debe realizarse a nivel social, pero la constatación de que el país carece de capacidad para llevarla a cabo produce en ciertos escritores, como en el Galdós de *Ángel Guerra* y el Unamuno de "Sobre la europeización", un repliegue hacia los componentes de la identidad propia. Los valores genuinos y auténticos (los que les hacen, en cuanto españoles, ser diferentes) se sitúan por encima de los valores universales, y las argumentaciones de índole pasional se anteponen a los juicios racionales. El discurso que así se origina estará ineludiblemente cargado de contradicciones lógicas, ya que la nueva actitud no sustituye, sino que alterna e incluso se interacciona, con incitaciones a la europeización, evidenciando con ello la tenaz resistencia de lo racional a ser supeditado a lo afectivo.

Consecuentemente con esta doble atracción, que tensa la producción de los escritores progresistas entre los modelos extranjeros y la identidad propia, dividiré mi trabajo en dos grandes apartados. Tras el capítulo previo de tipo teórico sobre los conceptos de tiempo e identidad, una primera parte analizará en Larra y Galdós lo que denomino actitudes receptivas frente al espíritu continental. La propuesta de asimilación formulada por el madrileño se fundamenta en la educación, mientras que la de *Gloria* recurre al simbolismo amoroso y fecundador. Las reacciones defensivas evasivas del enfrentamiento con Europa ocupan un segundo apartado, en el que se analizará el planteamiento paradójico de Galdós en *Ángel Guerra*, así como el relativismo pasional de Unamuno.

En los análisis dedicados a estos autores he procurado intercalar algunas citas de otros escritores y obras que muestren, siquiera de manera ligera, la extensión y el efecto crucial de la conciencia de atraso en la literatura peninsular. Porque, más allá de los límites que el presente estudio ha debido imponerse, me interesa insistir en que la crisis de identidad manifestada por los escritores progresistas persiste durante un largo período de tiempo, subyaciendo a diversas alternativas históricas y en cierto modo explicándolas. Si admitimos que ninguna literatura se produce en un vacío ideal sino que se interacciona estrechamente con la sociedad circundante, conviene no ignorar que en el caso de la literatura española la percepción "utópica" del otro europeo representa un componente esencial y duradero de ese entorno, condicionando decisivamente sus manifestaciones.

El nuevo enfoque propuesto contiene una riquísima gama de posibilidades. ¿Qué sucede por ejemplo cuando, recurriendo a la terminología de Bloom, un escritor se siente no sólo rezagado sino también extranjero respecto a sus modelos? La afirmación de que la tradición occidental es única y España forma parte de ella demuestra ser una asunción gratuita que la evidencia de los textos desmiente. El problema de la tradición en que entroncan apunta en su otro extremo a la difícil determinación del público a que se dirigen: ¿Para quién escriben estos autores de personalidad escindida? ¿Cómo afecta su doble identidad al estilo y a los temas elegidos? Pretendo con este libro plantear dudas y proponer algunas interpretaciones que espero sean de utilidad para comprender la tan comentada, y nunca satisfactoriamente explicada, "anormalidad" de la literatura española.

Tal vez convenga añadir unas últimas palabras sobre la metodología utilizada. He afirmado anteriormente que mi trabajo pretende ofrecer una interpretación del discurso hispánico como especie de otro periférico respecto al hegemónico europeo, con lo que está dicho que debe contener evidentes puntos de contacto con estudios críticos sobre diferentes tipos de discursos marginales. Quien haya leído esta Introducción, sin embargo, habrá podido ya comprobar que las divergencias con la mayor parte de ellos posiblemente sean mayores que las conjunciones. La conciencia temporal de atraso no implica una mera conciencia de "différence" sino que conlleva asimismo una valoración negativa y, en consecuencia, una jerarquización y una integración. La percepción de diferencias espaciales en términos temporales, o viceversa, genera repercusiones que se revelan fundamentales para comprender la literatura de la sociedad española y, puede suponerse, la de cualquier comunidad que en algún momento se haya juzgado atrasada. Este es el fundamento teórico de mi trabajo. El recurso a otras teorías literarias que son de uso común no creo que necesite ser detallado. Dejo al lector atento la oportunidad de descubrirlo en el texto.

EL TIEMPO Y LOS MÁRGENES: UTOPÍA Y CONCIENCIA DE ATRASO

Pudiera considerarse extraño que se inicie un estudio sobre las letras españolas analizando un concepto que parece no tener nada que ver con ellas. Si la escritura de utopías en el país peninsular es prácticamente nula ¿no sería poco menos que irrelevante para su literatura detenerse en especificar las características del género? Pero los seguidores del modelo que creara Tomás Moro no prolongan meramente los parámetros formales de un género literario, sino que reproducen también, según suele reconocerse, una de las manifestaciones más específicas del llamado espíritu moderno. Siendo así ¿qué razones existen para que no se produzcan utopías en España en una época en que en otras sociedades europeas se multiplican con una extraordinaria profusión? ¿Qué indica esta divergencia respecto a la realidad del país ibérico y cómo afecta a su producción literaria? Y en todo caso ¿puede afirmarse realmente que no existan? Las dos últimas décadas han visto salir a la luz un considerable número de trabajos sobre lo que suele denominarse "la utopía" española que se proponen atenuar esa aparente carencia o incluso desmentirla. El problema es que la mayoría de ellos proceden a realizar sus análisis sin definir previamente el concepto, por lo que sus argumentos se levantan sobre una lamentable indeterminación referencial. ¿Cómo afirmar o negar que tienen razón si no sabemos exactamente lo que implican?

La ambigüedad no se limita por otra parte al caso español. Los empleos actuales del término "utópico" son tan ambiguos y dispares, cuando no disparatados, que la palabra parece haber perdido toda referencialidad. ¿Qué pretendemos significar cuando hablamos de utopías? ¿una visión del mundo, un género literario? Y si es una visión del mundo ¿en qué bases se fundamenta? Por supuesto queda siempre la opción de recurrir al vocablo indiscriminadamente, como especie de posesión mostrenca y maleable que cada cual utiliza a su antojo; pero si deseamos conservar su crucial sentido primitivo, en cuanto ejemplo paradigmático de una tendencia progresista decisiva para Europa, no queda otro remedio que indagar con precisión sus implicaciones. El análisis servirá para caracterizar asimismo el espíritu subyacente a cualquiera de las manifestaciones alternativas de esa tendencia progresista, como las cartas de viajeros exóticos por países modernos o los diálogos filosóficos con miembros de sociedades primitivas, ya que a todos ellos les guía un idéntico propósito de crítica racional de la sociedad tradicional y del antiguo sistema de valores en que se fundamenta. ¿Por qué se multiplican estas críticas en la Europa que inicia su andadura hacia la modernidad y cuál es su sentido? ¿Puede hablarse en España de una tendencia similar, aunque más pobre o moderada, o de una radical divergencia? La contestación a estas preguntas no se ha producido hasta ahora de una manera tan clara como debiera, a pesar de su crucial importancia, y exige para ser formulada una clara comprensión del denominado espíritu moderno. Las páginas siguientes aportan una reflexión sobre sus bases.

1. UTOPÍA Y CONCIENCIA DE ATRASO

Cuando Tomás Moro critica en *Utopía* las bases sociales de su entorno, no es casual o irrelevante que decida proponer como modelo deseable una comunidad ejemplar imaginaria. El pueblo ideal de la isla recientemente descubierta, según se supone en el libro, representa una organización social en la que el no-lugar es una imagen espacial de referencia temporal, tal como el mismo Moro y su círculo de amigos humanistas reiteran desde los documentos introductorios. [1] La alternativa ofrecida no propone la imitación de so-

---

[1] En los documentos introductorios a la edición de Basilea de 1518, comentaba Guillermo Budé sobre la isla de Utopía que "nuestro tiempo y los tiempos venideros encontrarán en su historia un semillero de hermosas y útiles instituciones" (Moro 51). En esos mismos documentos, la pretendida "traducción" de un poema por Pedro Gilles afirma de la isla que "al fin conseguí dar a los hombres la ciudad filosófica anhelada" (Moro 55). Las personas próximas a Moro eran conscientes de que se proponía en el libro un modelo para la sociedad propia que no existía en parte alguna. Por ello en todos los textos introductorios se elude plantear la localización concreta de la isla.

ciedad alguna, sino que plantea la conveniencia de adoptar un método de ordenamiento racional radicalmente distinto del actual. El temperamento creador, no imitador, es una condición indispensable .no sólo de la utopía como género literario, sino de cualquier proyecto de organización social que se denomine utópico. El análisis de la obra de Moro y otras utopías clásicas pone de relieve que este tipo de proyectos se originan en un espíritu progresista caracterizado por poseer un concepto racional del mundo que implica un sentido ascendente de la Historia. Pero para que pueda la actitud progresista considerarse propiamente utópica necesita asimismo poseer la convicción de que tanto el entorno social en que se produce como el de cualquier otra comunidad conocida se fundamentan en principios de organización no racionales. Intentaré a continuación aclarar el sentido de estas afirmaciones.

La exigüidad de utopías en España durante la época de su máxima floración en otros países europeos es tan evidente que la reconocen incluso los más decididos partidarios de que su nombre no quede marginado de este apartado tan indisolublemente asociado a la aparición de la modernidad. [2] ¿Existen proyectos en el país peninsular, sin embargo, que puedan recibir el nombre de utópicos aunque aparezcan en obras que no se atengan a los usos de ese género literario? El análisis de numerosas obras literarias de los siglos XVIII al XX parece autorizar la respuesta a esta pregunta con una negación categórica. Los autores españoles, cuando reprueban racionalmente la colectividad a que pertenecen, no conciben un modelo de comunidad ideal utópica sino que proyectan la imagen del "topos" europeo. Esta actitud me he atrevido a denominarla colonizada, a pesar de tratarse de un término cargado de resonancias económicas y políticas, por juzgarlo el concepto que de manera más apropiada caracteriza su índole espacial. Por otra parte, también Ortega y Gasset recurre a una acepción idéntica para señalar la existencia en Francia a finales del XIX de una "mentalidad colonizada" similar a la que observaremos en el país peninsular: "cuando los ulanos imperiales sitiaban París, uno de los lugares donde con mayor vigor y pureza pulsaba el espíritu franco –el corazón de Renán–, se hallaba ya colonizado por pensamientos alemanes" (*Obras* I: 208).

---

[2] Pueden citarse, entre otros, los trabajos sobre utopías y viajes imaginarios en España de Maravall, Álvarez de Miranda, Stelio Cro, López Estrada, Rodríguez Aranda, Miguel Avilés, Guinard y Hafter.

Hablar de peculiaridad hispánica frente al continente supone arriesgar el juicio, discutible y en gran medida inadmisible, de que tanto España como Europa constituyen identidades homogéneas y enfrentadas. Habría sólo que repetir la cita de Ortega para constatar que nos encontramos frente a un problema muchísimo más matizado y complejo. Sin embargo, la conveniencia de realizar el análisis en estos términos encuentra su justificación en la abundante "awareness of selfhood in contrast to the Other" (Ilie, *Iberian* 158) que evidencian numerosos autores españoles frente a esa abstracción que denominan Europa. Los españoles se perciben como una entidad nacional diferente de los marroquíes, chinos, persas o cualquier otro pueblo no europeo, ciertamente, pero también de las sociedades europeas consideradas modernas. Y esas sociedades son, precisamente, las que acaparan el significado de lo europeo. Insisto en que no se juzgan simplemente distintos de Francia, Inglaterra, Holanda, etc., sino de todas esas naciones en su conjunto por el hecho de considerarlas modernas. La diferenciación implica asimismo un juicio de valor cuyas bases conviene indagar.

Feijoo advertía que "padece nuestra vista intelectual el mismo defecto que la corpórea, en representar las cosas distantes menores de lo que son" (*Obras* 91) y parece indudable que existe una poderosa tendencia a valorar las cosas por nuestra mayor o menor identificación con ellas. Lo extranjero sería, según eso, no sólo lo diferente sino lo bárbaro, con todas las implicaciones negativas que ese calificativo entraña. Sin embargo, existe en ocasiones un tipo de autoevaluación negativa que no puede obviamente fundamentarse en la conciencia de identidad. ¿Cómo justificar por ejemplo con un criterio etnocéntico que los españoles comiencen en el siglo XVII, según Ortega, "a maldecir de España, a volver la vista en busca de lo extraño, a proclamar la imitación de Italia, de Francia, de Inglaterra" (*Obras* I, 99)? ¿Cómo explicar la colonización intelectual a que se refería asimismo el autor madrileño y la actitud receptiva que esa tendencia implica de una realidad ajena? ¿En qué factores se origina la proclividad colectiva a la imitación de otras sociedades, si admitimos que sólo se imita lo que se considera superior?

Ortega y Gasset estima determinante en la situación colonial el hecho de que "hombres de pueblos viejos y muy avanzados en el proceso de su civilización caen en tierras menos civilizadas, es decir, históricamente más jóvenes" (*Obras* IV, 373). Es significativo que, aunque aluda a una situación efectiva de colonización con invasión

territorial, escoja como rasgo característico de la relación colonizadora, no el acto físico de la invasión sino la actitud mental que considera al otro perteneciente a un estadio "más joven" en el proceso
histórico de la civilización (lo que implica que se conceptúa a ésta
singular y ascendente). Especifica a este respecto en el párrafo inmediatamente anterior al arriba citado que "no toda invasión es colonización: no lo es cuando los bárbaros invaden Roma". Frente al
hecho físico de la invasión, la colonización se asocia a procesos
mentales; lo que permite suponer en sentido inverso que no toda
colonización está necesariamente conectada con un acto invasor. La
matización es similar a la que Foucault establece entre "esclavitud"
y "poder" cuando advierte que "slavery is not a power relationship
when man is in chains. (In this case it is a question of a physical relationship of constraint)" (*Critical* 790). Pero si la colonización
mental denota una relación de poder que exige para producirse la
actitud receptiva del que la sufre ¿cómo explicarla? ¿qué razones
pueden existir para que los miembros de una sociedad adopten
ideas y actitudes extrañas? Ortega relaciona el hecho con la noción
de menor avance, o mayor "juventud", en la línea ascendente que
mide el progreso histórico, y tal vez convenga profundizar en la referencialidad del concepto de tiempo que esta afirmación implica.

Tanto la conciencia de modernidad como la de atraso se caracterizan por percibir el "espacio" del otro en un momento de la pro-
gresión histórica. Cuando Ortega afirma que la "tierra no es sólo espacio, sino tiempo" (*Obras* IV, 373), pone de relieve la existencia de
una doble coordenada sobre la que se proyectan los distintos pueblos en el proceso de sus relaciones. La noción de espacio utilizada
por Ortega, y que tomará prestada el presente trabajo, se asocia estrechamente con la de identidad. Cualquier comunidad, para que
pueda hablarse de ella como entidad diferencial, debe percibirse y
ser percibida ocupando un espacio; siempre que por tal entendamos no sólo el ámbito físico en que tenga lugar (o en que pueda
tener lugar, ya que no está claro que la conciencia de identidad social exija ineludiblemente la posesión de un terreno) sino su civilización, sus tradiciones y costumbres; todo aquello con lo que se
identifica y es identificada y la distingue de las otras. Pero este espacio diferencial se percibe a su vez situado en un momento de la escala temporal ascendente que tiende a diferenciar progresivamente
"our lives from those of our animal ancestors" (Freud 40). La importancia de la asignación cronológica para determinar el carácter

de las relaciones entre sociedades consiste en su posición relativa respecto a la que el otro considera y es considerado ocupar. [3]

Tal vez convenga insistir en que esta asignación no se produce exclusivamente de un modo unilateral, como prueba el hecho de que algunas sociedades se perciban atrasadas, aun aceptando que el término posee connotaciones negativas. ¿Qué motivos podrían llevar a reconocer la superioridad del otro si no fuera la conciencia de que esa superioridad es una realidad indiscutible? Pero ¿significa esto que la jerarquización temporal implícita en los conceptos de adelanto y atraso refleja hechos objetivos o considerados como tales? Y si es así ¿cómo se mide? Paul Ricoeur estima que "il y a progrès lorsque deux conditions sont remplies: c'est d'une part un phénomène d'accumulation et d'autre part c'est un phénomène d'amélioration" (290). El primer fenómeno resulta mucho más fácil de probar que el segundo, según el mismo Ricoeur admite. La proliferación de bienes de consumo es un hecho cuantitativo que se puede demostrar simplemente recurriendo a datos estadísticos. El concepto de mejora, en cambio, sería imposible de graduar si lo entendiéramos con criterios morales, y sólo si lo asociamos con la idea de "poder" (tal como lo define Foucault) parece poder fundamentarse sobre un terreno verificable. Las sociedades más modernas se consideran las mejores no por poseer superiores valores morales, lo que sería muy discutible para ser universalmente aceptado, sino por evidenciar en la práctica una mayor fuerza. El carácter de esa fuerza es difícil de determinar, pero su reconocimiento por parte de los grupos menos avanzados se pone de relieve en la adopción de sus modas y costumbres, así como en la tendencia general a la imitación de una realidad que se considera modélica precisamente por juzgarse más moderna. Más adelante se analizará en detalle esta tenden-

---

[3] Este planteamiento seguramente confronte la oposición de importantes corrientes críticas actuales, ya que, como señala Todorov, en nuestro tiempo "universalism has acquired a bad reputation" (*Critical* 175). El mismo autor advierte sin embargo que la renuncia a interpretaciones de carácter universal "would lead us to renounce the very idea of shared humanity", y justifica su razonamiento argumentando que "we are not only separated by cultural differences; we are also united by a common human identity, and it is this which renders possible communication, dialogue, and, in the final analysis, the comprehension of Otherness – it is possible because Otherness is never radical" (175). Considero muy significativo que Todorov asocie esta manera de proceder integradora con la aparición en Europa de un "scientific mode of reasoning" (173). En apartados posteriores me ocuparé del asunto en detalle.

cia mimética en la literatura española y tendremos oportunidad de comprobar cómo confronta asimismo una fuerte resistencia defensiva.

El espacio de un grupo social refiere por tanto a su identidad en lo que posee de distintivo, mientras que su tiempo le proyecta sobre la dimensión integradora de lo humano. La imagen espacial revela lo particular y no debe de por sí implicar un juicio de valor, a diferencia de la temporal que jerarquiza las distintas colectividades en una escala única. Conviene advertir que determinados países (y el caso español es paradigmático a este respecto) pueden juzgarse atrasados o adelantados según se relacionen con unos u otros grupos. Las sociedades con mentalidad utópica en cambio, por disponer de un concepto progresivo de la historia y proponerse una imagen racional de futuro que juzgan nueva o inexistente, evidencian no considerar a ningún otro pueblo más avanzado que el suyo. Su imagen de modelo ideal no recibe la interferencia del otro como modelo. Estoy por ello de acuerdo con Maravall en considerar que el estudio de lo que él denomina "pensamiento utópico" en España "sería una interesante aportación a la historia de nuestra cultura" (*Utopía y Contrautopía* 240). Más difíciles de aceptar en cambio resultan sus conclusiones sobre diversos autores en la época de los Austrias, que parecen implicar la existencia en el país peninsular durante los siglos XVI y XVII de una mentalidad utópica similar a la europea. Otros muchos estudios publicados en fechas relativamente recientes, y a los que aludiré más adelante, evidencian un afán similar por integrar el espíritu español del XVIII en el continental productor de utopías. A todos ellos puede reprochárseles que, de algún modo, falsean el carácter de la sociedad española en esas épocas y valoran equivocadamente sus frutos literarios.

2. TIEMPO Y VALOR

En su libro sobre la España de los Austrias afirma Maravall que "la Utopía no es una imagen de cualquier cultura" sino que "llega a ser lo que es en la Historia de la mentalidad de los pueblos europeos, aproximadamente sobre 1500" (4). La producción utópica se juzga así asociada a la emergencia en Europa de una mentalidad que más adelante denomina "renacentista" (4) y "moderna" (49). También otros estudiosos del género, como Eliav-Feldon (134) y

Davis (42), establecen una estrecha relación entre el movimiento renacentista y el comienzo de la producción de utopías a principios
del XVI. A. L. Morton explicita más detalladamente las razones de
la conexión, afirmando que "at the close of the fifteenth century it
would be roughly true to say that civilisation had reached and in
some respects passed the level attained in the Graeco-Roman
world. And, consequently, instead of looking back to a past more
glorious than the present, it was possible to look forward to a future more glorious than either" (52).

El nacimiento del género utópico se justificaría, según ello, por
la conciencia que ciertos renacentistas europeos experimentan de
pertenecer a sociedades con mayor altura histórica que cualquier
otra, presente o pretérita. Tomás Moro explicita esta conciencia en
su *Utopía*, aunque la mera creación del género así lo evidenciaría.

También Ortega traza entre la Edad Media y "nuestra era" una
línea divisoria caracterizada por la aparición de un espíritu que indistintamente denomina racional o utópico (*El tema* 175). La frontera parece ser sin embargo difícil de precisar y Ortega fluctúa al situarla, ya en la creación de construcciones racionales descartianas
(46), ya en la producción de utopías (177). En todo caso parece implicar una continuidad entre las mentalidades renacentista e ilustrada, por considerar que ambas se fundamentan en una actitud racional que acarrea decisivas repercusiones para el mundo europeo. El
asunto merecería un análisis más detallado, pero me interesa ahora
sólo destacar la estrecha conexión percibida entre racionalismo y
utopía, y poner el hecho en relación con el concepto anteriormente
señalado de mayor altura histórica. Utilizo "racionalismo" en un
sentido epistemológico, no ontológico.

La idea de altura histórica se fundamenta en una percepción de
la Historia como proceso singular y ascendente. Mircea Eliade recurre al concepto de historia lineal o "irreversible" (48) para señalar
la aparición del hombre moderno, y estima que el hecho se origina
a partir del siglo XVII en Europa si bien con titubeos: junto a la
nueva idea de progreso lineal profesada por Francis Bacon o Pascal
sobrevive aún la percepción "cíclica" en las teorías de Kepler, Car-
dano o Bruno (145). Cabría añadir que estas vacilaciones se producen desde principios del XVI cuando menos, según se comprobará
al analizar la *Utopía* de Moro, y tal vez no careciera de interés por
otra parte observar de qué modo esta indecisión existe interiorizada. La interpretación cíclica implica, según Eliade, un deseo de

abolir el tiempo mediante la repetición de arquetipos: "All sacrifices are performed at the same mythical instant of the beginning; through the paradox of rite, profane time and duration are suspended" (35). Parece ser por tanto característica de sociedades que explican el universo de una manera mítico-religiosa, frente a la idea de tiempo lineal irreversible que subyace a la noción racional de la Historia como hechura humana.

Erwin Panofsky interpreta el paso de la mentalidad medieval a la renacentista por el desarrollo en esta última de la noción de perspectiva, que está fundamentada "on the realization of a fixed distance between the eye and the object" (28) y relaciona el hecho con la aparición de la "modern idea of history, which is based on the realization of an intellectual distance between the present and the past" (28). El calificativo "intelectual" apunta hacia un concepto de Historia como avance racional que ha confrontado una fuerte hostilidad en el mundo occidental al menos desde la época de la Ilustración. Nietzsche lo ridiculiza, considerándolo una especie de superstición hegeliana que adora de rodillas el "power of history" sin tener en cuenta que "value and perspective change with the individual or the nation" (26). [4] Pero esta crítica de corte relativista, que ha encontrado posteriormente una abundante progenie de seguidores, está lejos de ofrecer una solución convincente al problema. Es cierto que la conciencia de identidad constituye uno de los determinantes más poderosos en la asignación de valor ¿pero cómo ignorar que existe asimismo un tipo de juicios autodespectivos que interpretan el atraso propio como inferioridad y que de algún modo implican la existencia de una valoración objetiva (o al menos conceptuada objetiva) del avance histórico? No sólo lo propio, sino también lo moderno, parecen constituirse en los dos polos de valoración que condicionan de manera decisiva el juicio, y que en caso de no coincidir lo tensan y llenan de contradicciones, según se verá en los escritos de Unamuno.

La conciencia de identidad social proporciona una base etnocéntrica de valoración que simplemente pone de relieve la diferencialidad del que juzga, mientras que la idea de avance temporal implica un criterio integrador y jerarquizador que se considera ob-

---

[4] Más recientemente Hayden White establece una estrecha conexión entre discurso histórico y literario, afirmando que "there are as many perspectives on history as there are modes of critical practice in literary studies" (*Critical* 482).

jetivo. El mayor avance de una sociedad, su mayor modernidad, se demuestra en los fenómenos observables de acumulación y mejora, según se señaló, siempre que se entienda esta última asociada con la noción de fuerza y no con la de moral. Considero muy significativo a este respecto que el concepto de atraso se asocie no sólo con debilidad y pobreza sino también con ignorancia, lo que probaría que el fenómeno de acumulación se entiende asimismo, y tal vez esencialmente, como un proceso intelectual de adquisición de conocimiento. Los escritores progresistas peninsulares acuden frecuentemente a imágenes de tipo pedagógico para expresar la necesidad de modernizarse, y proponen a los países europeos más adelantados como educadores de la sociedad española. Larra ofrece un buen ejemplo a este respecto, y en el análisis de su obra podrá observarse la estrecha correlación que el autor establece entre "estar más adelantado" y "saber más". Las cruciales implicaciones de esta identificación afectan decisivamente a las producciones de una sociedad convencida de su atraso como la española. Si se acepta el magisterio del otro ¿significa esto que debe tomarse como modelo en todas las facetas de su actividad, incluyendo la literaria? El testimonio y la práctica de los escritores españoles demuestran que la respuesta a esta pregunta es en gran parte positiva.

La "distancia intelectual" que interesa al propósito de mi estudio no es básicamente, por tanto, la que, según Panofsky, percibe el espíritu progresista entre presente y pasado. Los análisis temporales o racionales, puesto que el tiempo no sería sino una imagen de la progresiva conquista racional de "mythos by logos" (Gadamer 273), introducen una distancia entre el presente y el pasado, pero también entre el presente y el futuro. Esta segunda distancia origina la conciencia de atraso y es indispensable asimismo para la producción de utopías. En el convencimiento de que esa distancia se podrá establecer ilimitadamente se fundamenta precisamente la idea de progreso infinito. La extinción del espíritu utópico no significa en absoluto un debilitamiento del espíritu progresista, sino que se explica por la certeza racional de que la organización social del entorno ha comenzado a fundamentarse en principios racionales.

3. ESTUDIOS SOBRE LA UTOPÍA EN ESPAÑA. LA "UTOPÍA PRÁCTICA"

Si aceptamos la validez de estos planteamientos parece difícil percibir en qué medida Las Casas, el defensor del estado natural del indio en América, pudo ser, como pretende Maravall, "un utópico del género de un Tomás Moro" (*Utopía y reformismo* 114). Y sin embargo, el mismo crítico lleva adelante el paralelismo, asegurando que si Moro, "para rehacer a la sociedad europea, imaginó un mundo americano que le sirviera como modelo, Las Casas quiso hacer un mundo americano" (114). Resulta discutible que Moro imaginase un mundo americano en su *Utopía*. La apreciación diríase, por el contrario, desvirtuar el sentido utópico de la sociedad descrita por el inglés, y con ello el carácter de la utopía como modelo ideal (aún no materializado) de futuro. Del mismo modo, considero inapropiado contraponer hacer a imaginar, dos conceptos entre los que debe más bien establecerse una relación de causalidad. Ortega, Mannheim, Bloch y otros han llamado la atención sobre la estrecha vinculación existente entre la producción de utopías y el desencadenamiento de procesos revolucionarios.[5] El convencimiento de que Las Casas intentó poner en práctica un proyecto utópico supone aceptar que poseía una mentalidad utópica, con todas las decisivas implicaciones que esto entraña; pero es dudoso que así sea, si es que admitimos la estrecha conexión existente entre utopía, racionalismo y sentido ascendente de la historia.[6]

La dicotomía de Maravall, no obstante su inexactitud, se inscribe en una línea de pensamiento que ha gozado de general aceptación al menos desde que Silvio A. Zavala señalara la existencia de un significativo paralelismo entre Vasco de Quiroga y Tomás Moro. La labor de ciertos españoles en América se califica de utópica, procurando de esta forma demostrar que también España participó en un movimiento europeo exponente clave de modernidad. La evidente carencia de utopías en el mundo hispano, lejos de considerarse una prueba indiscutible de la ausencia de mentalidad utópica,

---

[5] Ver: Ernst Bloch, *The Utopian Function of Art and Literature* (110), Karl Mannheim, *Ideology and Utopia* (193) y José Ortega y Gasset, *El tema de nuestro tiempo* (175-177).

[6] Para un análisis más detallado del problema puede consultarse mi trabajo sobre la "utopía práctica" española en América.

pretende compensarse contraponiendo lo que se denomina "utopía práctica" española a la "teórica" del resto de Europa. Un escritor de la categoría intelectual de Alfonso Reyes, refiriéndose a Vasco de Quiroga, asegura que "el legítimo y verdadero obispo de Utopía andaba por tierras de América" (*Última* 102).

La oposición entre teoría y práctica reaparece en gran parte de los estudios sobre lo que de manera imprecisa se denomina "la utopía" en el mundo hispánico. Stelio Cro, en su libro sobre el descubrimiento y conquista de la América española, se propone "demostrar que la utopía española . . . es eminentemente empírica" (XIII). De manera similar la caracterizan Eliav-Feldon, López Estrada, Maravall, Álvarez de Miranda y Rodríguez-Aranda. La dicotomía gana fuerza porque, como apunta el mismo Cro, se inserta en un sistema clasificatorio sobre la literatura española generalmente admitido: la "utopía empírica" española hace gala del "mismo realismo que distingue el *Mío Cid* de la *Chanson de Roland*" (*Realidad* XVI).

Tan consistente se percibe, que la afirmación de que España llevó a cabo en el XVI una utopía práctica en suelo americano se adentra de manera inquietante en el terreno de los lugares comunes. Hutchinson afirma de pasada, como hecho admitido, que Vasco de Quiroga "seems to have realized a remarkably faithful version of Utopia" (183) en tierras mexicanas, y para Peter Earle no existe duda que el obispo español poseía lo que imprecisamente denomina "utopian motives" (153). Lo que se afirma sobre un personaje se extrapola con la mayor naturalidad a toda su época y Guinard contrasta la escasez de producción utópica en la España del XVIII con las "dispositions certaines" que los españoles del Siglo de Oro mostraron con relación a "ce genre" (172).

Sorprende que Guinard dé por supuesta la existencia de utopías como género literario en la España del XVI, sin que se tenga noticia de que en esa época se escribiera utopía alguna. En cuanto a los motivos utópicos que vislumbra Earle, no basta por supuesto con que Vasco de Quiroga declarara su intento de poner en práctica el "muy buen estado de república" descrito por Moro. Panofsky comenta el caso de esos artistas medievales que, pretendiendo reproducir figuras clásicas, nos presentan a Venus "as a fashionable young lady playing the lute or smelling a rose, Jupiter as a judge with his gloves in his hand, and Mercury as an old scholar or even as a bishop" (25).

La imprecisión, cuando no la ligereza, en el uso del término utopía caracteriza los estudios sobre el tema en la literatura peninsular. Solamente parece destacarse con claridad en todos ellos un afán evidente por integrar a España en el espíritu europeo renacentista que inicia la modernidad. La tarea sin embargo se lleva a cabo de manera oblicua. En lugar de precisar el significado del espíritu utópico y analizar si se produce en España, se recurre al término "utopía práctica", de significado incierto, para realizar afirmaciones que de uno u otro modo implican la existencia de ese espíritu en el país ibérico.

4. ESTUDIOS SOBRE LA UTOPÍA EN ESPAÑA. LA ILUSTRACIÓN

La invención del nebuloso concepto "utopía práctica" para demostrar la existencia de mentalidad utópica en la España del XVI se complementa de manera coherente con la búsqueda de utopías en el XVIII que avalen la presencia de espíritu ilustrado en suelo peninsular. Aludí ya a la relación que Ortega establece entre utopías, concepción racional del mundo y modernidad. La nueva actitud comenzaría a manifestarse en la utopía renacentista de Moro y en la filosofía cartesiana del XVII para culminar, según él, en el movimiento ilustrado del siglo siguiente (46-50). Aunque más adelante señalaré la existencia de una importante diferencia entre la razón productora de utopías y lo que Ortega denomina "razón pura" descartiana, no considero necesario por el momento insistir en la distinción.

La intensificación de proyectos utópicos en el XVIII, que le permite a Trousson denominarlo "l'âge d'or de l'utopie" (121), parece estrechamente relacionada con el mayor prestigio y propagación del espíritu racional, si bien este hecho, según se apuntó, no es suficiente por sí solo para explicar la aparición de utopías. Para que éstas se produzcan es preciso que la visión racional se enfrente críticamente con un entorno social cuyos fundamentos de organización no racional son considerados inaceptables, y es necesario asimismo poseer la convicción de pertenecer a una colectividad con mayor altura histórica que cualquier otra. Este enfrentamiento y esta convicción son los que parecen producirse en ciertos países europeos desde principios del XVI, pero con mucha mayor intensidad en el XVIII. La Revolución Francesa tal vez sea su producto más genuino.

Si aceptamos la validez de este planteamiento, resulta cuando menos discutible asegurar que existiera espíritu utópico en la España del XVIII. Aunque sería deseable llevar a cabo un estudio lo más completo posible de los escritos de ese siglo, el análisis de algunas de sus obras más representativas parece permitirnos afirmar que la sociedad española del XVIII no se caracterizó precisamente por sus aspiraciones utópicas. Los escritores progresistas de la época no sólo critican la deficiente organización de su entorno, sino que constatan asimismo su posición rezagada respecto a ciertos países europeos. Cuando Feijoo y El Censor lamentan la "incultura" de los campos españoles recurren a una imagen cuyo sentido reiteran al calificar de "salvajes" a sus compatriotas (El Censor 106) y condenar los lentos progresos de la Ilustración en suelo peninsular. Cadalso, a su vez, abunda en la misma línea al proponer remedios para igualar a su débil país con las naciones europeas más avanzadas y reconocer que les llevan "siglo y cerca de medio de delantera" (225). En los capítulos dedicados a Larra, Galdós y Unamuno tendré oportunidad de analizar más en detalle estas variadas imágenes y razonar su referencialidad convergente de atraso. La propagación del espíritu racional, que en la Europa ilustrada se refleja en una poderosa floración de utopías, provoca en el país ibérico una generalización de la conciencia de atraso y, consecuentemente, una intensificación de las propuestas de europeización en el sentido de modernización.

La casi ausencia en la España dieciochesca de utopías literarias, entendiendo como tales las que se atienen al género creado por Moro, parece así plenamente justificada. No se produjeron utopías porque no existía el espíritu que las origina. Los estudiosos de la literatura española del XVIII proceden sin embargo frecuentemente en sentido opuesto: suponen, sin fundamento convincente, que España poseía una situación y un espíritu similar al europeo, y se afanan consecuentemente en rastrear las utopías que debieron escribirse. Si no aparecen, siempre existe la posibilidad de recurrir a explicaciones alternativas. Para Guinard, la escasez de utopías pudo deberse a la represión de la censura que impidió su publicación, pero también a su falta de materialización motivada por la autocensura de los escritores en una sociedad represiva. Cualquier justificación parece aceptable siempre que no atente contra la premisa, intocable en apariencia a pesar de su gratuidad, de que existió espíritu utópico. El descubrimiento de la *Sinapia*, entre otros documentos tam-

bién desempolvados y editados bajo el título de "utopías", ha supuesto para gran parte de críticos la confirmación de sus expectativas, y López Estrada llega a proponer nada menos que un estudio
detenido de la obra para situarla "en una amplia concepción de la
cultura española y en su concierto en la europea de la época" (*Realidad* X).

El afán por encontrar utopías en el país ibérico no concierne
pues, como se ve, a la discusión de un apartado marginal sino que
afecta a la caracterización global de la cultura peninsular. Reconocer que se produjeron en la España del XVIII implica aceptar para
esa época la presencia de una de las manifestaciones más distintivas
de la Ilustración, lo que permitiría afirmar que el país poseyó un
movimiento ilustrado con características similares al europeo. En
este sentido, los estudios sobre el tema se integran en un movimiento crítico más amplio que se propone demostrar la existencia en el
país ibérico de lo que podríamos denominar productos típicos de la
Ilustración. Maravall niega que el uso de la palabra "civilización"
en la España del XVIII ofrezca algún "particularismo extraño que
haya que identificar como peculiar ambiente español" (98), y Hafter asegura en un artículo sobre viajes imaginarios que "Spain not
only participated, but did so to a degree not hitherto believed, in a
current of literature closely associated by scholars with the development of an enlightened critical view" (282).

La afirmación de Hafter se produce sin embargo en unos términos cuyas implicaciones parecen no satisfacer a ciertos críticos. No
es suficiente aceptar que España participó en el desarrollo de corrientes típicamente ilustradas, sino que se juzga necesario demostrar el carácter endógeno del movimiento peninsular. Esta premisa
resulta de hecho indispensable para probar que existió una Ilustración española con características similares a la europea. Ortega y
Gasset, si bien refiriéndose a otro movimiento "paneuropeo", pone
el dedo en la llaga al constatar que el "Renacimiento no consiste en
imitar a Petrarca, a Ariosto o a Tasso, sino, más bien, en serlos"
(*Obras* VIII, 356). Buen número de críticos evidencian comprender
o intuir la importancia del hecho. La línea divisoria entre el siglo
XVII y el XVIII, con su trasplante de la dinastía borbónica a suelo peninsular, se percibe frecuentemente como una especie de frontera
ideal entre fenómenos endógenamente hispanos y productos sospe-
chosos de extranjerismo. De ahí el empeño que demuestran los estudiosos de la *Sinapia* por situar su escritura en los años anteriores a

1700: Stelio Cro avanza la fecha de 1682 y no debe extrañarnos que su propuesta haya encontrado una buena acogida.

Aceptar esta datación parece implicar para ciertos autores el convencimiento de que el movimiento ilustrado se generó en España por impulso propio. Ciertamente no es casual que, encomiando los esfuerzos de Cro por adelantar la composición de la *Sinapia* a los años finales del XVII, cite López Estrada el juicio de Le Flem de que "las 'luces' del siglo XVIII nacen en los años 1680" (*Realidad* IX). Álvarez de Miranda, analizando esa misma utopía, realiza una asociación similar: juzga demostrado por Cro que "la *Sinapia* fue escrita en los últimos decenios del siglo XVII, lo que la convierte en un precioso testimonio del arranque de la Ilustración española" (XXI).

Las consideraciones sobre la *Sinapia*, y sobre las utopías del XVIII en general, se integran por tanto en un marco de discusión más amplio que se propone determinar el carácter del movimiento ilustrado español. El intento de situar esa obra en los años anteriores al cambio de siglo complementa otros estudios de diversa índole pero idéntica finalidad. Numerosos análisis de los aspectos demográficos, económicos, políticos y culturales en España llegan a la conclusión de que el ambiente característico de Las Luces se inició en España hacia 1680. [7] Incidiendo en el aspecto que aquí me ocupa, el de las mentalidades, asegura Fayard que "se nota a menudo una continuidad entre el pensamiento arbitrista del siglo XVII y el de los reformistas del siglo XVIII" (457). François López había llegado a una conclusión idéntica, al estimar que "los primeros enfrentamientos entre escolásticos y 'novatores' se produjeron mucho antes de que se publicara el *Teatro crítico*" (5). Menciona para confirmarlo un texto escrito por Cabriada en 1687 que, según él, pudiera perfectamente haber firmado Feijoo. Las razones que López aduce para interpretar la importancia del hecho, podrían considerarse extensivas a todos los estudios que pretenden adelantar el inicio del ambiente ilustrado a las últimas décadas del XVII:

> Mostrar que este despertar se produce mucho más temprano de lo que antes se suponía es admitir al mismo tiempo que no fue provocado por una causa externa, artificialmente suscitado por

---

[7] Se podrían consultar entre otros los trabajos de Vilar, Mestre, Domínguez Ortiz, Eiras Roel, Le Flem y Joseph Pérez. Cada uno de ellos contribuye al análisis del tema con diversos matices que, sin embargo, no creo necesario especificar aquí.

> la política cultural de la nueva dinastía, sino que corresponde al
> movimiento general de la sociedad, que surge espontáneamente
> de este mismo movimiento. (6-7)

El planteamiento sin embargo, independientemente de su verdad o falsedad, se fundamenta sobre una premisa discutible: la de
identificar ese despertar con el inicio en España del ambiente ilustrado. Aun admitiendo que el despertar se produjera hacia 1680, el
hecho no resolvería el problema de caracterizar la nueva mentalidad que ahí se inicia. Suponiendo que aceptemos la semejanza establecida por López entre Cabriada y Feijoo, persiste en todo caso la
duda de que Feijoo poseyera una mentalidad ilustrada. Sin menos-
preciar la importancia de las fechas, produce en ocasiones cierto es-
tupor comprobar que se recurre a ellas para extraer conclusiones
poco acordes con la evidencia de los textos. Russell P. Sebold asegura que "Madrid y Barcelona tienen periódicos diarios veinte años
antes que París" (*Descubrimiento* 22), advirtiendo que la aparición
de prensa diaria es indicio importante para calibrar la "eficacia de
la Ilustración" en un país. Pero si convenimos en que el movimiento ilustrado español precedió al francés, resulta difícil de explicar
por qué, como el mismo crítico reconoce, "empieza en el siglo XVIII
esa lamentable tradición de la España moderna según la cual el
mayor sello de ilustración y modernidad que puede ostentar un español, es afirmar axiomáticamente que todo lo español es lo más
atrasado que existe" (24).

La contradicción entre el lenguaje de las fechas y el de los textos
pretende resolverlo Sebold recurriendo al muy socorrido motivo de
la sobriedad verbal española. El atraso respecto a Europa que numerosos escritores peninsulares lamentan no correspondería según
ello a la existencia de un entorno atrasado sino a una peculiar forma
de ser hispana que, cuando no silencia sus virtudes, se complace en
atacar con saña todo lo propio. Proceder que se diría antinatural y
contrario al de cualquier otra nación europea. Pero una interpretación que ha contado históricamente entre sus partidarios a escritores de extraordinaria perspicacia como Quevedo, Forner o Menéndez Pelayo, no puede calificarse de ingenua. Deben existir otras razones que la justifiquen, y tal vez no sea infundado relacionarla con
las actitudes defensivas que se estudiarán en el último apartado de
este libro. Si se aceptara el planteamiento, sin embargo, necesitaría
una explicación el hecho de que los españoles sólo se consideren

"lo más atrasado que existe" cuando el término de comparación es Europa. De una manera muy distinta se juzgan, por ejemplo, cuando se comparan con los pueblos asiáticos o africanos, o con los aborígenes americanos. Una superficial lectura de *El Censor* y *El lazarillo de ciegos caminantes*, dos textos coetáneos, bastaría para evidenciar el opuesto sentido de esa doble proyección que, me atrevo a sugerir, caracteriza también las relaciones de los latinoamericanos con Europa y con los indígenas de sus propios países. La dicotomía resulta comprobable en otros muchos textos y, si bien no incumbe a la índole de mi trabajo su análisis detallado, me interesa ponerla de relieve. Según creo, permite desautorizar el recurso a una pretendida "forma de ser" hispana para explicar las reiteradas declaraciones de inferioridad y atraso de sus escritores respecto a Europa.[8]

El presente estudio no se propone en todo caso comprobar la existencia o no de un atraso real sino interpretar la evidencia de sus manifestaciones escritas. El texto de Cabriada, que López aduce como primer vagido de la Ilustración española, consiste fundamentalmente, según se verá, en un lamento por la posición rezagada de su país frente a las Luces europeas. No carece por ello de sentido calificarlo de pre-ilustrado, si es que utilizamos el término en su acepción específicamente española, ya que idéntica conciencia de atraso caracterizará decisivamente el discurso de la mayoría de los ilustrados peninsulares. Su frecuente ambigüedad ante el progreso refleja obviamente el enfrentamiento interno que sufrieran entre tradición y modernidad, pero esta pugna de carácter temporal resulta interferida asimismo por el recelo que despierta en ellos la consideración del carácter exógeno de lo moderno.

5. PROGRESO Y EUROPEIZACIÓN

No se trata por tanto simplemente de que los ilustrados españoles fueran más escasos que en el continente o poseyeran una mentalidad racional más dudosa que la de sus homónimos europeos. Paul Ilie analiza el enfrentamiento en la España del XVIII entre "reactio-

---

[8] Para comprobar la actitud de superioridad española frente a comunidades consideradas más atrasadas basta consultar la antología de textos realizada por Lily Litvak en *Geografías mágicas*, así como el libro de Morales Oliver, *África en la literatura española*.

nary and progressive forces" (*Modern* 12) para poner de relieve la debilidad del movimiento ilustrado peninsular y explicar su fracaso. El país se aleja de Europa, según él, porque "her cultural life was too steeped in Counter-Reformational traditions to allow these foreign values to be diffused" (11). Constatar este hecho me parece de la mayor importancia, así como inobjetable, pero es preciso añadir que el conflicto que viven los ilustrados españoles no se trata meramente de un conflicto entre tradición y progreso, sino asimismo de un problema de identidad. Para comprobarlo, debemos analizar las implicaciones inherentes al hecho de que perciban como extranjeros los valores que pretenden difundir. Probablemente sea imposible especificar hasta qué punto su alabanza de la tradición española responde a un actitud patriótica o meramente tradicionalista, pero en cualquier caso no podemos pasar por alto la existencia de un factor que proyecta el conflicto entre tradición y modernidad sobre una escala totalmente diferente. Los ilustrados españoles no reaccionan contra el espíritu moderno simplemente por serlo, sino por considerarlo extranjero. Esta constatación nos ayuda a comprender que el estudio de la Ilustración española plantee problemas peculiares y en gran parte distintos al estudio de ese mismo movimiento en países como Francia. La interferencia de los planos temporal y espacial no se limita por otra parte al siglo XVIII, según tendremos oportunidad de comprobar.

La mentalidad progresista de los ilustrados españoles seguramente sea más endeble que en los países europeos más avanzados, pero también posee un sentido diferente. En vez de engendrar propuestas ideales utópicas de proyección futura, lo que provoca es una aguda intensificación de la conciencia de atraso que aboca a la conceptuación de un "debería ser" esencialmente espacial, no temporal. La imagen del modelo de futuro propuesto coincide con la del "espacio" europeo; por lo que, admitido que para los ilustrados del XVIII se encarnaba generalmente en Francia la idea de Europa, parece justificado que se les aplicara el epíteto de afrancesados.

La peculiaridad española no se justifica por tanto simplemente porque en ese país existieran "menos Luces" que en Europa, sino porque Las Luces servían en ambos casos para proyectar dos imágenes en gran parte distintas. Tanto la interpretación racional del mundo como el sentido ascendente de la Historia, su consecuencia, provocan en Europa una actitud utópica ante el entorno que culmina en la Ilustración, mientras que en España originan una conciencia de atraso que persiste incluso cuando las utopías parecen haber perdido su razón de ser en el Continente. Antes de iniciar el estudio de la conciencia de atraso y sus implicaciones para la literatura española, conviene detenernos en la caracterización del pensamiento utópico y deslindarlo claramente de otros proyectos de sociedad ideal con los que a veces suele confundirse. Es una especificación necesaria para comprender el carácter temporal del espíritu progresista e integrar las coordenadas de espacio y tiempo en que se fundamenta el presente trabajo.

6. UTOPÍA Y CONCEPTOS AFINES

Steven Hutchinson, fundado llanamente en la etimología del vocablo utopía, propone de manera un tanto simple que se califique como tales a todas las representaciones de los por él denominados "imaginary worlds" (170). La objeción más grave que puede recibir su planteamiento es que no ofrece ninguna ventaja y sí presenta el serio inconveniente de forzarnos a inventar otra palabra para designar la *Utopía* de Moro, la obra que inicia el género y en la que por vez primera aparecen explícitos los rasgos distintivos del espíritu utópico. Desestima Hutchinson por otra parte el especial cuidado que pone Moro en diferenciar su modelo de todas aquellas creaciones maravillosas "que ya han perdido actualidad. Escilas, Celenos feroces y Lestrigones devoradores de pueblos, y otras arpías de la misma especie se pueden encontrar en cualquier sitio"; encareciendo acto seguido la originalidad de su intento: "Lo difícil es dar con hombres que están sana y sabiamente gobernados" (Moro 73). [9]

Resaltan en este párrafo varios datos que considero esenciales para caracterizar el ideal utópico. Primeramente, su ya mencionada oposición a esos otros mundos que carecen de una posible existencia futura, de un "no-todavía" (Bloch 105). En segundo lugar, la dimensión social: se trata de proyectos de organización colectiva que excluyen las soluciones individuales o evasivas de grupo. Insiste asimismo en su carácter positivo, especificando que lo que se propone

---

[9] Prefiero utilizar el término "maravilloso" tal como lo distingue Todorov de lo fantástico, para evitar equívocos. En la acepción de Bloch sería lo que él denomina fantasía, diferenciándola de la imaginación en el sentido de que sólo la segunda posee "an expectable not-yet-existence" (105).

es describir una forma de gobierno sabia o modélica. Incluir por tanto a las distopías en el apartado de utopías me parece un error no por común menos evidente: por su condición de parodias satíricas de los textos utópicos estarían "much more affected by pastoral or Arcadian themes than by the utopian conception of the rational city" (Frye 44). Deberían, consecuentemente, considerarse una manifestación de lo que más adelante denominaré actitud primitivista.

La asociación que Frye realiza entre espíritu utópico y racionalismo figura también implícita en el párrafo de Moro arriba citado. Lo que pretende no es sólo dar con hombres bien gobernados sino "sabiamente gobernados", utilizando un concepto de sabiduría, según el mismo Moro se encarga de especificar más adelante, que se fundamenta en el empleo de la observación y el análisis como fuente de conocimiento (159). No considero preciso insistir en el carácter racional de los proyectos utópicos porque es un rasgo difícilmente discutible, cuya importancia puede constatarse en otras obras clásicas del género como *La Città del Sole* de Campanella y la *New Atlantis* de Bacon. En algunos de los apartados anteriores se apuntó ya la existencia de una poderosa corriente crítica que conecta la aparición de la mentalidad utópica con la emergencia de una visión del mundo predominantemente racional.

Llegados a este punto se impone, sin embargo, la necesidad de una aclaración. Si nos encontramos examinando el mundo de ficción de las utopías existen buenas razones para cuestionar que los resultados del análisis puedan aplicarse a las sociedades que las producen. No parece legítimo utilizar un mismo calificativo de "mentalidad utópica" para caracterizar a la comunidad en que se escriben las utopías y al universo de ficción en que se refleja, ya que en ese caso el término poseería la ambigüedad conceptual de remitir a dos realidades distintas. Antes de determinar el diferente espíritu que separa a los escritores de utopías y a los habitantes del mundo ficticio que ellos imaginan, estimo conveniente, no obstante, contrastar ambos con el concepto de reformismo, frecuentemente usado de manera un tanto ambigua.

La producción de utopías caracteriza, según se ha indicado, a un tipo de actitud racional radicalmente enfrentada con su entorno que debe diferenciarse del espíritu meramente reformador. Maravall, a pesar de especificar teóricamente la distinción, asegura de Valencia que "se hallará situado más bien en una tradición de reformismo directo, de raíz moralista. En tal sentido, continúa en cierta medida la línea de Tomás Moro" (*Utopía y Reformismo* 356). Creo sin embargo que la línea divisoria debe quedar claramente trazada, ya que no separa dos matices de una misma mentalidad sino dos actitudes que confrontan el orden establecido de una manera que se podría considerar opuesta.

Mannheim, comentando que cada periodo histórico contiene "ideas trascending the existing order", especifica que no se las puede calificar de utópicas si están "organically and harmoniously integrated into the world-view characteristic of the period (i.e. did not offer revolutionary possibilities)" (193). Los proyectos utópicos proponen una imagen futura radicalmente distinta de la realidad presente, que sólo podrá llevarse a la práctica mediante un proceso revolucionario. El reformismo, por el contrario, se propone introducir ciertos cambios que mejoren la situación actual pero sin modificar sus estructuras. Su programa de "embellecimiento" no se realiza "with any revolutionary mission but with an apologetic one that is intended to reconcile the subject with the status quo" (Bloch 110). Reformismo y utopía persiguen los opuestos fines de conservar o destruir el sistema vigente. Afirmar de un autor que posee mentalidad reformista no implica caracterizar su mentalidad en sí, sino simplemente la actitud que adopta ante la sociedad que le rodea.

Los habitantes del mundo de ficción utópico reflejan la mentalidad de los escritores, con la única diferencia de su conformidad con el entorno. Los que se creen habitantes de Utopía carecen de la capacidad para producirlas. Se caracterizan así por poseer un espíritu que podríamos denominar eutópico y que es el producto de una actitud progresista enfrentada a una colectividad, ficticia o real, que se juzgue organizada sobre fundamentos racionales. Tomás Moro, en los preliminares a la *Utopía*, recurrió al término eutopía y procedió a relacionarlo con el de utopía, pero lo hizo de un modo que ha acarreado numerosos equívocos. En el sexteto inicial, compuesto casi con seguridad por él mismo, se sugiere que la Utopía podría recibir también el nombre de Eutopía, implicando al parecer una identidad referencial de ambos vocablos. Ya Sargent observó sin embargo que los términos no son intercambiables, y esta precisión me parece de la mayor importancia, no porque la eutopía quede englobada en el concepto más general de utopía (Roemer 4), sino porque los escritores de utopías y los habitantes del universo de ficción utópico perciben desde diferentes planos la sociedad racional que se presenta como modelo.[10]

Para la mentalidad utópica la organización social racional es un proyecto cuya plasmación espacial posee un carácter metafórico, recubriendo su radical esencia temporal de propuesta futura. Para la mentalidad eutópica, en cambio, esa organización social es un topos existente: el de su entorno. Hutchinson menciona las glosas añadidas al margen de la *Utopía*, probablemente por Erasmo y Pedro Giles, y comenta que "curiously, as though acknowledging the artifice of Utopia, many of these glosses have temporal reference, for instance, 'But today . . . ', 'Yet nowadays . . .' ('hodie, nunc'), when they might be expected to say 'But here'" (182). El "aquí" del que parte el viajero hacia utopía es una imagen del "ahora" de su entorno, y su desplazamiento "carry on the existing facts toward their future potentiality of their otherness" (Bloch 105). Los proyectos utópicos necesitan para producirse la existencia de una actitud racional consciente de que ni la organización social de su entorno ni la de cualquier otra colectividad se fundamenta en bases racionales. El descontento se proyecta así hacia una realidad alternativa de fundamento racional radicalmente distinta de la actual, pero realidad temporal o interna. Si propusiera una realidad alternativa existente, el proyecto dejaría de ser utópico para relacionarse con la conciencia de atraso.

Cuando Moro esboza su modelo de comunidad ideal no es casual por tanto que la sitúe fuera del mundo geográfico conocido. Pudieran haber influido en ello los nuevos y casi fabulosos descubrimientos que se estaban realizando en sus días, si bien no falta quien afirme que "it is quite striking, in fact, how little influence the New World had on the content of utopias during the Renaissance" (Eliav-Feldon 12); pero lo que no puede sostenerse, porque desvirtúa totalmente la raíz de la mentalidad utópica, es la pretensión de que "nowhere was somewhere" (Morgan 18) y que Moro copió en su libro el modelo de la sociedad incaica. La utopía no puede encontrarse en parte alguna, éste es uno de sus fundamentos, por lo que la subdivisión que diversos autores establecen entre utopías espaciales y temporales se fundamenta en un análisis superficial o

---

[10] Sargent especifica que "neither eutopia nor dystopia directly refers to the existence or non-existence of the place" (138).

erróneo. [11] No me detendré, porque no considero que afecten al propósito de mi trabajo, en las complejas relaciones existentes entre utopía y ciencia-ficción, pero sí en dos intentos de clasificación que han tenido cierta aceptación. [12] El primero de ellos, originado en Mumford, propone la diferencia entre "utopias of escape" y "utopias of reconstruction" (15) y más recientemente lo han reiterado estudiosos como Beauchamp y Gusfield. Este último especifica que frente a la Utopía de Tiempo,

> the Utopia of Space preceeds along another dimension. It seeks the new order here and now on a small-scale, it does not produce this new order by reforming, revising, or revolutionizing the old order and thus creating the future, but rather by leaving the present society and establishing a new one. (23)

La creación de este doble apartado, más que iluminar, dificulta la exacta comprensión del espíritu utópico, ya que implica la utilización de un mismo término para referirse a dos fenómenos dispares. Escape y reconstrucción representan dos formas de afrontar la realidad que se podrían considerar opuestas, más que dos meros matices de una actitud. No se puede aplicar el calificativo de utópicos a proyectos evasivos de grupo, ya que la mentalidad utópica, por su carácter racional, propone un modo de organización social que se pretende de validez universal. Por otra parte si una comunidad, del tamaño que sea, considera haber llevado a la práctica el ideal utópico de organización racional debería aplicársele el calificativo de eutópica, no utópica.

El segundo intento parte de Doren y, en palabras de Buber, consiste en defender que "the vision of rightness in Revelation is realized in the picture of a perfect time –as messianic eschatology; the vision of rightness in the Ideal is realized in the picture of a perfect space –as Utopia" (8). Lo que me interesa poner de relieve no es la inexactitud terminológica, ya que se establece la diferencia entre escatología y utopía, sino la superficialidad del análisis espacio-temporal. Ya aludí antes al hecho de que la actitud utópica concibe la

---

[11] Alkon ha insistido recientemente en diferenciar utopías espaciales y temporales sin prestar atención a la referencialidad temporal del desplazamiento espacial.

[12] Numerosos críticos se han mostrado interesados en especificar los rasgos que diferencian a la ciencia-ficción de las utopías. Pueden consultarse entre otros los trabajos de Roemer, Jehmlich, Williams, Jameson y Suvin.

idea de un espacio imaginario como una metáfora espacial de referencia temporal. Parecería por tanto un contrasentido que ese espíritu dinámico proyectara en el universo de ficción utópico una
mentalidad que, siendo reflejo de la suya, se caracterizara por el estatismo, la ausencia de tiempo.

Cuando Buber se refiere a un "tiempo perfecto" incurre de
hecho en una contradicción insoluble, ya que si aceptamos que la
perfección implica estatismo, así como el dinamismo es una calidad
medular del tiempo, hablar de tiempo perfecto sería un oxímoron.
Sólo un espacio estático puede ser perfecto. Se plantea aquí un problema que podría desorientarnos en nuestro análisis. Si los proyectos utópicos se fundamentan en la razón y el mismo Moro explicita
la filiación platónica de su *Utopía*, parecería deducirse de ello su
pertenencia al mundo puro, estático y perfecto de las ideas. [13] Recientemente insistía todavía Morson en que "all utopias are Platonic" (86), y Hansen, aun reconociendo la excepcionalidad del estado ideal de Platón con relación a las obras del género, se resiste a
excluirla, viéndose por tanto forzado a establecer que "die Utopie
beginnt mit der grössten Ausnahme der Gattung" (591).

Mannheim, sin embargo, tras afirmar que la mentalidad utópica
"liberal humanitaria" se fundamenta en la idea, precisa acto seguido que "this, however, is not the static Platonic idea of the Greek
tradition" sino "a formal goal projected into the infinite future"
(219). La distinción pienso que es de la máxima importancia para
calibrar el sentido de esa nueva visión del mundo que comienza a
despuntar en Europa hacia mil quinientos. El concepto de razón se
utiliza en dos sentidos básicamente diferentes, que podríamos calificar como ontológico y epistemológico, y cuando afirmo que el espíritu utópico es racional lo hago empleando el término en su segunda
acepción. [14] Ortega, siempre tan perspicaz en sus análisis, identifica
sin embargo la razón generadora de utopías con lo que denomina
"razón pura" cartesiana. Esta falsa apreciación le lleva a afirmar que

---

[13] Ver los trabajos de Toynbee (*A Study* III, 90), Servier (324), Trousson (21) y
López Estrada (62-3).
[14] La diferencia es bien conocida. En palabras de Cassirer, el método de New-
ton se diferencia del de Descartes en que "is not that of pure deduction, but that of
analysis" (7), por lo que no se debería "attempt to anticipate from the outset such
'reason' in the form of a closed system; one should rather permit this reason to unfold gradually, with ever increasing clarity and perfection, as knowledge of the facts
progresses" (9).

"una idea forjada sin otra intención que la de hacerla perfecta como idea, cualquiera que sea su incongruencia con la realidad, es precisamente lo que llamamos utopía" (*El tema* 177). Equipara la razón creadora de utopías con esa "razón pura" que inicia la modernidad y culmina en la Ilustración, pero la separa de la "razón vital" que considera propia de nuestro tiempo (88). Sin embargo, si identificamos vitalidad con temporalidad y dinamismo, la actitud racional propia del temperamento utópico debe considerarse plenamente vital, por lo que la frontera de 1700 que Ortega propone para delimitar razón pura y vital parece un tanto ficticia.

7. Espíritu progresista y el problema del otro: Nacionalismo y Colonialismo

Aunque el espíritu progresista de las utopías posea, según se viene insistiendo, un carácter esencialmente temporal, esto no significa que ignore el plano "espacial" de las relaciones entre distintas sociedades. De hecho, tanto los escritores de utopías como los habitantes del universo utópico manifiestan su intención de superar racionalmente no sólo las bases de organización social tradicionales sino también las de grupos alternativos. Rafael Hitlodeo, narrador de *Utopía*, ridiculiza a los que "les parece mal que alguien sea más sabio que los antepasados" (Moro 76), y posteriormente nos hace saber que a los utopianos "les encanta escuchar lo que pasa en el mundo" para "informarse de las costumbres de las naciones vecinas" (160) y asimilarlas si las consideran buenas, al tiempo que se cuidan de esconder sus propios inventos a ojos extraños (181).

Los habitantes de la New Atlantis, por su parte, comentan la fundación de la "Salomon House" que cada doce años apareja dos barcos con sabios "whose Errand was onely to giue vs Knowledge of the Affaires and State of those Countries, to which they were designed" (Bacon 24); especificando asimismo que "we know well most part of the Habitable World, and are our selues unknowne" (12). También de los soleanos, por citar una tercera obra del género, manifiesta el Genovese que "vanno spiando di tutte nazioni l'usanze, e sempre migliorando" (Campanella 66), enfatizando por otra parte los "gran secreti" que poseen de "fuochi artifiziali per le guerre marina e terrestri, e stratagemme, che mai non restan di vincere" (86). Nos encontramos ante sociedades dinámicas que se esfuerzan por superarse y superar a las otras naciones; pueblos que exaltan un presente "c'ha più istoria in cento anni che non ebbe il mondo in quattro mila" (Campanella 120). Su idea de historia, como se ve, no se fundamenta en el concepto de tiempo como sucesión cronológica sino como avance progresivo: la "più storia" que percibe Campanella en los últimos cien años se justifica, según él, por la abundancia de invenciones y mejoras técnicas recientemente conseguidas.

La noción de tiempo que subyace a la idea de progreso sirve para graduar el paulatino alejamiento humano de lo natural, es cierto, pero permite asimismo integrar y jerarquizar a los distintos grupos sociales según su mayor o menor avance en esa escala, por lo que convierte sus relaciones en una pugna nunca definitivamente resuelta. La conciencia de superioridad implícita en la idea de adelanto se manifiesta en una tendencia a dominar al otro, a imponerle unas pautas de comportamiento que se juzgan objetivamente mejores. Incluso, más que imponérselas, se piensa que el otro las aceptará de buen grado por reconocer su ventaja. El narrador de *La Città del Sole* comunica la certeza que poseen los soleanos de que "il mondo averà da riducersi a vivere come essi fanno" (86), y esta seguridad podría considerarse característica de todos aquellos que piensan pertenecer a una sociedad avanzada o moderna. No debe extrañar por ello que tanto Moro como Campanella insistan reiteradamente en la supremacía militar de los utopianos y que ambos expliciten la creación de colonias entre las naciones débiles o vencidas. Sometimiento que, según ambos autores ponen especial cuidado en precisar, no está fundamentado en la fuerza bruta sino en la superioridad tecnológica o cultural.[15]

Tomás Moro justifica el colonialismo en la *Utopía* mediante los modernos argumentos temporales o racionales del progreso, aduciendo que ocasiona una mejora sustancial para las tierras ocupadas. Rafael Hitlodeo aprueba el envío de colonos de Utopía a "zonas en que la población indígena posee más tierras que las que puede cultivar" ya que, "gracias a sus instituciones, logran transfor-

---

[15] La tendencia colonizadora o universalista no es, sin embargo, exclusiva de aquellos pueblos que consideran encontrarse en la avanzada del progreso, sino que también se produce en sociedades que poseen una concepción mítico-religiosa del universo, sólo que en este caso la legitimidad de la tendencia a dominar al otro se autoriza recurriendo a criterios no racionales.

mar una tierra que parecía miserable y maldita en abundosa para todos" (Moro 129). La colonización se juzga beneficiosa también para los colonizados, porque con ella disfrutan de los beneficios de una cultura superior, de un mejor cultivo de la naturaleza. Por supuesto, según especifica Ortega, sólo con "relación a las capacidades del emigrante, hombre ya muy civilizado", parece que "la tierra a que llega está vacía, esto es, inexplorada" (*Obras* VIII: 399). Habría que entender el exceso de tierras de que habla Hitlodeo como una apreciación subjetiva que denota simplemente la mayor "cultura" de los utopianos.

En todo caso, no me interesa insistir en el fenómeno físico de ocupación de tierras que Moro detalla, sino en el proceso mental que legitima esa ocupación aunque no llegue a producirse. Los autores progresistas españoles, por ejemplo, según se verá, comparten la convicción de los europeos respecto al atraso de la sociedad peninsular, proponiendo la conveniencia de asimilar el espíritu de los países más avanzados, y en este sentido podría decirse de ellos que poseen una mentalidad colonizada. Sin embargo, es necesario advertir que al afrontar el análisis de la colonización como fenómeno mental nos encontramos ante un problema extraordinariamente complejo. Produce aceptación de la inferioridad propia por parte del que la sufre, es cierto, pero también genera reticencias y deseo de superar e incluso invertir esa relación de dominio. La colonización es un fenómeno inestable que sólo podrá considerarse completo e irreversible si el colonizador asimila al colonizado incorporándolo a la identidad propia. Sin pretender entrar en detalle sobre el carácter de la colonización española en América, me interesa señalar que la denominada por Lafaye "completa integración de Nueva España a la vivencia (vividura) hispánica" (412) supondría el fin de un proceso colonizador en que lo mexicano se convierte en una versión de lo hispánico.

También ciertos autores españoles perciben la evidencia de esta amenaza, sólo que en su caso sería el país peninsular quien al parecer estaría en peligro de sufrir la pérdida de carácter. Valera advierte en 1876 sobre los riesgos que implica para España el contacto con naciones más poderosas, añadiendo que "este contacto es peligrosísimo, a menudo deletéreo y a veces hasta mortal. . . si la raza más atrasada no tiene bastante brío para encaramarse de un salto al nivel de la raza más adelantada" (*Obras* III, 1317). Unamuno reconoce asimismo el peligro, cuando observa la generalizada tendencia a la imitación de modelos franceses y teme que el papel de la lengua española esté a punto de limitarse "a traducir a Europa" (*Obras* IV, 617). La conciencia de este papel subalterno o delegado provoca en él una apasionada reacción defensiva. En un artículo de 1908, "Sobre la independencia patria", constata la necesidad que España posee de seguir el modelo europeo, pero especifica acto seguido que ese aprendizaje debe realizarse "sin rendirnos a su espíritu, ni menos reconocerles una superioridad íntima que no existe" (*Obras* III, 732). Incluso llega a añadir que "para afrentarnos y rebajarnos se inventó aquella frase de que el África empieza en los Pirineos" y confía en que llegará un día en que los españoles repitan esa afirmación con orgullo (732). Las implicaciones y el sentido de esta actitud se analizarán detalladamente en el último capítulo del libro, dedicado al escritor vasco; de momento me interesa solamente destacar el temor por él manifestado a que lo español pueda "rendirse" ante otro espíritu, según se implica, más poderoso, y la reacción nacionalista que origina hacia la defensa de la identidad propia. La naturaleza afectiva de la reacción se pone de manifiesto en la vehemente reivindicación del adjetivo "africano", que los españoles generalmente rechazaban por considerarlo insultante.

La doble tendencia mimética y defensiva no es privativa de Unamuno, ni siquiera de los escritores progresistas españoles, sino que parece caracterizar las relaciones de todos aquellos autores que piensan pertenecer a una comunidad rezagada con los pueblos que toman por modelos. Isaiah Berlin menciona la conciencia de atraso e inferioridad que experimentaban los alemanes en el siglo XVIII respecto a Francia, y que creó en ellos "a sense of collective humiliation, later to turn into indignation and hostility, that sprang from wounded pride. The German reaction at first is to imitate French models, then to turn against them" (218-9). La voluntad de imitación se fundamenta obviamente en el convencimiento de la superioridad del otro; pero la misma experiencia de esa superioridad, por su carácter amenazante, ocasiona una actitud hostil contra ella que conduce a la valoración incondicional de lo propio. Ya se verá cómo la confluencia de esta opuesta atracción crea con frecuencia tensiones y contradicciones que contribuyen a modelar el carácter de una buena parte de la literatura española. Creo necesario insistir nuevamente en que la reacción defensiva contra la modernidad del otro, por juzgarla superior y amenazante, debe distinguirse claramente de la reacción contra la modernidad como tal. La primera se fundamenta en la conciencia de identidad amenazada, y frecuentemente alterna en un mismo autor con actitudes progresistas, mientras que la segunda implica una oposición frontal a las bases en que se fundamenta el progreso.

8. Espíritu progresista vs. espíritu primitivista y arcaizante

La oposición al progreso en cuanto tal implica una hostilidad a la idea de avance histórico, un deseo de retroceder en la escala temporal que parece claramente enfrentarse al espíritu genuinamente utópico. Existe no obstante una veta crítica que propone la utopía como proyección de la Edad de Oro hacia el futuro [16] y, en sentido inverso, opina Bakhtin que la Edad de Oro es una inversión temporal de los ideales humanos futuros con la finalidad de dotarlos de materialidad y densidad, del "real-life weightness that is essential to the 'is' and 'was'"; de autenticidad, en suma (147). Ambas ideas, aun siendo ingeniosas, pienso que con frecuencia sólo ayudan a crear confusión. Así, por ejemplo, diversos estudiosos de la literatura española han recurrido a ellas para explicar el carácter "utópico" de algunos autores del XVI cuyo parentesco espiritual con Moro resulta, cuando menos, altamente discutible.

Refiriéndose a los escritos de Guevara afirma López Estrada que "si bien se refieren al pasado de la Edad de Oro, pueden volverse hacia el futuro mediante la novelización del canciller inglés" (57), y Maravall reitera una afirmación similar: "desde Moro, Guevara y los que les continúan, la imagen de la primitiva edad áurea tiene por objeto ser proyectada hacia adelante" (*Utopía y reformismo* 76). Este mismo crítico llega a la conclusión de que Las Casas "fue un utópico del género de un Tomás Moro", ya que, "como es sabido", el mito de la edad dorada "está en el fondo del pensamiento utópico común a toda Europa", y el fraile español nos presenta a los indios en "el cuadro utópico del estado natural y primitivo del hombre" (83). El estudio de Cro sobre lo que denomina utopía en la América hispana, por su parte, no creo desvirtuarlo afirmando

---

[16] En palabras de Lerner, "das Goldene Zeitalter gehört der Vergangenheit an; seine Versetzung in die Zukunft wird es wahrscheinlich in Utopia verwandeln" (127). Idéntica opinión expresa Cioran (149-50). El concepto parece proceder del periódico de Saint-Simon, *Le Producteur*.

que se fundamenta sobre una idéntica creencia. Lo que se intenta asociar de este modo, sin embargo, son dos conceptos a los que subyacen visiones opuestas de la historia humana, una progresiva y otra regresiva. Sin entrar en la precisión del calificativo primitivista aplicado a los españoles, parece que en los estudios mencionados se produce una grave confusión conceptual entre primitivismo y utopía, así como entre interpretación racional y mítico-religiosa del universo.

En su ya clásico estudio sobre el tema diferencian Lovejoy y Bias dos teorías procedentes de la Antigüedad respecto al origen y evolución del hombre: la de Descenso, que supone "that the highest degree of excellence or happiness in man's life existed at the beginning of history" (2) y la de Ascenso, fundamentada en la seguridad de que "the least desirable phase of the existence of the human race came at the beginning of the assumed finite historic process" (3). La distinción es esencial y acarrea una dicotomía de actitudes irreconciliables entre primitivismo y progresismo, la más importante de las cuales probablemente se fundamente en su positiva o negativa evaluación de la naturaleza. La naturaleza en estado salvaje es para el primitivista la situación ideal, al igual que el hombre en ambiente natural carente de educación. No importa que proponga como modelo a sociedades felices en un entorno paradisiaco, lo que se considera primitivismo blando, o a comunidades moralmente superiores por las adversas condiciones en que deben sobrevivir no "corrompidas" por el lujo de la civilización, el denominado primitivismo duro. [17] En cualquiera de los dos casos la influencia de la naturaleza es benefactora, sea por su placidez (Edad de Oro de Hesíodo) o por su dureza (Germanos de Tácito) y lo que se propone como modelo es el hombre y la naturaleza primigenios, sin cultivar. Este modelo se puede hallar temporalmente, en el origen del mundo, pero también espacialmente, en aquellas sociedades aún intocadas por la "civilización". [18]

---

[17] No debe confundirse, como por ejemplo hacen Panofsky (40) y Maravall (*Utopía y Reformismo* 155), la oposición entre primitivismo blando y duro con la que enfrenta a las Teorías Ascendente y Descendente sobre el origen y la evolución del hombre.

[18] En Lovejoy se encuentra ya la distinción (9) y Hansen la reitera en términos casi idénticos: "Die retrospektive Mentalität . . . kennt ebenfalls räumliche und zeitliche Varianten . . . Was der Südseemythos auf seinen Inseln findet, ist ein Stück konservierter Vengangenheit" (574).

Aunque entre el presente y el "futuro" ideal de los primitivistas se interpone la imagen del otro (las sociedades primitivas) como modelo, no puede afirmarse que la mentalidad primitivista sea un tipo de mentalidad colonizada. Lo que confirma que el colonialismo, entendido como proceso mental, no se fundamenta exclusivamente en la percepción del otro como modelo, sino en su conceptuación como avanzado o moderno. La actitud primitivista interpreta la Historia como un proceso de intensificación racional, pero juzga esa intensificación de manera negativa y valora como estado ideal el menos desarrollado. Del mismo modo que el Romanticismo, según Gadamer, "shares the presupposition of the Enlightenment and only reverses its values, seeking to establish the validity of what is old, simply on the fact that it is old" (273), también el primitivismo comparte los presupuestos del espíritu progresista, aunque invierte radicalmente sus valores. Creo por ello que se le debe separar de las nostalgias de paraísos perdidos y similares en aquellas mentalidades que explican el universo de una manera predominantemente mítico-religiosa. Por ser una reacción contra los "excesos" del progreso, no parece que el primitivismo pueda producirse en comunidades que se sientan atrasadas, tal como tendremos oportunidad de constatar en el capítulo dedicado a Larra. No puede ser primitivista quien de algún modo se siente primitivo. La exaltación que ciertos escritores realizan del atraso de su propio entorno posee por lo general un alto componente defensivo que más adelante especificaré.

Tal vez la interacción social de las tendencias progresistas y primitivistas refleje el conflicto interior que en mayor o menor medida sufre cada individuo. Freud asegura que en los años de niñez "we have to cover the enormous distance of development from primitive man of the Stone Age to civilized man of today" (Brown 13). Si es cierto que la civilización, al igual que el hombre civilizado, sólo pueden producirse mediante la renuncia a poderosos instintos (Freud, *Civilization* 49), llámense naturales o animales, la nostalgia de lo primitivo pudiera considerarse equivalente a la de la niñez. Nos encontramos ante el otro término de la dialéctica inherente al proceso histórico. Cuanto más enérgico sea el avance progresivo, con más fuerza se manifestará la añoranza del pasado lamentando su pérdida y proponiendo su recuperación.

9. Conclusiones

El surgimiento e intensificación de proyectos utópicos en Europa entre los siglos XVI y XVIII está motivado por el enfrentamiento cada vez más generalizada de una mentalidad racional progresista con unas estructuras sociales de base no racional. Sin embargo, la propagación de esa misma mentalidad en España no motiva que se escriban utopías, a diferencia de lo que sucede en Francia e Inglaterra, sino que agrava la conciencia de atraso y multiplica tanto las propuestas de europeización como la ansiedad frente a la pérdida de identidad que, según se teme, esa tendencia implica. La moderna realidad europea como vía de acceso al futuro y la tradición propia como autodefensa son las dos atracciones extremas entre las que se debaten los progresistas españoles. Lo que indica que lo moderno se valora positivamente, se considera mejor o superior, pero al mismo tiempo esa superioridad se percibe amenazante.

El nacionalismo que así se origina debe diferenciarse de las actitudes tradicionalistas y primitivistas. No es lo mismo reaccionar contra la idea de modernidad en cuanto tal, por considerar que el avance progresivo es nefasto, que oponerse a ella por pensar que es extranjera. La reacción defensiva de tipo nacionalista se fundamenta por una parte en el convencimiento de que el progreso es positivo, y por eso se imita; pero la imitación en sí se piensa que pone en peligro el carácter nacional y provoca una reacción hacia los componentes de la identidad propia. Lo moderno y lo propio constituyen una doble pauta de valoración, "objetiva" y etnocéntrica, que, según se verá, tensan el discurso de los progresistas españoles y lo llenan de contradicciones.

En los capítulos siguientes analizaré algunas manifestaciones de esas actitudes receptivas y defensivas frente a la modernidad europea, intentando evidenciar su persistencia en España desde finales del XVII al XX. Con este fin procuraré añadir a los estudios centrales sobre Larra, Galdós y Unamuno, citas y referencias que desborden los ineludiblemente estrechos márgenes del libro. Considero necesario advertir que las propuestas receptivas y defensivas raramente se producen aisladas, aunque predomine por lo general alguna de ellas. Lo más frecuente es su pugna interior a nivel individual, por lo que mi trabajo se centrará en la diferente materialización de ese enfrentamiento: comenzaré con la más clara instigación a seguir los modelos europeos (la de Larra) para concluir con la más vehemente reacción contra esos modelos (la de Unamuno). Tampoco he considerado conveniente acotar estrechamente límites temporales, ya que la evidencia de los textos muestra la existencia de una persistente conciencia de atraso en la literatura española de los tres últimos siglos. Lo que no significa en absoluto afirmar que en todo ese lapso de tiempo no se hayan producido grandes alteraciones en la sociedad peninsular. Me propongo poner de relieve un factor que perdura durante varios siglos con diversas alternativas, subyaciendo a los cambios.

El estudio que llevaré a cabo se fundamenta en el análisis de las imágenes nacionales en las letras españolas y esta manera de proceder no siempre ha gozado de aceptación entre los críticos. [19] René Wellek atacó duramente en 1958 la incorporación del estudio de "imágenes no-literarias" a las disciplinas literarias por considerarlo impropio de ellas. Pero no mucho después, "in 1966, Dyserinck asserted that the analysis of national images is not as irrelevant to the comprehension of literary texts as Wellek has insisted, indeed that it can often be a key to their proper interpretation" (Boerner 359-60). Los últimos años han conocido, de hecho, un renacimiento del interés por el concepto de nación y su decisiva importancia para la producción literaria. [20] Según se verá en los capítulos siguientes, el análisis de las imágenes nacionales y sus relaciones permite explicar satisfactoriamente apartados esenciales en la obra de autores tan importantes como Larra, Galdós y Unamuno. Más allá de ellos, como meta final, ayuda a interpretar la frecuentemente problemática inserción de la literatura y cultura españolas en el marco hegemónico europeo.

---

[19] Sobre el tema se ha producido una extensa polémica. Quien esté interesado en seguir su evolución y argumentaciones puede consultar, entre otros, los trabajos sobre "imágenes nacionales" y "literatura comparada" de Peter Boerner, Jean François Brossaud, Hugo Dysenrinck, Marius-François Guyard, Siegbert Prawer, Horst Rüdiger y René Wellek.

[20] Homi Bhabha extiende el término "nación" a grupos marginales dentro de una comunidad, como el negro en los Estados Unidos (296). El establecimiento de esta relación ofrece la posibilidad de llevar a cabo análisis comparativos entre la conciencia nacional de atraso y la de marginalidad intrasocial. Entre los discursos de ambos grupos parecen existir numerosas similitudes.

PARTE I

EUROPA COMO UTOPÍA: ACTITUDES RECEPTIVAS

> España es una posibilidad europea. Sólo mirada
> desde Europa es posible España.
>
> JOSÉ ORTEGA Y GASSET

Las propuestas de europeización en España pretenden un cambio revolucionario equivalente al que plantean los proyectos utópicos para el Continente, pero acarrean distintas consecuencias. Como todo cambio que se pretende radical despierta la oposición de las fuerzas conservadoras, pero también confronta la resistencia de los españoles en cuanto tales, conservadores o progresistas, a lo que se considera una pérdida de identidad y un sometimiento al espíritu europeo. Por Europa se entiende, como ya indiqué, una abstracción usualmente encarnada en Francia. La doble atracción que ejerce el prestigio de la modernidad y la conciencia de identidad nacional origina una tensión entre lo europeo y lo español que se manifiesta tanto a nivel social como individual. El conflicto "espacial" que sufren los progresistas españoles, distinto del meramente temporal que enfrenta tendencias favorables y opuestas al progreso, es el que me interesa estudiar. El conocimiento mediante viajes o lecturas de países más adelantados provoca en ellos una crisis de identidad, producto de identificarse espiritualmente con la Europa moderna sin dejar de sentirse españoles. Ya tendremos oportunidad de comprobar que el antagonismo así originado ejerce una profunda repercusión en sus escritos, condicionando en ellos desde los temas, hasta la visión del mundo e incluso el estilo.

Aunque tal vez sea peligroso establecer una correspondencia demasiado estrecha entre procesos sociales y literarios, debe advertirse que los progresistas españoles no conciben lo moderno mediante un acto de creación sino de observación, y que algunos de ellos interpretan el atraso del entorno social en que viven como una rémora para su actividad creadora. Analizaré en este apartado aquellas propuestas de superación del atraso que adoptan una actitud receptiva e insisten en la necesidad de abrirse a las comunidades más avanzadas para modernizarse. Los autores partidarios de la europeización no dejan de reconocer, sin embargo, el efecto descaracterizador que implica, por lo que procuran armonizar la voluntad imitadora con cierta actitud defensiva de lo propio. Sus planteamientos pretenden esencialmente solucionar el atraso del país y las características negativas que, según ellos, acarrea: debilidad, ignorancia e imitación.

CAPÍTULO 1

LA PROPUESTA INTEGRADORA DE LARRA: EDUCACIÓN

La constatación del atraso propio, así como la creencia de que es ineludible abrirse al espíritu europeo para superarlo, son constantes en la obra de Larra. Pero frente a la imitación de características externas que se limitan a duplicar la realidad superficial del modelo, lo que Larra propone es la necesidad de asimilar su espíritu como único modo efectivo de acceder a la modernidad que representa. Para sugerir el proceso asimilador acude el autor a imágenes educativas: España debe reconocer el magisterio de Europa y adoptar ante ella una actitud de alumno receptivo a sus enseñanzas. Esta postura no debería sin embargo calificarse de sumisa, ya que lo que se propone en última instancia es apropiarse la vitalidad y energía del otro para poder rivalizar con él. El progreso se concibe como un camino en el que el adelanto se interpreta como adquisición de conocimientos y el mayor "saber" se expresa en términos de modernización y fortalecimiento. A lo largo de su obra evidencia el autor oscilar entre la confianza esperanzada de una europeización que se está llevando a cabo y el desaliento causado por la creciente convicción de que el país carece de capacidad para asimilar el espíritu moderno. El atraso español veta, según Larra, todo posible acceso a la actividad creadora, incluso a nivel artístico, por lo que sus artículos finales revelan la amarga conciencia de estar condenado a prolongar indefinidamente una dependencia espiritual crónica.

1. ATRASO COMO DEBILIDAD E IGNORANCIA

En "El casarse pronto y mal", como colofón a la historia de los jóvenes superficialmente europeizados cuyo matrimonio termina en desastre, afirma Larra que "nuestra intención . . . ha sido persuadir a todos los españoles que debemos tomar del extranjero . . . lo que está al alcance de nuestras fuerzas y costumbres, y no lo que les es superior todavía" (*Obras* I, 112). Los enamorados irresponsables de la anécdota son imagen de esa parte de la sociedad española "que no es ciertamente la más numerosa," y que "sin robustez, sin aliento suficiente para poder seguir la marcha de los países civilizados . . . no alcanza ni escribe nunca más que la última palabra. . . no es, pues, más que el eco, la última palabra de Francia no más" (*Obras* I, 112). La propuesta de estos párrafos se fundamenta en el reconocimiento del atraso español y la necesidad de recurrir a modelos extranjeros para superarlo, pero la imitación que propone contiene una restricción decisiva, si es que se pretende reducir eficazmente la ventaja. España debe imitar a Europa, pero sin perder de vista el alcance de sus fuerzas, porque de lo contrario se limitará a repetir la voz del otro, a adoptar los resultados de su espíritu sin incorporar el espíritu en sí. Condena Larra esta imitación por "querer tomar simplemente los efectos sin acordarse de que es preciso empezar por las causas" (*Obras* I, 112), y aconseja frente a ella que se empiece "por el principio: educación, instrucción" (*Obras* I, 113).

La recomendación a sus compatriotas de educarse, como factor ineludible para superar el atraso, se produce en conexión con la propuesta de "tomar las causas" en que el adelanto europeo se fundamenta. Se reitera por tanto la condición ejemplar del Continente, pero especificando que debe ser modelo para la transformación esencial del ser propio. [1] España está obligada a asumir ante Europa la actitud receptiva que el alumno adopta ante el maestro, debe abrirse a su espíritu para ser remodelada por él. [2] Esta segunda imi-

---

[1] Desde su nueva patria de adopción, también Blanco White recomienda a los españoles seguir los modelos europeos, entre los que según él, obviamente, la pauta inglesa es superior al resto: "como los buenos artistas se valen de modelos antes de dar vuelo a su propio ingenio, del mismo modo las naciones que se hallan atrasadas deben empezar por el estudio de lo que otras han hecho y adelantado, procurando llenarse del espíritu de aquellas que más se han distinguido entre las otras por la grandeza y elevación de sus ideas" (*Luisa* 180). La similitud de su propuesta con la de Larra no merece comentario.

[2] Luis Lorenzo-Rivero (*Larra* 26), Dérozier (32) y Wyler (221) han constatado la importancia dada por Larra a la educación en sus planes de transformación social. José Escobar analiza su posición en la lucha que enfrenta "la españolísima mantilla castiza" al "moderno sombrero que llega de Francia" (*Revisión* 164) para deducir que "el espíritu renovador" (165) defendido por Larra proviene del continente. La escuela de costumbres parecía también poseer para el escritor un gran poder educador.

tación es la que un siglo más tarde definirá Ortega como asimilación. Tras analizar el atraso de su entorno respecto a los países transpirenaicos, concreta en dos las actitudes básicas que es posible adoptar: "En la imitación actuamos, por decirlo así, fuera de nuestra auténtica personalidad, nos creamos una máscara exterior. Por el contrario, en la asimilación . . . nos disponemos a reformar verídicamente nuestra esencia según la pauta admirada" (*España* 104). Ortega caracteriza como máscara lo que para Larra era eco.[3] En todo caso queda claro el comportamiento superficial del que imita, que modifica su voz o su gesto de acuerdo a los del modelo admirado pero no integra en sí la esencia donde esa voz o gesto se originan. Imitación y asimilación se interpretan por tanto como dos actitudes básicamente distintas, ya que la segunda no se propone meramente actuar como el otro sino ser como él.

Gran parte de los artículos de Larra insisten en reiterar a sus compatriotas la urgencia de asimilar el espíritu continental para poder de ese modo "rivalizar en nuestros adelantos con los de nuestros vecinos" (*Obras* I, 219). Resulta interesante observar en este párrafo que se interprete la finalidad del proceso asimilativo en términos erísticos, como posibilidad de rivalizar. La actitud dócil del alumno que aspira a remodelarse con arreglo a las pautas mentales del maestro, no significa sino un medio de adquirir la fuerza del modelo para poder competir con él en lo que Larra denomina sus "adelantos". Es muy significativo asimismo que el planteamiento del autor madrileño equipare la noción de atraso con los conceptos de debilidad e ignorancia. No de otro modo deben interpretarse sus propuestas de educación y fortalecimiento, que se suponen idénticas, como medio de superarlo. De hecho también Jovellanos consideraba a finales del XVIII que la introducción del espíritu moderno en España había sido consecuencia del magisterio ejercido por Europa.[4] En el "Elogio de Carlos III" alaba las mejoras introducidas

---

[3] No es casual que Jean-Paul Sartre, refiriéndose a la separación que el colonialismo establece entre "hombres" e "indígenas", recurra a una imagen similar a la utilizada por Larra: "los primeros disponían del Verbo, los otros lo tomaban prestado. . . La élite europea se dedicó a fabricar una élite indígena . . . tras una breve estancia en la metrópoli se les regresaba a su país, falsificados . . . eran un eco" (7). El caso español parece mostrar que esa élite "falsificada" no necesita ser fabricada intencionadamente por Europa: se constituye por la mera conciencia de atraso frente al otro.

[4] Antes de mediar el XVIII, lamenta Feijoo "los cortos y lentos avances que en nuestra España logran la 'física' y 'matemática', aun después que los extranjeros en

por los Borbones, afirmando que "a la entrada del siglo XVIII el primero de ellos pasa los Pirineos . . . y en un reinado de casi medio siglo le enseña [al pueblo español] a conocer lo que vale la ilustración" (*Obras* 182).

Jovellanos parece dar el proceso por concluido; pero la educación, para ser eficaz, exige que el alumno asimile la enseñanza, y medio siglo más tarde los escritos de Larra evidencian que tal asimilación no se había completado. Incluso duda el madrileño que la mayor parte del pueblo español posea una actitud receptiva frente a Europa. Es cierto que Fígaro manifiesta en ocasiones algún optimismo, tal como cuando "En este país", artículo de 1833, juzga que España "adelanta y progresa de algunos años a esta parte más rápidamente que adelantaron esos 'países modelos', para llegar al punto de ventaja en que se han puesto" (*Obras* I, 218). Se diría, según esto, que el entorno social integra con rapidez el espíritu europeo y se encuentra próximo a superar su posición rezagada. La apreciación sin embargo no se produce de manera consistente, ni siquiera en artículos de un mismo año.

En "Vuelva usted mañana", también de 1833, lamenta el autor enojado que "aquí tenemos el loco orgullo de no saber nada, de querer adivinarlo todo y no reconocer maestros. Las naciones que han tenido, ya que no el saber, deseos de él, no han encontrado otro remedio que el de recurrir a los que sabían más que ellas" (*Obras* I, 138). Señala aquí Larra el otro gran frente contra el que dirige sus ataques. El país parece dividirse para él en una minoría que imita superficialmente al extranjero y una inmensa mayoría que rechaza el magisterio europeo porque "no sabe nada". En la "Carta a Andrés escrita desde las Batuecas", de 1832, especifica más precisamente lo que este "no saber" denota. Reflexionando sobre el atraso de España, comenta que "lo que no se conoce no se desea ni echa de menos; así suele el que va atrasado creer que va adelantado" (*Obras* I, 85). Sus paisanos que rechazan el magisterio de Europa fundamentan esta actitud, según Larra, en la ignorancia: no sólo son ignorantes con relación a la Europa más sabia y avanzada sino que, y esto es más grave, son ignorantes de su propia ignorancia. La

---

tantos libros nos presentan las grandes luces que han adquirido en estas ciencias" (García Camarero 25). La relación espiritual entre Europa y España se considera aquí similar a la existente entre maestro y alumno. Antonio Mestre opina que la producción de Feijoo en conjunto se caracteriza por su insistencia en la necesidad española de asimilar el espíritu europeo (*Arbor* 55).

frase parece indicar que los españoles necesitan conocer la moderna realidad europea para darse cuenta de su atraso. Más adelante insistiré en las importantes implicaciones que de ello se derivan.

La identificación que Larra establece entre atraso e ignorancia reitera una idea del progreso en términos de acumulación de conocimientos. Acumulación que, al menos para él, es sinónimo de mejora. Los países rezagados deben comportarse receptivamente, si quieren superar su posición, y aceptar el magisterio de los que "saben más" que ellos. Larra percibe en España la existencia de dos grupos, ninguno de los cuales posibilita este objetivo: frente a la gran masa que no reconoce el magisterio de Europa, existe un reducido grupo que imita al Continente pero de manera superficial, repitiendo sus palabras como un simple eco. Parecería que junto a una mayoría coherente en su ignorancia "española" existe un pequeño número que presentan la ambigüedad de continuar siendo españoles (con todo lo que ello implica) pero comportarse aparentemente como europeos. El fundamento de la imitación de los segundos necesita ser explicado. Imitar implica de algún modo reconocer la superioridad del modelo, ¿por qué, pues, se limitan estos españoles a copiar la superficie europea sin procurar integrar su espíritu? ¿o es que existe algún obstáculo que se lo impide?

2. IDENTIDAD INDIVIDUAL E IDENTIDAD SOCIAL

El artículo "Literatura" de 1836, centrado nuevamente en el análisis del atraso español y sus causas, observa que a finales del XVIII apareció en el país una juventud "más estudiosa" que la de generaciones anteriores, que "al volver los ojos atrás para buscar modelos y maestros en sus antecesores, no vio sino una inmensa laguna... creyó no poder hacer cosa mejor que saltar el vacío en vez de llenarle, y agregarse al movimiento del pueblo vecino, adoptando sus ideas ... Vióse entonces un fenómeno raro en la marcha de las naciones: entonces nos hallamos en el término de la jornada sin haberla andado" (*Obras* II, 132).

El "mayor estudio" de los jóvenes les aboca a la constatación de que entre ellos y sus predecesores existe una inmensa laguna, un abismo que vanamente pretenden sortear. Pero ¿a qué refiere el vacío y entre qué extremos se establece? El párrafo reitera nuevamente la concepción del progreso como un camino cuya línea de avance parece determinada por el nivel de conocimientos que se posee: el estudio de los jóvenes españoles les aboca a las ideas francesas, a lo que se juzga el máximo nivel de desarrollo. La noción de estudio sugiere un proceso asimilador en el que ciertos españoles aceptan el magisterio europeo y se abren a su espíritu. Larra, sin embargo, califica el resultado de salto, no asimilación, argumentando que la adopción de ideas se ha efectuado sin "llenar" la distancia existente entre su país y el continente. Transmite así la impresión de que existe una disconformidad entre los planos superficial y profundo de los europeizados y resulta sorprendente que no establezca en este grupo ningún tipo de distingos. Según él, todos han adoptado las ideas continentales sin integrarlas. Una afirmación tan rotunda puede sólo justificarse por la existencia de un plano común que se mantiene impermeable al espíritu europeo, independientemente de la eficacia con que la europeización se realice a nivel individual. El vacío existente entre las ideas modernas y la identidad propia puede percibirlo sólo la minoría europeizada que ha entrado en contacto con esas ideas, no la mayoría ignorante. Al observar a la sociedad española desde la altura europea perciben una distancia que, para ser eliminada completamente, deberá ser salvada a nivel colectivo. Los europeizados advierten un vacío no sólo entre el presente y el pasado, sino entre la Europa moderna con la que intelectualmente se identifican, a nivel personal, y la sociedad española a la que son conscientes de pertenecer.

Años más tarde explicitará Ortega todavía la urgencia que le acucia por integrar esas dos dimensiones, poniendo en evidencia que, un siglo después de que Larra escribiera sus artículos, persiste aún en los progresistas una idéntica conciencia de desarmonía entre sus identidades individual y colectiva. [5] En las *Meditaciones del Quijote*, uno de sus primeros libros, afirma que "mi salida natural hacia el universo se abre por los puertos del Guadarrama o el campo de Ontígola. Este sector de realidad circundante forma la

---

[5] La idea de que el conflicto que divide a los españoles es una interiorización del enfrentamiento entre Europa y España aparece en Paul Ilie (*Hispania* 29). Menéndez Pidal había ya observado que en el siglo XVIII "la unidad espiritual de los españoles" se resquebraja y "la oposición de España frente a Europa en los tiempos de la Contrarreforma se ha trasladado al interior: una España casticista frente a una España europeizante" (220). Ninguno de los dos autores especifica, sin embargo, que la división se produce, no sólo a nivel social, sino interiorizada en cada uno de los progresistas españoles.

otra mitad de mi persona: sólo a través de él puedo integrarme y ser plenamente yo mismo . . . Yo soy yo y mi circunstancia, y si no la salvo a ella no me salvo yo" (*Meditaciones* 76-7).

¿Qué implica en este contexto la idea de "salvar" su circunstancia para salvarse? Pudiera argüirse que el párrafo posee una referencialidad ontológica ajena al tema de la europeización que nos ocupa; pero en el prólogo al lector se preocupa Ortega por advertir que todos los ensayos del libro "directa o indirectamente, acaban por referirse a las circunstancias españolas" (44) y más adelante insiste en que "si se penetrara hasta las más íntimas y personales meditaciones nuestras, se nos sorprenderá haciendo con los humildes rayicos de nuestra alma experimentos de España" (89). Las circunstancias parecen sin duda remitir a la circunstancia española. Para salvarla recomienda a sus paisanos no olvidar la "herencia germánica", ya que sin ella padecerían "un destino equívoco. Detrás de las facciones mediterráneas parece esconderse el gesto asiático o africano, y en éste . . . yace como sólo adormecida la bestia infrahumana" (159). Los peninsulares deben armonizar los dos componentes esenciales de su ser: el ibero de "hirsutas pasiones" con el "blondo germano, meditativo y sentimental" (159), estableciendo entre ellos una jerarquía en la que el conocimiento domine a lo pasional, para alcanzar así la claridad proporcionada por "el concepto". Esta claridad, que anteriormente ha identificado con la cultura como tal, "trasciende a nosotros de las obras continentales y suelen faltar en el arte, en la ciencia, en la política españolas" (159).[6]

Lo que parecía ser uno de los componentes de la identidad propia se interpreta ahora como característico de la realidad europea. ¿Se trata de una simple contradicción de Ortega? El argumento que desarrollo pretende que no: al igual que los jóvenes estudiosos de Larra, también el autor parece haber adoptado las ideas continentales sin dejar de sentirse español en sus "pasiones". La justificación

---

[6] La necesidad de recurrir a Europa en busca de "cultura" es reiterada por otros autores de finales del XIX. Santiago Ramón y Cajal recomienda europeizar el país para reemplazar "las viejas cabezas de sus profesores . . . orientadas hacia el pasado, por otras nuevas orientadas al porvenir" (García Camarero 398-9). La incitación de Ramón y Cajal se torna lamento en Valera: constata desalentado que "si para vivir vida intelectual tenemos que recibirla de Francia . . . sólo Dios sabe qué lengua hablaremos, o si dejaremos de hablar, ya que nada propio y no venido de París tenemos que decir" (*Obras* II, 1038). Poco parece haber cambiado desde el "lloremos, pues, y traduzcamos" con que Larra concedía la incapacidad española para ponerse a la altura europea.

genealógica a que recurre para explicar la fragmentación pudiera resultar discutible, pero no cabe duda que de ese modo intenta justificar una escisión que él mismo siente interiorizada. La pretendida conveniencia de jerarquizar la materia ibera al espíritu germano, debe considerarse una propuesta inequívoca de europeización, como único medio de armonizar los dos planos.

La insistencia con que Ortega reitera en su obra la necesidad de abrirse al espíritu europeo resulta en este sentido justificada. Sólo salvando la distancia que separa a su país del continente podrán los europeizados españoles integrar los dos espacios en que se juzgan instalados. Se explica así también que Larra califique el desplazamiento de esa minoría progresista al espíritu europeo como adopción porque, independientemente de que a nivel individual consigan imitarlo o asimilarlo, poseerán, siempre que España no alcance a Europa, una parte de su identidad en que esa asimilación no llega a producirse. De hecho, cuanto más completa sea en ellos la absorción individual del espíritu continental, más claramente percibirán la fragmentación y mayor necesidad sentirán de superarla. No debe confundirse esta oposición espacial con la "axiological duality" de impulsos progresistas y conservadores que fragmenta a la élite afrancesada del XVIII e incluso pugna interiormente en determinados "liberales" como Feijoo y Jovellanos (Ilie, *Modern* 11). Convendría por otra parte especificar hasta qué punto esa dualidad es producto de tendencias intrínsecamente conservadoras o responde a necesidades defensivas frente a Francia. Si bien en ocasiones puede resultar imposible trazar con precisión la línea divisoria, el tipo de tensión que evidencian Larra y Ortega implica la existencia de una pugna que no debe calificarse como puramente temporal.

3. EUROPEIZAR ESPAÑA PARA INTEGRAR LA IDENTIDAD PROPIA

Numerosos detalles en la obra de Larra ponen de relieve que el vacío al que alude en "Literatura" se produce como consecuencia de un proceso de autoconocimiento realizado desde Europa. Así, por ejemplo, las apreciaciones críticas de diversos artículos tales como "Vuelva usted mañana" y "La Fonda Nueva" se fundamentan en la visita de un viajero francés que actúa como alter ego del autor en su apreciación de la realidad española, y en un artículo de 1834, "¿Entre qué gente estamos?", llega incluso a afirmar, refiriéndose a la llegada del observador forastero, que "acaso sin esta circunstancia nunca hubiese yo solo realizado la observación sobre que gira este artículo" (*Obras* II, 25). La constatación del atraso español, de su ignorancia respecto a Europa, es una consecuencia de la adopción del punto de vista europeo. Medio siglo antes manifestaba El Censor poseer una creencia idéntica de que "los desengaños" deben venir de fuera, y añadía: "Puede creerse que los 'Calderones' serían todavía el embeleso de todos nosotros . . . si no hubiera llegado a nosotros la mofa que de estas cosas hacían los extranjeros" (*El Censor* 121-2). Sólo mediante el acceso a la opinión continental, a su punto de vista, pueden los españoles darse cuenta del "engaño" en que viven. La oposición que El Censor establece se fundamenta en una dicotomía que opone la clarividencia extranjera a la ofuscación del propio juicio.[7]

El vacío que según Larra perciben los europeizados, y él mismo evidencia incluirse en el grupo, refiere a esas ideas aún no adquiridas o a ese trecho aún no andado. Instalados en Europa, con cuyo sistema de valores personalmente se identifican, constatan una distancia entre su sociedad y el punto de vista desde el que se perciben que sólo podrá cubrirse mediante la europeización del país, mediante el avance español hacia el momento histórico en que se encuentra el Continente. En el artículo "Ni por esas", de 1836, se especifica de manera aún más transparente el origen exógeno de esa sensación de carencia. Escribe Andrés Niporesas a Fígaro, alter egos del autor los dos, y le comunica que se fue a París, donde ahora reside, por estar "convencido de que era preciso primero emigrar para saber, y luego estudiar las prácticas extranjeras para conocer las necesidades nacionales" (*Obras* II, 320). El estudio, que en "Literatura" se interpretaba como un recorrido hacia las ideas europeas, requiere aquí el desplazamiento previo. Sólo mediante ese viaje, imagen que refiere al conocimiento del otro, adquiere el viajero el convencimiento de que la realidad española necesita un buen número de mejoras.

La imagen de viaje, tan insistentemente utilizada por Larra, sirve para hacer más gráfica la tensión espacial que experimentan

---

[7] Son abundantes los escritores que constatan la necesidad española de recurrir al espíritu europeo para conocerse, según puede comprobarse en Bécquer (143), Valera (*Obras* III, 579), Menéndez Pelayo (García Camarero 332), Unamuno (*En torno* 866) y Ortega (*Personas* 566).

los progresistas peninsulares. Su adquisición de los conocimientos europeos les hace identificarse intelectualmente con la realidad europea, pero al mismo tiempo no pueden dejar de constatar que pertenecen a un entorno social más ignorante o atrasado. La dualidad podrá sólo eliminarse cuando los dos espacios se integren y desaparezca la necesidad de desplazarse a Europa para conocerse; cuando España, mediante un proceso de asimilación del saber europeo, acceda a la modernidad que ese saber representa. [8] Larra expresa en ciertos momentos su confianza de que este proceso, si bien no se había completado, se estaba llevando a cabo con mayor o menor rapidez. En "Panorama matritense" piensa que el país, influido por el "ejemplo extranjero", empieza a experimentar cambios en su organización social, por lo que "ni ha dejado enteramente de ser la España de Moratín, ni es todavía la España inglesa y francesa que la fuerza de las cosas tiende a formar" (*Obras* II, 243). La europeización se percibe como un objetivo aún no alcanzado, es cierto, pero también inevitable. Un objetivo, sin embargo, que no puede llevarse a cabo a nivel meramente personal. Otro artículo de 1836, éste sobre el drama *Antony* de Alejandro Dumas, explicita el convencimiento de que la asimilación individual del espíritu continental, siempre que no vaya acompañada de una europeización colectiva, sólo puede producirse a expensas de la identidad española. Lamenta la traducción y representación de esa obra en España, porque "darnos la literatura de una sociedad caduca que ha recorrido los escalones todos de la civilización humana . . . es escribir para cien jóvenes ingleses y franceses que han llegado a figurarse que son españoles porque han nacido en España (*Obras* II, 247).

El empleo de los adjetivos "ingleses y franceses" parece indicar la culminación de una tendencia integradora similar a la que en el párrafo anteriormente citado se apuntaba en el plano social. Sin embargo el autor disputa a estos individuos incluso su condición de españoles, sugiriendo de este modo la naturaleza refractaria de ambos espacios. La adquisición personal del espíritu continental motiva en los europeizados una fragmentación de identidad que será tanto mayor cuanto más completo sea el proceso. Si individual-

---

[8] Leonard Perry (87) y Luis Lorenzo-Rivero (*Estudios* 145) ponen de relieve la oposición establecida por Larra entre el racionalismo de sus ideas y la ignorancia de la sociedad circundante. Edward Baker observa por su parte que en "El castellano viejo" leyes mecánicamente perfectas chocan "violentamente con un mundo social regido por la más perfecta irracionalidad" (189-90).

mente se consideran instalados en la realidad francesa o inglesa, cuyo saber poseen, son conscientes asimismo de pertenecer a otro entorno frente al que experimentan una ambigua sensación de identificación y extrañamiento. Por ello, afirma Larra que "forman un pueblo chico de costumbres extranjeras, embutido dentro de otro grande de costumbres patrias" (*Obras* I, 270).

La tensión podría intentar resolverse mediante la renuncia a la identidad española y la integración plena en la sociedad europea. El exilio de Blanco White en Inglaterra y su decisión de transformarse en inglés parece responder a este deseo de eliminar la fragmentación interna, supeditando la identificación social a la individual. Ortega manifiesta la persistencia en su tiempo de una tendencia similar. Muchos españoles, según él, sentían su vida malograda por tener que vivir en España, y, en cambio, "estiman altamente las cosas y modos de Francia o Inglaterra, hasta el punto de pensar que si pudiesen radicalmente transladar a esos países su vida, quedaría ésta por completo lograda" (*Obras* II, 377). El enfrentamiento podría, por tanto, eliminarse incorporando ambas identidades en el espacio europeo, pero los que optan por esta solución se integran en el otro, no integran al otro, y renuncian así a una parte importante de su identidad. Para los europeizados que se resisten a dejar de ser españoles, cualquier posibilidad de armonía se condiciona ineludiblemente a la asimilación colectiva del espíritu continental.

4. EUROPEIZACIÓN Y CREACIÓN LITERARIA

Para comprender lo perentoria que Larra siente esta necesidad conviene insistir en su convicción de que, en cuanto español, no podrá plenamente integrar el espíritu continental mientras la europeización no se realice a nivel colectivo. Integrar ese espíritu significa, según él, acceder a la modernidad que representa y adquirir capacidad creadora. El ya mencionado artículo sobre *Antony* contiene consideraciones muy significativas a este respecto. Su rechazo de la obra no se fundamenta en razones estéticas sino sociales, por estimar que "no siendo la literatura sino la expresión de la sociedad, no puede ser toda literatura igualmente admisible en todo país indistintamente" (*Obras* II, 249). La afirmación me parece de la mayor importancia, ya que no sólo manifiesta lo inadecuado de la obra para una comunidad diferente a la que la produjo, sino que también implica la *imposibilidad* de que tal obra se haya podido originar en España. La producción literaria se juzga por tanto decisivamente condicionada por el entorno social.

En "Literatura", artículo del mismo año, había expresado el autor una idéntica creencia de que "la literatura es la expresión, el termómetro verdadero del estado de la civilización de un pueblo" (*Obras* II, 130). Hasta que la sociedad española no remonte el atraso en que se encuentra respecto a la europea, sus escritores parecen irremisiblemente condenados a reflejar ese atraso y a estar condicionados por él. La literatura española que plantee problemas tomados de la europea será expresión de la sociedad europea, no de la española. *Antony* puede adoptar su actitud desengañada frente a la civilización porque se produce en una colectividad situada al final del proceso civilizador, pero manifestar ese desengaño en España revela la adopción de un espíritu extraño. Los españoles en cuanto tales no pueden estar desengañados cuando el "engaño" civilizador no se ha completado en su país.

A este respecto revela el madrileño una ambigüedad frente al progreso que evidencia la existencia en su identidad de dos planos inarmonizables. Comenta la decepción sufrida por ciertos autores europeos, los considerados románticos, al contemplar "el final del camino", pero añade que "sin embargo es fuerza andar, porque si la felicidad no está en ninguna parte, si al final no hay nada, también es indudable que el mayor bienestar que para la humanidad se da está todo lo más allá posible" (*Obras* II, 247). Lo interesante en este párrafo es que Larra no contradice la reacción desencantada de los escritores transpirenaicos frente al progreso, e incluso se diría que la comparte, si bien se resiste a asumirla, condicionando su adopción plena a la perentoria necesidad de que España progrese. Sugiere poseer un cierto escepticismo personal, que se oscurece no obstante tras la poderosa convicción de que su país debe avanzar y situarse a la altura de Europa. Aunque reconozca que tal vez al final del camino no encontrará el hombre la felicidad anhelada, no duda sin embargo en afirmar tajantemente que el mayor bienestar de la humanidad se encuentra en un punto lo más avanzado posible en la línea temporal. Parecería como si anhelara poseer ese desengaño y esos sufrimientos románticos que le veda la constatación del atraso propio.

Mientras España no esté a la altura de Europa, esto es lo que la cita implica, los escritores peninsulares afrontarán desafíos distintos a los de sus congéneres europeos. Desafíos, por otra parte, que les impedirán participar en los movimientos ideológicos y literarios del Continente. Su problema más acuciante reside en la generalizada e ineludible imitación de las creaciones europeas, motivada por el atraso del entorno social al que pertenecen. Según Larra "hace siglos que otra cosa no han hecho sino traducir nuestros más originales hombres de letras" (*Obras* I, 262), lo que implicaría que los literatos peninsulares que pretenden ser originales y no permanecen inmersos en una tradición obsoleta, abocan al parecer inevitablemente en la imitación de modelos extranjeros. No debe extrañar por tanto que el autor proponga la europeización de su país, aun suponiendo que al final del proceso se encuentre la decepción. El desengaño de sus congéneres europeos es al menos producto de una actividad creadora, en ningún modo equiparable a la desesperación que siente el escritor español, condenado por el atraso de su sociedad a seguir pasos andados. Ya veremos cómo en "Horas de invierno", uno de sus últimos artículos, explicita Larra el problema de manera aún más nítida.

La ambigüedad del párrafo citado evidencia en Larra la existencia de una insoluble dualidad interna. Sus convicciones personales son europeas, no producto de la colectividad a que pertenece, y deberán por tanto esperar para manifestarse a que se realice la europeización de su entorno. Parece indicar el madrileño que él hubiera podido ser un escritor moderno similar a los europeos, con idéntica desilusión frente al progreso, *si* España hubiera poseído un nivel de desarrollo similar al de sus vecinos. No sucede así, sin embargo, y la decepción personal se supedita a la más poderosa y urgente necesidad de superar socialmente el atraso. Esta pugna de actitudes a diferentes niveles exige algunas reflexiones sobre el pretendido romanticismo de Larra.

5. El pretendido romanticismo de Larra

A propósito del texto que se acaba de comentar, Susan Kirkpatrick equipara la actitud del autor madrileño a la de los románticos europeos y propone que su "negative vision of 'liberty' and 'progress' reveals to what extent the seeds of doubt were undermining Larra's liberal faith" (*Studies* 463). Sin embargo conviene no perder de vista que las dudas personales que Larra pudiera poseer, en ningún caso minan la sólida fe que manifiesta en la conveniencia del progreso para su país. La "rupture between the inner being and the social context" (Kirkpatrick, *Studies* 468) que sufre Larra es de distinto carácter, y en cierto modo de índole opuesta, a la de los románticos. No se fundamenta en la decepción frente al progreso sino en la impotencia frente al atraso.

Considero fundamental detenerme en esta diferencia porque sin su clara percepción resulta dudoso que se pueda comprender la personalidad literaria de Larra y su especificidad española frente a los escritores franceses. La crítica que sobre él existe no realiza la distinción y frecuentemente le aplica el calificativo romántico con criterios un tanto discutibles.[9] Así, por ejemplo, asegura de él Kirkpatrick que "era un verdadero romántico, desde el punto de vista filosófico, ya que se apartó del anterior concepto de un mundo inmodificable y mecánicamente estructurado, para llegar a un concepto del mundo como una totalidad dinámica, orgánica" (*Larra* 152). Entre las diversas reticencias que esta afirmación suscita, tal vez la más seria se refiera al concepto de romanticismo empleado. ¿Puede aceptarse, de hecho, que el movimiento se caracterizara por aportar a la vida intelectual europea una nueva visión dinámica del mundo?

La propuesta de Kirkpatrick parece fundamentarse en una simple aceptación de lo establecido años atrás por Morse Peckham, cuando en "Toward a theory of Romanticism" definiera el significado de la nueva corriente como "the revolution in the European mind against thinking in terms of static mechanism" (*PMLA* 14).[10] Sin embargo, el mismo crítico impugnó posteriormente un planteamiento que se revelaba insostenible, confesando que "it is now apparent . . . that organicism is a product of the Enlightenment . . . Further, the values of diversity, change, growth, and uniqueness, derived from organicism, are mainly late Enlightenment values, though, to be sure, relatively rare" (*SiR* 7).

El cambio cualitativo se convierte en cuantitativo, pero incluso así resulta discutible que la aparición de un concepto dinámico del mundo, con todo lo que ello implica, se produjera únicamente a fi-

---

[9] Ver Vicente Lloréns (354), Pierre Ullman (31), Umbral (18), Luis Lorenzo-Rivero (*Larra* 48), Reinhard Teichmann (19) y Wolfram Krömer (130).

[10] La misma Kirkpatrick sugiere que sus análisis sobre el romanticismo se fundamentan en los artículos de Peckham.

nales de la Ilustración. Ernst Cassirer ya observó que en el Renacimiento "the true essence of nature is not to sought in the realm of the creates ('natura naturata'), but in that of the creative process ('natura naturans')" (40), y alude a "Giordano Bruno, in whom this new climate of opinion first appears". Enfrentado el italiano a "the infinite process of becoming, the great spectacle of the world forever unrolling before our eyes", considera que "the power of reason is our only access to the infinite" (38). Parece por tanto, como señalé en el capítulo preliminar, que ya en el Renacimiento hace su aparición una concepción dinámica del universo como proceso en desarrollo. Mi estudio sobre las utopías confirmaba su presencia tanto en la obra de Moro como en las de Bacon y Campanella. El racionalismo progresista de la Ilustración no supondría esencialmente una ruptura sino una intensificación de la revolución mental cuyos orígenes se remontan al menos a principios del XVI. El nuevo espíritu contiene en sí, no obstante, un factor de oposición dialéctica cuya fuerza crecerá a medida que los criterios racionales de organización social comiencen a generalizarse. ¿A qué se enfrenta y en qué consiste esa oposición?

Tras definir "civilización" como el conjunto de logros "which distinguish our lives from those of our animal ancestors" (40), considera Freud que "man's natural aggressive instinct, the hostility of each against all and of all against each" se opone al proyecto civilizador "to combine single human individuals, and after that families, then races, peoples and nations, into one great unity, the unity of mankind" (*Civilization* 77). Pero ¿cómo se produce este avance civilizador? ¿cómo medirlo? El intento español de catolicismo ecuménico podría también considerarse civilizador por su finalidad universalizadora. Las religiones sin embargo carecen de razones objetivas de persuasión porque no se pueden jerarquizar: sus credos son fundamentalmente distintos, no mejores ni peores que el contrario. A un cristiano que afirmara la superioridad de su fe podría un judío o musulmán oponer similar convicción, sin que existan parámetros objetivos de valoración.

La nueva mentalidad progresista sí proporciona en cambio un criterio jerarquizador, fundado en la noción de tiempo y en lo que esa imagen implica. La base de juicio temporal, que proyecta a las distintas sociedades sobre una escala integradora en la que se perciben como más o menos adelantadas, posibilita una valoración universalmente aceptada por ser al parecer objetivamente comprobable. Las comunidades más modernas son asimismo las más sabias (la idea de avance implica adquisición de conocimientos) y las más fuertes, entendiendo el concepto de fuerza, según se especificara en la Introducción, en un sentido mucho más amplio que el de la simple fuerza bruta.

El espíritu progresista implica un ideal de avance y mejora que, sin embargo, parece encontrar resistencia ya entre los mismos ilustrados. Sprague de Camp indica que "Romantic primitivism arose in the eighteenth century" (53) y, de manera más explícita, observa Peter France que en el mismo período caracterizado por su confianza en el progreso aparecen actitudes primitivistas, no sólo como simples reacciones "on the part of the enemies of Enlightenment. It is often the same people who are attracted both by the advanced values of the *Encyclopédie* and by the myths of ancient simplicity. Primitivism seems paradoxically to be a constituent part of Enlightenment" (64). Racionalismo universalizador y antirracionalismo constituirían así dos fuerzas antagónicas que pugnan interiormente en los ilustrados, atrayéndoles simultáneamente hacia la exaltación del progreso y hacia la oposición contra lo que ese progreso implica. [11] El Romanticismo parecería entrañar básicamente la intensificación cuantitativa de una tendencia que ya en la Ilustración se enfrentaba dialécticamente al racionalismo progresivo. [12] En los capítulos preliminares puse de relieve que sólo en el Renacimiento europeo, según se sabe, comienza a imponerse la visión progresiva del universo sobre la mítico-religiosa, convirtiendo así en prevalente la tensión "temporal" que caracterizará a lo que podemos denominar mentalidad moderna. En el avance civilizador, el hombre que posee tal mentalidad experimenta una opuesta atracción de fuerzas que le

---

[11] Russell P. Sebold parecería tener razón cuando afirma que "tanto por lo que atañe a su credo poético como por lo que respecta a su visión del mundo, el romanticismo encuentra sus antecedentes naturales y evolutivos en plena Ilustración y neoclasicismo" (*El rapto* 19).

[12] Tras un análisis detallado de autores fundamentalmente franceses, Lester Crocker establece que "the defense of passions begins in the seventeenth century. . . merging at the last with the swelling tide of romanticism. 'Nothing', wrote Alès de Corbet in 1758, 'is more à la mode today than to declare yourself an apologist of the passions; it is the title of a bel esprit, of a philosophe, of an esprit fort'. Declaiming against them is properly left, he continues, to the theologians" (229). Convendría especificar, sin embargo, hasta qué punto esta alabanza de las pasiones se enfrenta a la razón y hasta qué punto implica un ataque contra la moral cristiana del orden tradicional.

tensan entre el afán racional integrador y la resistencia contra el "terror of history" que ese afán acarrea (Eliade 153).

La doble atracción enfrenta a tendencias progresistas y primitivistas, en una pugna de carácter temporal cuyo análisis puede ser
útil para explicar el carácter de los movimientos ilustrado y romántico, pero ¿sirve para interpretar la personalidad de Larra? [13] La
aparición del nuevo espíritu ocasiona una tensión temporal interior
entre avance progresivo y oposición a él, pero también, como se in-
dicó, una jerarquización de las distintas sociedades, según que se
consideren más o menos avanzadas en ese proceso. La valoración
temporal adquiere un carácter problemático para todos aquellos
pueblos que se consideren atrasados y, por consiguiente, débiles e
ignorantes. Se revela por ello de esencial importancia calibrar las
implicaciones que, para el análisis del romanticismo español, posee
la constatación de que "an important factor in Spaniards' preoc-
cupation with national self-definition was their consciousness of
Spain's image as an exotically 'other' setting for the Romantic fantasy of the rest of Europe" (Kirkpatrick, *Romanticism* 270).

España era considerada un país exótico, atractivo para los románticos, obviamente por su condición atrasada o primitiva. La
duda que se plantea es si los españoles, Larra entre ellos, podían ser
plenamente primitivistas sintiéndose por su identidad social primi-
tivos. Sin negar que de algún modo experimentara el autor madrileño la tensión propiamente temporal entre tendencias progresistas y
antiprogresistas, sus escritos manifiestan que sobre ella prevalecía la
conciencia de pertenecer a una sociedad atrasada y la necesidad de
solventar esa desventaja. [14] En el artículo sobre *Antony* considera
nuestro autor que tal vez el destino de la humanidad consista en
"caminar con la antorcha en la mano quemándolo todo para verlo
todo"; pero aun así, insiste en proponer que "no seamos nosotros
los únicos privados del triste privilegio de la humanidad" (*Obras* II,
248). Si la imagen de la antorcha entronca con las Luces de la Ilus-

---

[13] El romanticismo, según Gadamer, "shares the presupposition of the Enlightenment and only reverses its values, seeking to establish the validity of what is old,
simply on the fact that it is old: the 'gothic' Middle Ages, the Christian European
community of states, the permanent structure of society, but also the simplicity of
peasant life and closeness to nature" (273).

[14] No sorprende comprobar por tanto que Larra "did not defy society in the vi-
gorous manner of a Romantic rebel or a bohemian" (Ilie 163). Su propósito esencial
no era negativo sino constructivo; no tomaba posiciones contra el progreso sino que
se proponía que España lo asimilara.

tración, la razón que ilumina para ver adquiere un carácter des-tructor que pudiera emparentar la visión de Larra con la de los románticos. Pero esta desconfianza en la capacidad racional para potenciar el bienestar del hombre no quiebra la convicción de que el camino debe ser recorrido. La intensificación racional podrá ser fuente de sufrimiento para la humanidad, pero no por eso deja de ser un privilegio que debe ejercerse.

La crítica al progreso se manifiesta en Larra, por tanto, como una posibilidad condicionada a la consecución de ese progreso por España. La desconfianza en las ventajas que el avance racional pueda suministrar resulta eclipsada por la poderosa convicción de que es necesario avanzar. Parece discutible afirmar por tanto que el madrileño permanece "untouched by the philosophical constructs propagated in the rest of Europe" (Fox 76). Más que resultar im-permeable a las nuevas ideas, lo que caracteriza el pensamiento de Larra es su creencia de que le está vedado escribir como romántico mientras en España no se den las condiciones sociales que han pro-vocado el romanticismo en Europa. Español y romántico son para él, en el momento de escribir, dos adjetivos excluyentes. Parecería darle la razón así a Edmund L. King, quien afirma que "for a Spa-niard to become a romantic he would have to become something else" (7) y recurre a la figura de Blanco White para probarlo.

La extraordinaria tensión que evidencia Larra en sus últimos ar-tículos intensifica esencialmente un enfrentamiento ya presente al inicio de su carrera. El escritor de espíritu moderno que considera no poderlo ser plenamente hasta que España no se modernice, per-siste incansablemente en proponer a su país la necesidad de ins-truirse y avanzar al nivel europeo. [15] Lo que sí se observa en los ar-tículos finales es un progresivo desaliento, al constatar la impoten-cia de su entorno social para ponerse a la altura del Continente. No pretendo detenerme en las motivaciones de esta nueva actitud, sino analizar cómo el convencimiento de esa incapacidad origina en el escritor una renuncia desconsolada a toda posibilidad creadora en el plano literario.

---

[15] La fragmentación interna del escritor en dos identidades que nunca llegan a armonizarse permite dar la razón a Ilie cuando afirma que Larra y España "quali-fied as specimens constantly at war with themselves" (161).

6. ATRASO E IMITACIÓN

En "El día de difuntos de 1836" expresa Larra de manera dramática el sentimiento desesperado y trágico que había comenzado a apoderarse de él por ese tiempo. Su estado de ánimo se proyecta sobre el entorno y Madrid se le figura un inmenso cementerio que se extiende incluso más allá de los límites de la ciudad para simbolizar la totalidad del país. España entera aparece cuajada de cadáveres que corresponden a antiguos ideales alimentados por Larra: la libertad de imprenta, la cultura literaria y teatral, el comercio, la industria, la subordinación militar... El sentido de tanta muerte se compendia en la frase: "Aquí yace media España: murió de la otra media" (*Obras* II, 280). El final del artículo invierte el sentido del viaje efectuado y concluye en una mirada hacia el interior del autor que revela el motivo de sus percepciones necrológicas. El frío de la noche envuelve Madrid, y "quise refugiarme en mi propio corazón, lleno no ha mucho de vida, de ilusiones, de deseos. ¡Santo cielo! También otro cementerio. Mi corazón no es más que otro sepulcro ¿Qué dice? Leamos. ¿Quién ha muerto en él? ¡Espantoso letrero! ¡'Aquí yace la esperanza'!!" (*Obras* II, 282).

La media España que Larra percibe muerta no es sino una imagen de sus esperanzas frustradas. Aunque no lo especifique, si valoramos las afirmaciones de este artículo enmarcadas en el resto de su producción parece evidente que la esperanza fallecida era esperanza de progreso, de europeización. Con mirada europea percibe su ser español y estima que la distancia se ha convertido en insalvable, que la integración es imposible. La sensación de frío que experimenta al final de "El día de difuntos" diríase reaparecer en el mismo título de "Horas de invierno", un artículo un poco posterior. La inclemencia que en el primero provocaba un intento de refugio en sí, para constatar la exacta correspondencia existente entre la muerte interior y la exterior, alude en el segundo a la travesía española por tiempos difíciles que la obligan a permanecer recluida. Considera el autor que las naciones tienen en sí un principio de vida que creciendo en su seno se acumula y necesita desparramarse a lo exterior . . . y ¡ay del pueblo que no desgasta diariamente con su roce superior y violento los pueblos inmediatos, porque será desgastado por ellos! . . . Ley implacable de la naturaleza: o devorar o ser devorado (*Obras* II, 290).

Fundada en este párrafo, Kirkpatrick propone la existencia en Larra de una ruptura axiológica: la crisis de valores que experimenta en el año 36 provoca en él la convicción de que "the implacable law of power, not reason, governs world history" (*Studies* 466). Sin embargo, como he señalado, la finalidad que el proceso de modernización persigue consiste, según Larra, en adquirir la fuerza de los países europeos más avanzados para rivalizar con ellos. Razón y poder no son para él conceptos excluyentes sino mutuamente implicados. Los artículos finales no contienen una revisión de los términos en que se produce el enfrentamiento español con el Continente, sino que simplemente intensifican su pesimismo respecto a la posibilidad de que el país se europeíce.

Síntoma de este pesimismo es tal vez la sustitución de las imágenes educativas por otras digestivas y bélicas para aludir al proceso de asimilación. Pero la sustitución no supone un cambio de valores, ya que los tres tipos de imágenes poseen una referencialidad convergente y, como vimos, el planteamiento de la asimilación en términos educativos implica un propósito final de superación. Sí se produce en Larra un desaliento final que le lleva a aceptar amargamente las consecuencias del atraso español. Su consideración de que sólo existen dos opciones, devorar o ser devorado, desgastar o ser desgastado, sugiere el convencimiento de que España está siendo devorada o desgastada por Europa. El sentido de estas imágenes, fatales para lo español, lo especifica acto seguido con la certidumbre de que el pueblo sin fuerzas para desbordar sobre los otros "está condenado a la oscuridad; y donde no llegan sus armas, no llegarán sus letras" (290). La voracidad o agresividad de los países modernos europeos, consecuencia de su mayor fuerza, origina "oscuridad" en la nación ibérica; si bien la causalidad de los factores pudiera invertirse y juzgar que la "oscuridad" española posibilita la agresividad europea. La imagen de oscuridad denota falta de razón, ausencia de esa luz que en el artículo sobre *Antony* derramaba la antorcha del progreso sobre todos los ámbitos de lo humano, iluminando y quemando al mismo tiempo.

La falta de luz se refleja en lo mortecino de unas letras que evidencian la debilidad del espíritu creador peninsular. Porque no se trata tan sólo de que la literatura española no llegue a otros países; es que no se produce. Sólo mediante la superación de su atraso, mediante el fortalecimiento que en ella causaría la asimilación del espíritu continental, podría España crear, escribir su propia literatura.

Mientras esto no se produzca "renunciemos a crear" (290), concede Larra desesperanzado; y añade: "Lloremos, pues, y traduzcamos . . . lo que otros escriben en las lenguas de Europa" (291).

Frente al acto creador de la escritura, que parecería poder producirse únicamente en los países modernos, el papel de los escritores españoles se reduce a una actividad traductora esencialmente mimética. [16] El denuedo de Larra por europeizar el país recibe así una poderosa justificación personal, ya que de los resultados del intento depende para él la posibilidad de creación literaria. Tensado entre su mirada europea y su identidad social española, los artículos del madrileño revelan un prolongado esfuerzo de armonización que se reconoce finalmente fallido, abismándole en una extrema sensación de desaliento. Esta convicción no provoca en él, a diferencia de lo que veremos en Galdós y Unamuno, ningún tipo de reacción defensiva hacia dominios epistemológicos fundados en principios no racionales. Su actitud es consecuente hasta el fin y las dos dimensiones de su identidad se elevan enhiestas, sin posibilidad de integración, en una dramática constatación de incapacidad. La razón de Larra conserva hasta el final su lucidez y, cuando la esperanza desaparece, se convierte en un llanto desconsolado.

7. LA PARADÓJICA EBRIEDAD LÚCIDA FINAL DE LARRA

En este sentido, resulta en apariencia paradójico que en "La Noche Buena de 1836" espete el criado borracho, "todo verdad", al autor aterrorizado que "yo estoy ebrio de vino, es verdad; pero tú lo estás de deseos y de impotencia" (*Obras* II, 296). [17] De algún modo diríase que Larra experimenta una especie de ebriedad, provocada por la impotencia, en su lucidez que ni en el sueño busca refugio.

---

[16] La consideración de que la cultura española se fundamenta en traducciones de la europea está ampliamente documentada a lo largo de varios siglos. Podría citarse, a modo de ejemplo, la afirmación efectuada por El Censor de que "en todas nuestras universidades y en casi todas sus cátedras se lee y se enseña hoy por autores extranjeros: y todos los días no cesamos de traducirlos" (205). En el siglo siguiente estima el argentino Sarmiento dirigiéndose a un interlocutor español, que "ustedes aquí y nosotros allá traducimos" (*Viajes* 184), y Unamuno, que comparte este juicio, teme que se reduzca "el papel de nuestra lengua a traducir a Europa" (*Obras* IV, 617).

[17] La figura del criado, según Lapesa, es producto de un desdoblamiento a que el autor recurre para representar su propia conciencia (122). Se trataría en todo caso de la "conciencia social" que Larra percibe finalmente imponiéndose a su identidad progresista europea.

Parece difícil especificar si los deseos de imposible cumplimiento proyectan su sentido en el plano social o individual; el autor deja flotar la referencialidad en un ámbito ambiguo que posibilita su interpretación como deseos amorosos, políticos, sociales, o de cualquier otro tipo. En cualquier caso, lo personal y lo social se entrelazan de manera tan estrecha a lo largo de toda su obra que resulta arriesgado defender la exclusividad de un sentido.

El asturiano se encarga de explicar el motivo de la impotencia experimentada por su amo: "inventas palabras y haces de ellas . . . objetos de existencia. ¿Política, gloria, saber, poder, riqueza, amistad, amor? Y cuando descubres que son palabras, blasfemas y maldices" (296). Lo personal y lo social se confunden, pero una distancia sí aparece clara: la que separa el ideal de su imposible realización. Se trata en el plano colectivo, como la producción entera de Larra se encarga de demostrar, del ideal de progreso que para España se cifra en la europeización. La impotencia de su entorno la percibe el autor interiorizada y la sensación de ebriedad que experimenta resulta así justificada. El análisis de su entorno social le convence de que su identidad española le impide ser plenamente lo que de hecho considera ser, un escritor de espíritu moderno, y esta insoluble paradoja justifica su lúcida embriaguez, ya que pone de relieve una imposible armonización entre las dos partes, individual y social, de su identidad.

Como se ha visto, el madrileño expresa el proceso asimilador con imágenes educativas, bélicas y digestivas. El término impotencia parece añadir una nueva dimensión referencial, la sexual. Podría significar impotencia para integrar o dominar al otro, así como impotencia para fecundar; pero fecundar ¿a quién? En "Vuelva usted mañana" presenta Larra a un francés que viene a la península dispuesto a invertir su dinero y tiene que regresar poco después a su país a causa de los impedimentos que encuentra. El narrador lamenta que se pierde así una gran oportunidad de mejora: el extranjero podría haber fundado una familia en España y al cabo de los años sus descendientes se habrían sentido españoles. A esta fecundación física se hubiera sumado otra económica e incluso mental, ya que podría haber aportado una forma mejor de hacer las cosas, una renovación necesaria. En el siguiente capítulo especificaré los matices que las imágenes sexuales añaden a la propuesta de europeización, analizando como ejemplo representativo la novela *Gloria* de Galdós.

CAPÍTULO 2

LA PROPUESTA INTEGRADORA DE *GLORIA*:
FECUNDACIÓN

La convicción adquirida por Larra de que resulta imposible europeizar España e integrar así la doble atracción que experimenta hacia lo moderno y lo propio, origina en él, como acabamos de ver, una trágica fragmentación interior. Medio siglo más tarde podemos observar esta misma tensión caracterizando a la protagonista de *Gloria*, si bien aquí plantea Galdós el problema de manera simbólica. La tradición y el progreso se asocian en la obra con las realidades española y europea, personificadas en el padre y el amante de la heroína, y a lo largo de la acción contemplamos a Gloria debatiéndose sin solución entre ambas. La necesaria receptividad peninsular frente al espíritu continental más avanzado, que Larra expresaba recurriendo a imágenes educativas, se representa ahora mediante un simbolismo sexual de entrega y fecundación.

Galdós complica el planteamiento con otros detalles complementarios. Si tenemos en cuenta que el espíritu tradicional y el progresivo se consideran en la novela respectivamente relacionados con los conceptos religioso y racional del mundo, podría resultar fundado afirmar que tampoco Daniel Morton, el inglés sefardí, ha llevado a cabo la integración de sus identidades judía y progresista. Existen suficientes indicios en el texto, sin embargo, que evidencian la utilización de Morton en un sentido esencialmente simbólico. El autor recurre a un protagonista inglés judío, del mismo modo que a un sacerdote protestante inglés en *Rosalía*, para indicar el origen exógeno del espíritu moderno (simbolismo de lo inglés frente a lo español) y poner de relieve el imposible "matrimonio" de progreso y tradición (simbolismo del fanatismo judío frente al católico). La nacionalidad de Morton parece indicar que, al menos en esta obra, lo inglés ha sustituido a lo francés como paradigma de esa abstracción que denominamos Europa.

La relación de los protagonistas culmina en cópula y, según se verá, no debe considerarse casual que el momento de máxima apertura al otro coincida para Gloria con el conocimiento de la identidad judía de Morton. Constata así, justo cuando el acto amoroso acaba de consumarse, que su irreversible entrega al inglés resulta incompatible con su identidad española. A partir de este momento la tensión interna de la heroína se intensifica extraordinariamente, prolongándose a lo largo de una extensa segunda parte cuya contribución temática más importante se personifica en la figura del hijo. El final de muerte y dispersión se revela inevitable, pero la presencia del niño Jesús en el cierre añade una nota de optimismo. El simbolismo de su persona permite augurar un próximo futuro en el que se integrarán esas dos "religiones" que imposibilitaron la felicidad de sus padres.

1. ¿TEMA UNIVERSAL? EL SIMBOLISMO DE MORTON

Aunque los críticos coinciden de manera casi unánime en afirmar que los personajes y la acción de *Gloria* implican una decidida toma de postura frente a la realidad española, la casi inexistencia de contactos entre distintos credos religiosos en la sociedad peninsular de aquella época provoca algunas preguntas. [1] ¿Por qué decide el autor presentar una confrontación de este tipo, cuando podía haber recurrido a situaciones más específicamente españolas? [2] ¿Introduce tal vez en Morton y Gloria una referencialidad simbólica que proyecte su significado sobre las circunstancias nacionales? [3] Por

---

[1] Susan R. Suleiman define la novela de tesis como "un roman 'réaliste' (fondé sur une esthétique du vraisemblable et de la représentation) qui se signale au lecteur principalment comme porteur d'une enseignement, tendant à demontrer la vérité d'une doctrine politique, philosophique, scientifique ou religieuse" (14).

[2] Brian J. Dendle disiente del juicio general y considera que "*Gloria* is structured not on ideology but on character; psychological motives alone are sufficient to provoke the dénouement. Morton and Gloria are emotionally disturbed and caught up in a selfish, possessive love" (40).

[3] René Wellek y Austin Warren, analizando el término "símbolo", proponen que "en teoría literaria parece conveniente que la palabra se emplee en este sentido: en el de objeto que refiere, que remite a otro objeto, pero que también reclama atención por derecho propio, en calidad de presentación" (224). Según ello, será necesario distinguir lo que el símbolo presenta de aquello a que refiere. La diferencia es idéntica a la existente entre el plano argumental de la obra y el temático.

supuesto el protagonista es judío a nivel *argumental*, pero lo que me interesa es constatar si interviene como tal en la trama *temática*. En otras palabras ¿plantea Galdós un conflicto de índole religiosa, y por tanto universal?[4]

En el párrafo que inicia la obra nos conduce el narrador a Ficóbriga, lugar donde transcurrirá la acción y que, según nos advierte, "no ha de buscarse en la Geografía sino en el mapa moral de España, donde yo la he visto" (515). Desde la misma apertura se muestra Galdós preocupado por explicitar el carácter simbólico de la novela, y es significativo que la refiera a la realidad española, no a la condición humana. Diríase contradecir con ello el aparente universalismo del conflicto religioso central; lo que Pattison denomina "the very theme of the novel – the fundamental nobility of religion opposed to the narrow fanaticism of individual sects" (*Galdós* 20). Pero si la acción novelesca remite al entorno social, no deja de sorprender que se centre, según se acaba de señalar, en una problemática ajena a ese entorno. Resulta difícil de comprender de qué modo podrían considerarse representativos de un país homogéneamente católico los obstáculos que, para realizar su amor, confronta una pareja mixta de judío y católica. La contradicción existente entre la declaración inicial de intenciones y la trama que sigue parece requerir una explicación que armonice ambas dimensiones.

Joaquín Casalduero palía el problema desechando toda posible referencialidad de la obra a la realidad peninsular. Para él, Galdós se liberó en *Gloria* "del tema de *Doña Perfecta* sin rechazarlo, superándolo. . . Pasó de lo político-económico a lo religioso y de lo nacional a lo universal" (*Modern* 182).[5] Pero esta solución levanta diversas reticencias y numerosos críticos la rechazan implícitamente, apuntando la existencia de una cierta relación entre el asunto religioso de ficción y las circunstancias nacionales del momento.[6] Nin-

---

[4] Utilizo los conceptos tal como los define Prince. Según él, tema "is an 'idea' frame rather than, for example, an action frame (PLOT)" (97).

[5] En la "Introducción" a *Marianela* vuelve a insistir en que "*Gloria* trata un tema completamente universal. Lo de menos es la referencia a la sociedad española. Leerla pensando únicamente en España es empequeñecerla y ajustarse a la anécdota del encuentro entre una católica y un judío" (18).

[6] Shoemaker (*The Novelistic* 66), Correa (*El simbolismo* 54-62) y Cohen (56), así como los ya citados Casalduero y Pattison, parecen interpretar el conflicto central de la obra como esencialmente religioso. También Schyfter, si bien advierte que "Galdós' interest in the Judeo-Christian controversy begins thus as an extension of his general concern for religion and politics as they were lived and experienced in

guno proporciona, no obstante, una interpretación convincente que integre lo que parece bisemia irreductible. ¿Debemos pensar que Galdós dejó flotar impermeables ambas dimensiones argumentales sin referirlas a un tema único?

Cuando se publicó *Gloria*, sus primeros lectores reaccionaron ante ella positiva o negativamente, no por sus valores estéticos, sino por la tendenciosidad que, según pensaban, la animaba. Menéndez Pelayo lamentaría posteriormente que "esas novelas no fueron juzgadas en cuanto a su valor artístico; fueron exaltadas o maldecidas con igual furor y encarnizamiento por los que andaban metidos en la batalla de ideas de que aquellos libros eran trasunto" (Montesinos 232). La batalla de ideas parece indudablemente referir a la prolongada lucha que por entonces libraban las fuerzas conservadoras y progresistas en suelo peninsular.

La referencialidad de los personajes tradicionalistas no plantea problemas, ya que tanto don Juan como Rafael del Horro representan paradigmáticamente más que simbolizan. Su imagen de católicos que pretenden monopolizar la identidad española transparenta sin subterfugios la alusión a un determinado grupo que en la realidad nacional disponía de idéntica idiosincrasia y aspiraciones. Daniel Morton y Gloria, sin embargo, poseen un carácter simbólico cuyo significado se revela muchísimo más arduo de desentrañar. La identidad de la heroína, como más adelante se comprobará, experimenta una profunda transformación bajo la influencia de Morton, por lo que interpretar la figura del anglo-judío se revela clave para comprender el sentido de la obra. Existe en este sentido una pregunta cuya solución considero primordial: ¿por qué decide Galdós elegir a un judío como protagonista de una novela referida al "mapa moral de España"? O, formulada la cuestión de distinta manera, ¿funciona Morton temáticamente como judío?

El protagonista de una novela de tesis es, según Suleiman, "à peine un individu . . . c'est en tant que représentant ou porte-parole d'un groupe que le personnage fait appel à l'intèret du lecteur" (131). Pero, por tratarse de un personaje, no puede simplemente encarnar el mensaje del grupo al que representa; necesita también poseer profundidad humana porque, de lo contrario, la novela sería

---

Spain" (11). En esta misma línea, que refiere el conflicto religioso aparentemente universal a la problemática nacional del momento, se sitúan Pérez Gutiérrez (19), Stephen Miller (89) y Aparici Llanas (180).

ilegible. Inevitablemente deberá contener rasgos "qui ne s'expli-quent pas en termes du supersystème binaire requis par la démons-tration mais qui sont là pour 'remplir' le temps et l'espace romanes-ques" (Suleiman 244). La novela de tesis, para ser efectiva, debe mantener un precario equilibrio entre transmitir con claridad un mensaje, y hacerlo con personajes que, por serlo, deben manifestar-se complejos. La inclinación excesiva hacia cualquiera de ambos ex-tremos implica el riesgo de oscurecer el planteamiento o eliminar los valores artísticos propios de toda obra literaria (Suleiman 265). Para interpretar la referencialidad simbólica de Morton deberemos procurar diferenciar los datos que se integran en la idea-marco de la tesis de aquellos otros que se orientan a dotar de credibilidad a su persona. La distinción es similar a la existente entre tema y argu-mento.

El protagonista no es sólo judío, sino sefardí e inglés al mismo tiempo, y se caracteriza tanto por su espíritu progresista como por su fanatismo religioso.[7] Cabe preguntarse si estos dos componentes de su identidad poseen igual importancia para el desarrollo de la trama y en qué medida contribuyen a la transmisión de la supuesta tesis central. A primera vista no deja de ser sorprendente que Gal-dós determine aunar en el protagonista dos actitudes que se su-ponen esencialmente discordantes: el progresismo europeo, que se caracteriza por su índole racionalista, superadora de conflictos religio-sos, y el fanatismo judío. Por supuesto no me propongo comprobar si esa interna desavenencia refleja los "conflicting elements of mo-dern Jewish identity" (Schyfter 22).[8] Mi análisis pretende especifi-car la justificación temática que posee en la obra la caracterización de Morton como progresista inglés y fanático judío. ¿Por qué Gal-dós, entre las infinitas opciones de que disponía, decide crear como

[7] Hacia el final de la obra, en la conversación que sostiene con su madre, decla-ra Morton su intención de convertirse falsamente a la fe católica para atraer al juda-ísmo a Gloria y al niño. Cree escuchar la voz de Dios que le dice: "Realiza tu enga-ño; pero has de traerme al reino de la verdad a la madre y al hijo" (677). Su madre se propone desengañarlo y le advierte que "pasó el tiempo de las predicaciones y de las guerras por la fe . . . ¡Cómo te engaña tu fanatismo!" (678).

[8] Galdós "realized that there is often a great deal of discrepancy between a Jew's intellectual or emotional attitudes and his religious observance" (Schyfter 22). Desconozco si la familiaridad de Galdós con lo judío podía permitirle interpretar tan acertadamente su psicología. Más bien me inclino a pensar que el juicio de Schyfter se debe a que "the manner in which the reader experiences the text will re-flect his [her, en este caso] own disposition, and in this respect the literary text acts as a kind of mirror" (Iser 387).

protagonista masculino a un personaje aparentemente contradictorio? Cabe siempre la posibilidad de afirmar que Galdós "se equivo-
có" en la creación de este carácter (Pérez Gutiérrez 224), pero un
análisis de su simbolismo revela que los componentes internamente
conflictivos del anglo-judío son imprescindibles para la transmisión
de la tesis. [9]

Antes de situar la figura de Morton en el entramado temático de
la obra considero indispensable, para comprender su referencialidad, detenerme en dos importantes circunstancias que rodean la
creación de *Gloria*: la publicación de la Parte Primera como un
todo completo previo a la composición de la Segunda, y la escritura
de una novela inacabada que pudiera parcialmente considerarse
como primera versión de la que nos ocupa. [10]

Varios años antes de salir a la luz *Gloria*, escribió Galdós una
obra que ha sido editada por Alan Smith en fecha relativamente reciente bajo el título de *Rosalía*. Walter Pattison, que descubrió las
primeras cuartillas del manuscrito, procedió a su estudio conside-
rando que se encontraba ante una "etapa preliminar" de *Gloria*.
Aunque las cuartillas halladas posteriormente por Smith probaron
que se trataba de una novela autónoma, la situación planteada en
ella concuerda de tal manera con la de *Gloria* que parece existir
entre ambas algo más que una serie de coincidencias casuales: encontramos también aquí a un don Juan de ideas tradicionales que
vive con su hija en cierto pueblo de la costa cantábrica y un buque
que naufraga y cuenta entre sus pasajeros a un tal Horacio Rey-

---

[9] Pérez Gutiérrez desaprueba la decisión galdosiana de elegir "un judío acérri-
mo como contrafigura de la ortodoxia intransigente de los Lantigua, cuando tan
sencillo y verosímil hubiera resultado haberse fijado en los no infrecuentes entron-
ques entre familias nórdicas y protestantes y familias montañesas de rancio catolicismo" (224). Evidentemente, Galdós pudo "equivocarse" al no escribir la novela rea-
lista que Montesinos, Pérez Gutiérrez y otros piensan debería haber escrito; pero
también pudo no querer escribirla. Si el autor canario elige como protagonista a un
judío, en vez de un protestante, con el evidente propósito de impedirle "entroncar"
con la joven católica, la decisión parece que debería ser calificada como significativa, no errónea.

[10] La creencia de que el análisis textual debe limitarse a los componentes del
texto en sí es un viejo prejuicio hace tiempo superado. Foucault estima que "an author's name . . . is functional in that it serves as a means of classification. A name can
group together a number of texts and thus differentiate them from others. A name
also establishes different forms of relationschips among texts" (129). Efectivamente,
nuestra interpretación de *Gloria* puede ser modificada si consideramos la obra en el
contexto de la producción galdosiana, como creación del mismo autor que por
aquellos años produjo *Rosalía* y *Doña Perfecta*.

nolds, sacerdote protestante inglés de ideas progresistas que ha nacido en Cádiz; don Juan lo aloja igualmente en su casa y se produce el consiguiente flechazo amoroso, seguido de la desesperación que experimentan Horacio y Rosalía al constatar la imposibilidad de su unión por razones religiosas.

La estrecha semejanza de las tramas denota la existencia de un mismo tema con variaciones argumentales. Tanto *Rosalía* como *Gloria* plantean un conflicto entre tradición y progreso, personificados ambos respectivamente en el padre español y el novio inglés de la heroína. En las dos novelas el protagonista masculino es extranjero pero posee algún tipo de vínculo con España: Morton es sefardí y Reynolds ha nacido en Cádiz. En ambas se frustra asimismo el amor por motivos religiosos. Daniel defiende fanáticamente su identidad judía, frente a la intolerancia católica española, mientras que Reynolds es un pastor protestante que complica aún más las cosas ordenándose sacerdote católico. El enfrentamiento entre "viejo" tradicionalismo español y "joven" progresismo inglés parece revelar que se trata de un factor temático, no meramente argumental. En cambio, el fanatismo judío de Morton y el sacerdocio protestante-católico de Reynolds se introducen como variantes de un tema que podríamos denominar "imposibilidad matrimonial" entre señorita española de familia tradicional y joven progresista inglés.

Entre la composición de *Rosalía* y de *Gloria*, escribió Galdós *Doña Perfecta* en 1876, y es muy significativo que también en esta novela decidiera reiterar un idéntico motivo. Pepe Rey es español, pero mantiene la ambigua identidad hispano-sajona de Horacio y Daniel: "emprendió un viaje de estudios a Alemania e Inglaterra" (423) y su aspecto físico es descrito por el narrador como "rubios el cabello y la barba" (424), aunque a continuación se sienta obligado a especificar que "no tenía en su rostro la flemática imperturbabilidad de los sajones", en técnica retórica que implica evidenciar lo que se niega. Doña Perfecta, por otra parte, insiste en asociar el pensamiento de su sobrino con la "filosofía alemana" (439), oponiendo ésta a las tradicionales creencias católicas que profesan los lugareños de Orbajosa. El radical progresismo de Pepe, enfrentado al fanático tradicionalismo político-religioso de doña Perfecta, es el que imposibilita aquí toda conciliación y ocasiona el trágico final. Galdós, en recurso caracterizador equivalente al sacerdocio de Reynolds y el fanatismo de Morton, introduce en la personalidad de Rey una falta de tacto y contemporización que hace imposible el matrimonio.

Si bien no concierne al propósito de mi trabajo realizar un prolijo estudio comparativo de las tres novelas, sí me interesa poner de manifiesto la existencia en todas ellas de factores coincidentes que sugieren una identidad temática. La tesis que parecen transmitir, y que el análisis de *Gloria*, según se verá, confirma, podría formularse brevemente como sigue: el enfrentamiento entre fuerzas tradicionalistas y progresistas se caracteriza en España por oponer dos identidades, española y europea, de imposible armonización. [11] La identidad anglo-judía de Daniel simboliza por una parte el progreso europeo y por otra la imposibilidad de integrarlo o "casarlo" con la tradición española. Su condición de sefardí añade una nueva dimensión referencial que, a pesar de ser muy sugerente, no aporta modificación esencial alguna.

La novedad mayor que se observa al contrastar *Doña Perfecta* y la Parte Primera de *Gloria* es que en esta última la pugna entre tradición y progreso se desplaza al interior de la protagonista, fragmentando su personalidad en dos identidades que finalmente se revelan de imposible armonización. Gloria es el personaje más importante de la obra (el título no es arbitrario) y el movimiento de su espíritu entre la tradición católica española y el progreso europeo dramatiza simbólicamente el eje central de la tesis transmitida. La Parte Segunda, compuesta varios meses después, prolonga el conflicto irresoluble con que la primera parte termina. Según manifiesta Clarín, Galdós no parecía muy satisfecho con lo que consideraba un innecesario añadido, y pensaba de ella que es "postiza y 'tourmentée'. ¡Ojalá no la hubiera escrito!" (Clarín 28). Independientemente de la exactitud del testimonio, el mero hecho de que tengamos conocimiento de él plantea importantes problemas a la hora de proceder a cualquier interpretación crítica. [12] Si Galdós escribió la

---

[11] Que el problema planteado en las tres obras no se caracteriza por el enfrentamiento religioso lo confirma el hecho de que Horacio Reynolds se convierta al catolicismo para inmediatamente ordenarse sacerdote. Parece que lo que preocupa a Galdós es evitar a toda costa que el matrimonio se produzca. Los problemas derivados de la relación entre judíos y cristianos, por otra parte, desaparecen de la novelística de Galdós tras *Gloria* y sólo vuelven a reaparecer en *Misericordia*, en la compleja figura de Almudena. La temática española en cambio, el enfrentamiento entre tradición y progreso, atraviesa toda su producción con diversos enfoques y alternativas.

[12] En fecha tan temprana como 1923 constataba Tomashevskij que "for a writer with a biography, the facts of the author's life must be taken into consideration. Indeed, in the works themselves the juxtaposition of the texts and the author's biography plays a structural role" (55); y añade que la biografía útil al crítico literario

Parte Primera considerándola completa y sólo más adelante decidió añadir "postizamente" la segunda, ¿deben analizarse ambas como un todo inseparable o sería preferible separarlas para proceder a su estudio? Las dos opciones parecerían posibles en principio, pero, puesto que la segunda parte se concibió como tal y así nos ha llegado, tal vez sea ineludible conceptuar a *Gloria* como una novela en dos partes.

Las dudas sin embargo no concluyen aquí. Aun definiendo la obra como un todo, es necesario preguntarse si la Parte Segunda altera o simplemente prolonga el tema de la primera. El análisis de la novela revela que la figura del niño Jesús representa la única novedad temática verdaderamente importante que en ella se introduce. Todos los demás componentes, aun con modificaciones, prolongan la situación planteada en la escena final de la Parte Primera: amor consumado y desesperación de Gloria por no poder integrar las dimensiones familiar y amorosa de su personalidad, con todo lo que ello implica.

En la primera parte asistimos a un incremento de la tensión en Gloria, que el amor por Morton y la cópula final culminan en un sentimiento de interna desintegración. La parte segunda insiste en varios proyectos de reconciliación que, consecuentemente con la tesis defendida en la primera, resultan fallidos. Ni Gloria puede entrar en un convento, ni Morton puede convertirse al catolicismo para casarse con ella, porque en ambos casos dejarían los protagonistas de ser lo que son y la tesis de la obra cambiaría radicalmente. Tras todas las evoluciones argumentales concluye la Parte Segunda en desintegración, como la primera, si bien se añade un segundo final optimista cuyo sentido se analizará más adelante.

Aunque temáticamente pueda afirmarse que la segunda parte prolonga el conflicto planteado en el cierre de la primera, argumentalmente no sucede así. Lo judío, que en la primera mitad se revela sólo al final para poner de manifiesto el irresoluble conflicto interior de Gloria, pasa ahora a ocupar un primer plano. Existen penosas escenas melodramáticas de fanatismo populachero antisemita y el autor nos conduce a contemplar los recovecos psicológicos de Morton: las fuentes socio-religiosas de su intolerancia, así como el

---

no es el curriculum vitae del autor, sino "the biographical legend created by the author himself" (55). Podría tal vez añadirse que toda leyenda biográfica creada sobre el autor es significativa desde el momento en que tengamos conocimiento de ella al afrontar el texto.

atormentado debate interior que sufre entre su identidad judía y el amor por Gloria. Tras la confesión de Morton al final de la primera parte necesitaba el autor, si es que quería escribir una segunda, abundar en la problemática judía que allí sólo se esbozaba. Sin embargo, la preocupación por dotar a Morton de una "personalidad" convincente puede decirse que oscurece la tesis y, en este sentido, tal vez debiera calificarse de error. La desorientación crítica a la hora de determinar el tema de la novela así lo prueba, por lo que la insatisfacción del autor con esta parte resultaría justificada. Las páginas que siguen se centrarán en el análisis de Gloria para poner de relieve cómo en su interior se dramatiza la tesis central de la obra sobre identidad nacional y modernización.

2. LA PUGNA ENTRE TRADICIÓN Y PROGRESO ENFRENTA A DOS ESPACIOS

Desde el principio manifiesta el narrador especial interés en caracterizar a Gloria como una mujer desasosegada. En la primera escena la impaciencia y el nerviosismo parecen sugerir la próxima venida de alguien extremadamente importante para ella y el narrador se encarga de burlar las expectativas del lector, constatando que "Gloria no espera un novio, sino un obispo" (517). Sin embargo, la supuesta intuición se revela posteriormente cierta: incluso tras la llegada de don Ángel, continúa Gloria inquieta con el presentimiento de que un hombre muy importante para su vida está próximo a llegar. No lo conoce, pero sabe que existe y se acerca; su corazón late alborotado porque "sobre él se sentían pasos" (534).

El desasosiego está causado por una venida que se barrunta inminente, pero también lo motiva una determinada actitud de la protagonista ante el mundo. Comentando el narrador la intranquila vitalidad de Gloria, que la fuerza a un continuo dinamismo, asegura que "sus ojos no podían satisfacer con nada su insaciable afán de observación. . . cual si nada ocurriese en la Creación que no fuese importantísimo" (517). Sobre este hecho se insiste repetidas veces en la obra, confirmando así que junto con la inminente llegada de Morton es el afán de observar y conocer el mundo en torno lo que provoca ansiedad en su espíritu. Ya veremos de qué manera a lo largo de la obra ambas fuentes de desasosiego se asocian tan estrechamente que llegan a identificarse.

El nerviosismo físico de Gloria refleja un dinamismo espiritual opuesto a "aquella estabilidad de roca jamás conmovida de su asiento por nada ni por nadie" (520) que identifica el universo mental de su padre. Gloria observa insaciablemente todo lo que le rodea, mientras que don Juan de Lantigua se sumerge en tratados místicos y políticos del Siglo de Oro español con el fin de entresacar "cuanto pudiera hallar de eternamente verdadero" (520) en ellos. Su respeto por las autoridades clásicas españolas reproduce la sumisión adoptada ante otra autoridad mayor, suprema e incuestionable: considera que la religión debe "dirigir externamente todas las cosas humanas. Dio todo a la autoridad, y nada o muy poco a la libertad" (520). El concepto que don Juan posee del universo se fundamenta en una verdad revelada de validez eterna y universal, cuya característica definitoria es la inmovilidad. Para él no existe posible perfeccionamiento; estima, por el contrario, que "las decantadas leyes del humano progreso conducen a Nabucodonosor" (521).

La contienda entre religiosidad tradicional y mentalidad progresista moderna es interpretada por don Juan como una pugna que enfrenta a dos pueblos. Repetidamente expresa su encono contra el espíritu moderno y lamenta la penetración en su patria de la "corrupción y ponzoña" racionalista como un mal causado por los "maleficios extranjeros que han dañado nuestro cuerpo" (586). Frente a ello debe el país defender su carácter; porque "o España dejará de ser España, o su suelo se ha de limpiar de esta podredumbre" (586) para recuperar la pureza de su fe católica. Catolicismo tradicional y racionalismo progresista no representan para él dos dimensiones de lo español sino que caracterizan a dos identidades mutuamente excluyentes.

Las afirmaciones citadas revelan el punto de vista de un fanático partidario del catolicismo que concibe la contienda temporal en términos espaciales, pero no percibe la distancia temporal existente entre esos dos espacios. Por poseer una visión del mundo esencialmente religiosa, el avance progresivo recibe de su parte una interpretación negativa, simplemente en cuanto mina los dogmas de la fe católica. El padre de Gloria pertenecería al grupo de los que Larra, según vimos, caracterizaba como ignorantes, por no conocer la realidad moderna europea y no poder por tanto conocerse o darse cuenta de su atraso.

En la primera conversación que sostiene con Morton, especifica don Juan el modo en que percibe al espíritu moderno penetrando en su patria. Manifiesta estar en desacuerdo con el inglés en que los españoles "no han tenido grandes cataclismos" y enumera como datos probatorios: "¿y la irrupción de libros, y la transformación social, esas oleadas de soberbia, de amor al lujo, de concupiscencia, de materialismo que nos vienen de fuera?" (560). Cuando habla de libros se refiere lógicamente a la lectura de libros y es muy significativo que don Juan mencione este dato como primera prueba de que en España han existido revoluciones. El progreso extranjero penetra en España con la letra impresa y, mediante su lectura, el espíritu católico nacional experimenta una transformación que le lleva a adquirir el sistema de valores materialista europeo. El conocimiento *del* otro motiva conocimiento *desde* el otro.

Amor al lujo, materialismo y racionalismo parecen para don Juan caracterizar al progreso. Daniel manifiesta estar de acuerdo con él, sólo que en su concepto "de los inmensos progresos industriales, del lujo, del colosal aumento de las riquezas, del refinamiento material, ustedes no tienen más que el olor" (561). El proceso de europeización que don Juan juzga completándose velozmente, apenas ha comenzado para Morton. Frente a los temores del español, manifiesta el inglés la necesidad de que se acelere esa dinámica: critica la actitud española de meterse "dentro del fanal de su catolicismo para que nada la toque ni contamine" y recomienda al país "el aire libre, el andar sin tregua entre toda clase de vientos . . . y exponerse a la saludable intemperie del siglo" (561).

Para Daniel, que percibe la realidad con ojos europeos, el progreso es bueno y España debería inundarse de su espíritu: el extranjero, la Europa moderna, representa en su opinión el modelo a seguir para la sociedad peninsular. El catolicismo se conserva en suelo español gracias a su aislamiento del exterior, como la luz de un farol, y la recomendación a que se abra a "toda clase de vientos" implica la extinción de esa luz. Ya veremos cómo este simbolismo es uno de los principales medios de que Galdós se sirve para transmitir la tesis de la obra. Por el uso que de él hace, manifiesta coincidir con el punto de vista del protagonista, si bien realiza algunas importantes especificaciones. [13]

---

[13] Daniel Morton parece constituirse en portavoz del autor. Bertolt Brecht comenta, refiriéndose a las técnicas empleadas por el melodrama, que suele recurrir a la figura de un "so-called 'Raissonneur', a character who spoke for the playwright's own opinions . . . For the audience to identify itself with him he had to be a pretty

Los vientos a que debería abrirse España, según el inglés, son para los tradicionalistas vientos de tormenta. En el mismo discurso en que don Juan ataca los maleficios extranjeros que minan la identidad española, advierte sobre la necesidad de "que todos despierten, porque la tempestad está encima" (585). Y la tempestad en efecto se produce a continuación acompañando la vuelta de Morton y posibilitando su posesión de Gloria. No es ésta la única ocasión en que se asocia la predicción de tiempos tormentosos con la venida del inglés acompañada de un formidable temporal. En los capítulos iniciales de la obra manifiesta el obispo don Ángel, refiriéndose a la situación social del entorno, su certeza de que "Dios no abandonará a los suyos en medio de la tempestad que se acerca" (529). Poco después tiene lugar la galerna que hace naufragar al "Plantagenet" y ocasiona la entrada de Morton en la vida de los Lantigua, sacudiendo sus cimientos. Si don Juan representa a la España tradicional, Daniel Morton simboliza el espíritu del siglo cuya llegada implica efectos revolucionarios. Para especificar el carácter de esa revolución, conviene analizar las diferentes apariciones del "viento" en la obra, como imagen que acompaña las venidas del protagonista entre borrascas. Durante el temporal que antecede al naufragio del Plantagenet se encuentra Gloria rezando en la iglesia. Siente de pronto un tremendo ruido retumbar sobre el tejado y "por las abiertas ojivas entraron ráfagas violentas que recorrieron las bóvedas. . . difundiendo el polvo de los altares, agitando los huecos vestidos de las imágenes. Derribaron una lámpara, que rompió, al caer, la urna o sepulcro de cristal en que estaba el Señor difunto" (537).

Gloria se encuentra dentro de la iglesia, en clara alusión a la España que Morton imaginaba metida en el fanal del catolicismo, y súbitamente la remueven los vientos alterando todo su interior. El simbolismo de la lámpara derribada debe relacionarse con el presagio que siente la protagonista de que la llegada del otro es inminente. Su proximidad produce en ella "un resplandor que en la dulce obscuridad del ser iba poco a poco despuntando como una aurora y que anunciaba otra luz mayor" (537). El viento penetra en la abadía sacudiendo un ambiente cuya inmovilidad expresa el polvo acu-

---

schematic figure with as few individual characteristics as possible" (26). Lo que Montesinos lamenta como "idealización extrema de Morton" (203) sería una consecuencia del carácter de la novela.

mulado en los altares, justo en el momento en que Gloria escucha en su interior la voz del otro anunciándole su llegada: "Indudablemente, oía pisadas y una voz diciendo: –Espera; soy yo, soy yo, que he llegado" (537).

La llegada de Morton produce una sustitución de luces cuyo sentido especifica otra imagen. El viento derriba la lámpara y ésta rompe la urna de cristal en que se encuentra el Cristo; poco después, cuando Gloria llega a su casa, encuentra allí a Morton y nada más observarlo "hizo un paralelo rápido entre la cabeza que tenía delante y la del Señor que estaba en la Abadía dentro de la urna de cristal" (542). El temporal destruye la urna del Cristo muerto y trae a Morton, imagen nueva de Cristo. La luz de la iglesia cae y Gloria presiente la llegada del otro, que producirá en ella un nuevo amanecer más luminoso. Si tenemos en cuenta que Morton representa el espíritu del siglo, lo que con ello parece implicarse es la sustitución de la luz religiosa por la progresista. Los usos que de este símbolo hace Galdós en la obra aclaran más específicamente los referentes de las dos luces, así como el significado del relevo.

3. SIMBOLISMO DE LAS LUCES

Desde el momento mismo en que los Lantigua conocen a Daniel, quedan prendados de su persona. Don Ángel supone que por ser inglés es protestante y se hace el firme propósito de atraerlo a las filas de la iglesia católica. Piensa conminarlo a que arroje "esa sacrílega venda" y mire la "luz que tengo en la mano, esta luz divina que el Señor se ha dignado confiarme para que te guíe" (551). La luz que el obispo imagina poseer se define como cesión divina y refiere claramente a la verdad revelada de las religiones; del catolicismo, en este caso. Pero para ser percibida la luz no es suficiente que exista. Se precisa un acto visual receptivo que, de no producirse, implica la existencia de algún tipo de impedimentos. Don Ángel sospecha la interposición de una venda entre el protagonista y la luz que le brinda que le imposibilita la visión y, en otro momento, prevé el disgusto que le causará ver partir a Morton "si se marcha como ha entrado: ciego" (550). Las imágenes de percepción visual suponen un complemento indispensable a la utilización de la luz como símbolo.

El resplandor que presiente Gloria acercándose para provocar en ella un amanecer pleno de luz se asocia, como señalé, con la llegada de Morton. Poco después, cuando la protagonista se convence de estar totalmente enamorada del extranjero, camina por el campo y "no vio nada más que un sol poderoso que había salido ha tiempo en su alma y que, subiendo por la inmensa bóveda de ésta, había llegado ya al cénit y la inundaba de esplendorosa luz" (567). La imagen a que recurre el narrador de un sol ascendiendo paulatinamente por el espíritu de la heroína, dota a su referencialidad de un carácter interior y gradual. La luz que invade a Gloria es generada por una fuente que existía dentro de ella y que la llegada de Daniel se encarga de intensificar al máximo.

A continuación del párrafo citado comienza el capítulo XXVI titulado "El ángel rebelde". Gloria medita atormentada sobre los impedimentos que estorban su unión con Morton y vuelve a escuchar la incitante voz interior que le aconseja: "Levántate, no temas. Tu entendimiento es grande y poderoso. Abandona esa sumisión embrutecedora" (569). Inmediatamente después continúa la protagonista reflexionando en los siguientes términos: "He afectado someter mi pensamiento al pensamiento ajeno . . . [pero] Dios me dice: 'Sal, porque yo te hice para tener luz propia, como el sol, no para reflejar la ajena'" (569). Se especifica en estos párrafos de manera nítida el sentido de la luz que Gloria experimenta dentro de sí, asociándola con la aplicación del entendimiento a la comprensión del universo. Frente a la luz de don Ángel, que debe sumisamente aceptarse, la de Gloria se eleva interior para proyectarse sobre el mundo. Es la luz analítica de la razón, intentando encontrar explicaciones más allá de los dogmas.

Se justifica ahora de manera coherente el insaciable afán de observación que desde el principio caracteriza a la protagonista. Antes de la llegada del inglés discute Gloria con su padre, "sin más norte que su buen juicio" (522), sobre problemas de la historia y literatura española, emitiendo opiniones originales que a todos sorprenden. La singularidad de sus ideas, que rebaten interpretaciones tradicionalmente aceptadas, provoca la reprimenda de su padre y la aparente sumisión de Gloria. Pero en las horas de meditación y silencio no puede ésta evitar percibir "hondas voces dentro de sí, como si un demonio se metiese en su cerebro y gritase: 'Tu entendimiento es superior..., los ojos de tu alma abarcan todo. Ábrelos y mira..., levántate y piensa'" (525).

La imagen del demonio seduciendo a Gloria y la caracterización de ésta como ángel rebelde integran en la protagonista los mitos de la expulsión del Paraíso y la rebelión de Satán, implicando la existencia en ambos de una misma base: la pretensión de sustituir la luz divina por la propia; la fe por la razón. Ya veremos cómo la fecundación de la heroína por Morton se interpreta recurriendo a estas mismas imágenes. Paradójicamente, el demonio que incita a Gloria a la rebelión es percibido por ella como Dios mismo cuando, en el párrafo arriba citado, le urge a que tenga luz propia consecuente con su naturaleza. El hecho pone de relieve la incongruencia de que la rebelión se produzca contra el que de algún modo la incita: si Dios ha dotado al hombre de razón para que la ejerza, comer del árbol de la ciencia resulta no sólo ineludible, sino bueno. [14] En *Rosalía* afirma Reynolds que "si olvidamos los medios de comprensión" que Dios nos ha dado para interpretar el universo, nos "empeñamos en achicar su obra" (67). [15]

Pero aunque el espíritu de Gloria se inclina a la rebelión contra la cedida luz inmóvil de sus mayores desde antes de la llegada de Morton, la lámpara de la iglesia no cae hasta la venida del inglés, y es entonces cuando la heroína tiene el presentimiento de que el amanecer luminoso tanto tiempo anhelado se encuentra cerca. Parece como si la tendencia racional de Gloria necesitara de la comparecencia de Morton para realizarse plenamente. Cuando don Ángel se entera del amor que su sobrina siente por el inglés, confirma ella de nuevo que "el trato de Daniel parece que encendió en mi espíritu mil luces" (578) e implícitamente las asocia con "una llama tan viva como perdurable que hay en mi entendimiento" (579) impulsándole a rebelarse contra los dogmas. Atónito, el obispo la interpela: "De modo que te rebelas" (579).

La rebelión de la protagonista culmina hacia el final de la primera parte, en los capítulos postreros de lo que constituía la novela

---

[14] Evito cuidadosamente pronunciarme sobre el tan debatido krausismo de Galdós en general y de esta obra en particular. De los estudios efectuados por Walter Pattison (*Galdós*), Robert Ricard, Denah Lida, W. H. Shoemaker (*AG*), Sara E. Schyfter, Stephen Gilman y María Pilar Aparici Llanas, parece deducirse que Galdós nunca formó "parte de la llamada escuela krausista" (Lida 1) pero utilizó parcialmente sus ideas. Los krausistas, según Shoemaker, "sought to replace religious faith with human reason as the primary authority" (*AG* 111), por lo que considero que el movimiento no representa esencialmente sino una de las variantes de la mentalidad progresista española que durante siglos pugna por introducir en España el espíritu europeo moderno.

[15] Las relaciones existentes entre *Rosalía*, novela que Galdós conservó inédita, y *Gloria* han sido analizadas por Walter Pattison, James H. Hoddie y Alan Smith.

original. Vuelve Morton, con otra tormenta que le posibilita la posesión de Gloria, y comenta el narrador que el viento "daba vueltas alrededor de la casa, estrechándola en vorágine horrible, como si la arrancase de sus poderosos cimientos" (592). De nuevo la tempestad que trae al inglés, conmoviendo el orden establecido y amenazando trastornarlo de raíz; los vientos que pudiéramos denominar del siglo haciendo tambalear la casa de los Lantigua. Una vez consumado el acto sexual, en medio del torbellino, parecía que "se estaba oyendo el rumor de las rotas alas de un ángel que caía lanzado del Paraíso" (592). El afán de conocer racionalmente (de poseer luz propia) culmina para Gloria en el momento que representa el máximo "conocimiento" del inglés y, completada la cópula, es arrojada del Paraíso. La referencialidad de la metáfora satánica parece evidente: el conocimiento máximo *del* otro implica plenitud de conocimiento *desde* el otro. Morton representa el progreso europeo y su trato, al igual que la lectura de libros que don Juan lamentaba, provoca la adquisición del punto de vista racional que le caracteriza.[16]

La sustitución del sistema de valores propio (simbolismo de lo familiar) por otro sistema de valores conceptuado extranjero, no puede explicarse si se percibe la alteridad como mera diferencialidad: se abandonan unas convicciones y se adquieren otras únicamente "because the new beliefs seem to us better than the old ones" (Michaels 683). Si la multiplicidad de opiniones o "voces" se redujera a mera diversidad, según parece implicar Derrida (*Reading* 62), deberíamos conceder que los préstamos entre distintas sociedades serían absolutamente aleatorios y, en última instancia, absurdos o injustificables: ¿por qué suplantar unos valores con los que nos identificamos por otros que juzgamos extraños? La justificación debe hallarse, según se viene insistiendo, en la existencia de un

---

[16] La asociación entre enseñar y enamorar se expresa en *Rosalía* de manera más burda. A la primera oportunidad que se le presenta, espeta Reynolds a los provincianos un discurso sobre las infinitas magnitudes del Universo y, escuchándole, la protagonista "se comía con los ojos al profesor de astronomía" (67). Tras la "lección", el amor de Rosalía se ha intensificado y su visión ha cambiado. Contempla el cielo estrellado, "¡Y ella que estaba tan segura de que ahí había un techo azul con luces muy pequeñitas colgadas por los ángeles! Siguiendo el procedimiento indicado por Reynolds, se trasladó con la imaginación a un punto del espacio y desparramó la vista en todas direcciones. ¡Qué espectáculo!" (69). Horacio enamora a Rosalía y le proporciona su punto de vista.

doble sistema espacio-temporal de valoración que, si por una parte tiende a primar lo propio por el mero hecho de serlo (conciencia personal o colectiva de identidad), por otro equipara la noción de modernidad con la de superioridad. Cuando ambos sistemas de valores se interfieren, la idea temporal de renovación se desplaza imperceptible e inevitablemente hacia consideraciones de carácter nacional.

La culminación del conocimiento de y desde el otro motiva la expulsión de Gloria del Paraíso, simbolizando así su salida del "espacio" católico español. El problema es que se resiste a abandonar ese espacio y adquiere una identidad europea sin dejar de ser española: accede a la razón, pero conserva la fe católica. De manera simbólica, manifiesta la obra que a partir de ese momento poseerá la heroína dos identidades dolorosamente excluyentes.

4. IMPOSIBILIDAD DE INTEGRACIÓN: LO JUDÍO COMO SÍMBOLO

La protagonista no quiere de ninguna manera renunciar a su catolicismo, pero tampoco puede evitar el cuestionamiento racional de los dogmas. O, lo que según la clave de la novela es idéntico, se identifica con su familia pero no puede renunciar al amor por Morton. Se fragmenta su personalidad de este modo en una dualidad caracterizada por la imposible armonización de sus partes. El amor concluye en cópula, pero el momento de máximo conocimiento del otro así simbolizado ocasiona en Gloria unos niveles insoportables de tensión interior. Para expresarlo recurre el autor a la confesión que realiza Morton de su credo religioso. Se dirige a él la protagonista tras el acto sexual denominándole "esposo mío" (593) y, suponiendo que por ser inglés es protestante, le pide arrodillarse junto a ella ante la imagen del Redentor para "disponer esta noche misma nuestra reconciliación religiosa, haciendo todos los sacrificios posibles, tanto tú como yo. Hijos somos ambos de Jesucristo" (593). Pero el inglés se aleja de ella y le confiesa no sólo ser judío sino creer firmemente en su doctrina.

La intransigencia de Morton es imprescindible para impedir que el intento armonizador de Gloria pueda llevarse a cabo. No se trata simplemente de un rasgo de carácter del protagonista sino que, al igual que el fanatismo católico de don Juan, es absolutamente necesario para expresar la imposible integración de la tradición española y el progreso europeo. [17] La tragedia de Gloria es inevitable porque, aun reconociendo la divergencia de sus atracciones, admite no poder elegir. Por eso permanecen al final de la obra ambas dimensiones de su identidad rígidamente enfrentadas, sin poder eliminar ninguna ni poder armonizarlas, causando la separación y la muerte de los protagonistas.

Toda la segunda parte dilata esta situación sin añadir temáticamente nada nuevo. El simbolismo de las luces se empobrece ("luz" se emplea casi exclusivamente para referir a la verdad revelada del catolicismo) y la tensión interior de Gloria, representada ahora como una doble atracción hacia Jesucristo y Daniel, se prolonga hasta el final. Los dos intentos de conciliación que se producen fracasan, como ya indiqué, porque carecen de autenticidad. Daniel resuelve convertirse aparentemente al catolicismo conservando la fe judía, pero la llegada oportuna de su madre pone fin a la farsa. Del mismo modo se frustra la decisión de Gloria de renunciar a su matrimonio con el judío para ingresar en un convento y convertirse en esposa de Cristo. La madre de Morton expresa con precisión el simbolismo del intento, aconsejando a su hijo que desista de casarse con la española porque "tu esposa se divorcia y toma otro marido: el hombre clavado" (685). La protagonista muere antes de poner en práctica este intento y en su agonía le confiesa al judío, a quien llama nuevamente "esposo", alegrarse de ello, ya que "en el convento me habría sido imposible convertir el amor que te tengo en la pasión mística que mi tía me recomienda" (694).

Una vez que ha sido poseída por Morton, y alcanza así la plenitud del conocimiento racional en él simbolizado, le resulta a Gloria imposible llenar esa dimensión "amorosa" de su ser con la verdad revelada del catolicismo. El narrador recurre de nuevo al simbolismo de las luces para expresar la imposibilidad: tras anunciar su voluntad de enclaustrarse, lanza Gloria una "última mirada, semejante al postrer rayo de sol que se pone, dando paso a la noche negra"

---

[17] Quien considere que *Gloria* es una novela centrada esencialmente en el estudio de caracteres puede analizar la personalidad de Morton y su coherencia interna. Se puede así lamentar lo que Montesinos califica como "villanía" y "brutal posesión" de Gloria por Morton, añadiendo: "todo queda inexplicado y es inexplicable. Si es parte de ese aparato de símbolos que monta aquí Galdós cuando no debiera, su desciframiento es arduo. ¿Qué quiere decir Galdós?" (219). La afirmación de que Galdós "no debiera" haber montado aquí ese aparato de símbolos es totalmente gratuita. Tanto la dualidad caracterológica de Morton como sus incoherencias se deben a la complejidad de su simbolismo.

(683-4). [18] La luz que se intensifica paralela al sentimiento amoroso por el inglés no puede ser sustituida por la luz conventual, por lo que la renuncia a Morton se asocia con una puesta del sol y la entrada a la noche. Cristo no puede ser aceptado por Gloria como "novio", aunque tampoco pueda renunciar a él en lo que podríamos denominar la dimensión tradicional o familiar de su identidad.

Lo amoroso y lo familiar refieren a las mitades individual y social de la persona que analicé en Larra. A la familia se pertenece por sangre, independientemente de cualquier elección, mientras que el amor es un sentimiento personal de atracción espiritual. Tanto el linaje como la sociedad constituyen una dimensión de la identidad concedida por el lugar de nacimiento (lo que no impide que se pueda adoptar una familia o una comunidad diferente de la propia), mientras que la elección del objeto amoroso está condicionada por la personalidad del individuo. Plantear un conflicto entre los sentimientos filial y amoroso implica poner de relieve una desarmonía entre las identidades individual y social del que lo protagoniza. Esta tensión interna es de carácter "espacial" en Gloria (enfrenta a sus identidades europea y española) y nunca se resuelve, provocando tal tirantez de atracciones opuestas que la muerte resulta inevitable. El autor sin embargo decide prolongar la acción hacia un final integrador optimista y cierra la obra con la imagen del niño Jesús, hijo de Daniel y Gloria, al que considera "símbolo en que se han fundido dos conciencias" (699). Jesús es fruto del amor entre ambos protagonistas y parece indispensable, para desentrañar la propuesta que Galdós en él simboliza, analizar el carácter de lo masculino y femenino en la relación amorosa.

5. MASCULINO EUROPEO Y ESPAÑOL FEMENINO

La interacción del elemento masculino y femenino en la fecundación puede extenderse, desde su inicial referencialidad biológica, a zonas más abstractas de sentido donde adquiere una dimensión metafórica. Freud señala tres usos de la oposición, "one uses masculine and feminine at times in the sense of activity and passivity, again, in the biological sense, and then also in the sociological

---

[18] Esta es la única vez en toda la segunda parte en que el término "luz" refiere al amor de Gloria por Morton.

sense" (*Three* 612, n. 3). La división aparentemente sexual puede referir también, consiguientemente, a oposiciones de elementos caracterizados por el papel activo o pasivo que en una relación desempeñan.

Permite incluso esta dualidad genérica ser interpretada como dicotomía que enfrenta lo corporal y lo espiritual. Ortega parece así implicarlo cuando, tras preguntarse de qué se enamora la mujer, contesta: "Pues lo mismo que nosotros de una mujer que tenga la cara bonita, ellas de un hombre que tenga el alma 'bonita'" (*Obras* IV, 392). Lo esencial femenino estaría según eso centrado en la corporeidad, mientras lo masculino se caracteriza por la índole de su espíritu. La relación entre ambos parece obedecer a "una armonía preestablecida entre hombre y mujer; para ésta, vivir es entregarse; para aquél, vivir es apoderarse" (*El Espectador* 360). La entrega de la mujer al hombre diríase que entraña la posesión espiritual masculina de un cuerpo femenino; y así de hecho lo especifica el autor madrileño en otro momento: "La entrega del cuerpo es para ella, en verdad, símbolo y síntoma de sus sentimientos . . . ofrece la mujer su cuerpo al hombre que ama como símbolo de su entrega espiritual" (*Teoría* 163).

El mismo Ortega aplica estas consideraciones de psicología individual a las relaciones colectivas de pueblos. En fecha muy temprana, 1908, reconoce los males de España y asegura que "si queremos tener cosechas europeas es menester que nos procuremos simientes y gérmenes europeos" (*Obras* I, 103). La referencialidad sexual del término simiente no deja lugar a dudas y descubre implícita una propuesta de entrega al espíritu europeo. En el mismo artículo, comenta de manera muy significativa que "como no tenemos cerebro, no hemos podido tejer nuestra propia historia . . . como el indio o el egipcio" (105). La falta de cerebro sería una alusión más al carácter corporal femenino de la cultura española; pero ¿por qué recurre a la comparación con el pueblo indio y egipcio? Analizando en 1916 el cuadro de Zuloaga *El enano Gregorio el Botero* compara a España con China y Marruecos porque, al igual que esas naciones, "se ha negado a realizar en sí misma aquella serie de transformaciones sociales, morales e intelectuales que llamamos Edad Moderna" (*Personas* 542). La referencialidad del párrafo anterior se entiende ahora mejor: lo indio, lo egipcio, lo chino, lo marroquí y similares son imágenes de pueblos que Ortega considera atrasados respecto a Europa, y la noción de atraso se considera equivalente a la falta de espíritu característica de la condición femenina. España es percibida como un cuerpo necesitado de la fecundación espiritual europea, se supone que con el objetivo de modernizarse. [19]

Un año más tarde vuelve a insistir sobre el tema, y lo hace ahora de manera aún más explícita. Critica a los "Viriatos críticos, medio almogávares, medio mandarines" que se han dedicado a amontonar obras "en torno a la conciencia española . . . para formar con ellas una alta muralla al estilo de la existente en China" (*El Espectador* 186), y añade: "es más que sospechosa esta obsesión de que vamos a perder nuestra peculiaridad. En la mujer histérica suele convertirse el afán mismo de perder la inocencia en una excesiva suspicacia" (186). El varón que se sugiere merodeando tras las tapias de la medrosa España alude obviamente al espíritu masculino europeo, y la incitación a derribar las murallas para permitirle entrar implica una clara propuesta de europeización. [20]

La interpretación de las relaciones entre España y Europa que el simbolismo de *Gloria* transparenta se fundamenta en unos presupuestos idénticos a los de Ortega. No debe considerarse fortuita su materialización del progreso europeo en la figura de un vigoroso joven, frente al espíritu tradicional hispano encarnado en los caracteres de una mujer y un anciano. La protagonista es imagen de esos españoles abiertos al espíritu continental que, tras ser "fecundados" por él, dramáticamente se tensan entre la modernidad y la identidad nacional, y no es casual por tanto que Galdós recurra para representar su actitud receptiva a la figura de una mujer.

---

[19] Es significativo que Juan Ginés de Sepúlveda recurra en el siglo XVI a estas mismas equivalencias para justificar la empresa colonial española en América. Su sistema de correspondencias opone españoles e indios como una dualidad equivalente a la de hombres y mujeres, o alma y cuerpo (20-1). Aunque no interesa al propósito de mi análisis profundizar ahora en el tema, podría probarse que los españoles se consideran durante varios siglos atrasados (femeninos) con relación a Europa, pero adelantados (masculinos) respecto a los indios.

[20] Tras censurar la "excesiva suspicacia" española frente a Europa, insta a la apertura, porque "un yo poderoso no pierde tiempo en temores de ser absorbido por otro; antes al contrario, está seguro de ser él el absorbente. Dotado de fuerte apetito, acude dondequiera se halla alguna materia asimilable" (187). Podría objetársele que tal vez el problema de España es que no poseía ese "yo poderoso" asimilador. La conexión establecida por Ortega entre metáforas sexuales y digestivas añade una nueva dimensión a lo espiritual masculino: la de devorador del otro. Pero si España desempeñaba un papel femenino respecto a Europa, la incitación a engullir se fundamenta en una grave aporía. Antes de poder digerir al otro debería adquirir la fuerza necesaria para ello. En este sentido, Larra era más consecuente y por ello más pesimista.

La propuesta de Galdós es similar a la de Larra, sólo que utiliza el simbolismo sexual para plantear una relación que Larra expresaba con imágenes educativas. Los dos autores encarnan el atraso español, respectivamente, en las figuras de un alumno y una mujer, evidenciando ambos recursos una común idea del progreso como adquisición de conocimientos. La actitud receptiva aconsejada revela la percepción de una falta de "espíritu" en España (consecuencia de su atraso) que sólo puede remediarse abriéndose a las corrientes continentales. Tanto en Larra como en *Gloria* la asimilación individual del espíritu europeo origina una insoluble fragmentación de identidad. Pero Galdós decide que la fecundación acompañe a la cópula y bifurca el cierre de la obra en dos finales, desintegrador e integrador, cuyo sentido analizaré más adelante. El hijo de Morton y Gloria introduce en la propuesta de Galdós un optimismo cara al futuro que estaba ausente en *Doña Perfecta*, su novela inmediatamente anterior. Daniel no es sin embargo el único joven que pretende enamorar a la protagonista, con todo lo que ello simboliza. También el neocatólico Rafael del Horro pide a don Juan la mano de su hija, estableciendo de este modo una rivalidad significativa.

6. LOS DOS PRETENDIENTES DE GLORIA

Antes de que Morton entre en escena llega a Ficóbriga un joven, acompañando al obispo, a quien todos toman por representante de la juventud católica y defensor de los buenos principios religiosos. El obispo lo presenta como "perseguidor del filosofismo, del ateísmo, de las irreverencias revolucionarias", y añade que mientras la juventud "se entrega a los vicios de la inteligencia y se corrompe con perniciosas lecturas, este joven aspira al honroso nombre de soldado de Cristo" (529). Las lecturas consideradas dañinas puede suponerse que aluden, si bien no se explicita, a esos libros venidos de fuera que don Juan condenaba. Frente a ellas se sitúan nuevamente los eternos dogmas cristianos, proponiendo a Rafael del Horro como su representante.

La juventud de Rafael supone una promesa de permanencia para la España tradicional y la posibilidad, por tanto, de un final integrador. Don Juan se lo recomienda a Gloria como "el más digno de ser tu esposo" (532) y si padre e hija se mostraran de acuerdo en la elección desaparecerían las posibles tensiones en el proceso de renovación. La protagonista sin embargo no está enamorada del católico, aunque reconozca sus cualidades, y se reprocha a sí misma que "he sido una tonta en no comprender antes su mérito. Se le tomaría por un viejo" (535). Gloria percibe con claridad que Rafael pertenece al mundo de sus padres, pero los pasos que siente en su interior presagian la llegada del "otro", del que vendrá a convertirse en su esposo e inundarla de esa nueva luz que ya existe embrionaria en su alma.

Por otra parte, aunque Rafael aparentemente prolongue la tradición española de los Lantigua, se caracteriza por una importante ruptura que el narrador manifiesta especial interés en descubrir. Todos le consideran imagen de la juventud católica, pero la conversación que sostiene con el cura evidencia su condición de "sepulcro blanqueado". Según él mismo confiesa, ataca a filósofos y librepensadores, aunque "en el fondo casi estamos conformes" (554), porque piensa que conservando la fe del pueblo se previenen desórdenes sociales. La simulación de su actitud pública se duplica en el turbio interés que le aconseja pedir la mano de Gloria. Sus palabras, más que revelar un alma enamorada, sugieren el propósito de contraer matrimonio con ella para injertar en una familia rica.

El considerado símbolo de la juventud católica revela caracterizarse fundamentalmente por la hipocresía, mientras que su émulo judío, por el contrario, posee una firmeza de fe sólo comparable a la de los Lantigua. Las únicas dudas que le embargan se refieren a la conveniencia de adoptar aparentemente el catolicismo para desposar a Gloria; pero de sus creencias manifiesta que no son "superficiales, como las de la mayor parte de los católicos españoles, sino profundas y fijas" (559). ¿A qué creencias se refiere? Si consideramos su condición simbólica, no meramente su carácter, parece posible afirmar que la firmeza de su fe apunta a sus convicciones progresistas. Don Juan de Lantigua, por su fanatismo y energía, hubiera sido un digno rival suyo si no representara el papel de padre. Pero el que parece ser reflejo de don Juan en el presente, Rafael, demuestra emitir un destello que no se corresponde con la luz que internamente le alumbra.

Mediante el referente simbólico de los personajes transmite Galdós en *Gloria* un juicio cifrado de la situación social española. La mentalidad religiosa católica que caracteriza a España no careció de grandeza, pero en la actualidad resulta tan obsoleta que ni siquiera la poseen propiamente los que dicen ser sus representantes.

El progresismo europeo manifiesta frente a ella un extraordinario vigor, que se evidencia tanto en el fanatismo "judío" del joven que lo encarna como en las dudas racionales de los nuevos católicos Gloria y Rafael. El amor de Gloria por Morton está plenamente justificado, ya que, si consideramos la referencia espiritual de lo masculino, no encuentra el semita en Rafael un competidor a su medida. Pero Daniel Morton no es judío simplemente, sino judío sefardí, lo que añade a su imagen ciertos matices que la proyectan sobre una nueva dimensión.

7. DANIEL MORTON, JUDÍO SEFARDITA INGLÉS

En los momentos posteriores a la cópula confiesa Daniel la firmeza de sus creencias, con lo que evidencia la tragedia de un amor consumado e imposible, agregando que sus remotos abuelos "eran de Córdoba y fueron expulsados de España por una ley inicua" (595). Su personalidad adquiere de este modo un simbolismo dual que le erige en representante del progreso europeo, pero también de una tradición española perdida a finales del siglo XV. Una tradición integradora que desapareció cuando los Reyes Católicos decidieron fundar la unidad política sobre el exclusivismo religioso.

La caracterización que al final de la segunda parte se hace de Esther Spinoza, madre de Daniel, explicita con nitidez la doble referencialidad de sus personas. Esposa de un opulentísimo negociante de Hamburgo establecido últimamente en Londres, y que también es de familia hebrea española, Esther desciende de judíos cordobeses expulsados en 1492, por lo que puede ser considerada "española de sangre" (672). Más aún, como "todas las familias judías que proceden de las expulsiones españolas", conserva la lengua de Castilla que "desde la cuna aprendió a hablar como Nebrija" (672). Demuestra este hecho un apego inexplicable al país que inhumanamente les desterró, y el narrador confirma su "amor al suelo antiguo que no han de volver a ver, y lo lloran como lloraban hace dos mil quinientos años sobre los ríos de Babilonia" (672).

Por sangre, por lengua, por nostalgia de la tierra que aman como propia, los sefarditas pueden considerarse españoles aunque no hayan nacido en España. Pero Daniel Morton y su madre son también europeos, y aquí se especifica la otra dimensión de su identidad. El narrador insiste repetidamente en las grandes riquezas que poseen, el enorme poder financiero que les hace "estimados de todo el mundo y distinguidos por los soberanos, que los sentaban a su mesa" (673). Su fortuna es tan enorme que les proporciona un dominio universal: "No reinaban en ninguna parte y reinaban en todas, porque el imperio de Baal es grande, y a él puede decirse que pertenece la Tierra" (673). La prosperidad material de los Morton representa ese progreso europeo del que los españoles no tienen sino "el olor" y que parece de algún modo asociado a la tolerancia religiosa. La familia sefardita se erige así en emblema de un *debería ser* que es producto de un *debería haber sido*: es europea, pero también rama desgajada de una tradición española tolerante que el destierro de los judíos truncó. Si la intransigencia católica no hubiera impuesto su exclusivismo, así parece implicarse en la novela, España hubiera constituido una parte integrante del movimiento progresivo europeo y no se encontraría en el estado de postración y atraso en que se halla.

Se produce de esta manera una revisión de la historia española que coincide con las opiniones expresadas por la protagonista al inicio de la novela, antes de la llegada de Daniel. Comenta con su padre la política homogeneizadora de los siglos áureos y le expresa su convicción de que "los reyes de España habían hecho mal en arrojar del país a judíos y moriscos" (521). El criterio de la protagonista, que Galdós demuestra compartir, se inscribe en una corriente de pensamiento progresista que investiga la tradición para descubrir el origen de la "anomalía" española respecto a Europa y cree encontrarlo en la política de exclusivismo religioso. La obra que José Amador de los Ríos publicó en 1848 sobre los judíos españoles supuso un hito a este respecto y debió poseer gran resonancia. A pesar de la ponderación que caracterizan sus páginas, afirma que "con la expulsión de los hebreos se echaban de los dominios españoles las verdaderas fuentes del bienestar de los pueblos: el comercio y la industria sufrieron, pues, un golpe mortal" (189). El argentino Sarmiento, comentando a finales de siglo esta misma obra, emite un juicio revelador de la interpretación que podían recibir sus palabras: la expulsión de los judíos "ha impedido que Cádiz, la antigua Gades de los fenicios y cartagineses, no hubiera sido el Londres de nuestra época, por la acumulación de los caudales de las Indias orientales y occidentales" (*Conflicto* 223). Lo judío se convierte para ciertos hispanos progresistas en símbolo del "debería haber sido" español cuyo resultado se percibe en el "debería ser" europeo. [21] La aparición de Daniel significaría así una vuelta más que una venida, del mismo modo que acceder a la modernidad europea equivale a reanudar la tradición perdida. [22]

El carácter simbiótico de Morton puede calificarse, pues, como un recurso que apenas alcanza a disimular la propuesta de europeización. Que el progreso europeo actual sea consecuencia de una corriente integradora que también existió en España, tal como la obra implica, no modifica la necesidad expresada de que el país ibérico se abra al espíritu continental: la tradición es, en palabras de Ortega, "cantera maternal" (*Personas* 550) que no puede desempeñar función fecundadora. La "españolidad" del inglés no puede tratarse sino de una estrategia defensiva que se propone reducir la violencia de una apertura que se supone indispensable y espiritualmente peligrosa para la "femenina" España. El objetivo de Galdós carece en este sentido de ambigüedad y se especifica en los dos finales de que dota a la obra.

8. LOS DOS FINALES DE *GLORIA*: DESINTEGRACIÓN E INTEGRACIÓN

En el cierre de la novela, tras la muerte de Gloria, observa el narrador la dispersión de los personajes principales de la historia y añade que "también partieron los hebreos como desterrados" (698). La historia se repite y lo "judío", con todo lo que simboliza, no consigue arraigar en España. Sin embargo, a diferencia de *Doña Perfecta*, en este caso decide Galdós bifurcar el desenlace en un final integrador y concluye la obra con una mirada optimista hacia el futuro, encarnado en el hijo de los protagonistas: "Tú, precioso y activo niño Jesús . . . eres la personificación más hermosa de la Humanidad emancipada de los antagonismos religiosos por virtud del amor; Tú, que en una sola persona llevas sangre de enemigas razas,

---

[21] Vernon A. Chamberlain reúne datos relativos a la creación del "'Movimiento Pro-Sefardita', to which a number of prominent Spanish liberals belonged during the early years of the twentieth century" (91).

[22] Pardo Bazán revela poseer una percepción similar del problema cuando expresa su deseo de que España vuelva a recobrar la "virilidad" de su verdadera tradición (*La España* 68). Es necesario dejarse "fecundar" por el espíritu europeo (Franco 260), pero hay que hacerlo de forma viril, manteniendo en el choque el predominio de lo español. La paradoja de la propuesta, semejante a la de Galdós en *Gloria*, revela su capciosidad: la apertura a Europa implica una actitud femenina, no masculina.

y eres el símbolo en que se han fundido dos consciencias" (699). El narrador se encarga de explicitar su carácter emblemático integrador, por obra del amor, de las dos conciencias cuyo antagonismo insuperable destruyó a sus padres. [23] Pero ¿de qué manera puede el amor superar los enfrentamientos religiosos? Gloria, profundamente enamorada del inglés y empeñada en derribar las barreras que les separan, se convence de que "todo hombre tiene libertad para abrazar y profesar aquella religión que, guiado por la luz de la razón, creyera verdadera" (577). La intervención oportuna de su tío el obispo le descubre sin embargo que esta forma de pensar está condenada por la Iglesia y le veda acceso, si es que quiere permanecer católica, a lo que hubiera podido significar una superación del conflicto.

La única integración posible, tal como sugiere Gloria, viene proporcionada por la actitud racional. Las religiones forman parte del "espacio" de una comunidad y sólo los postulados racionales poseen validez universal. [24] El simbolismo con que se expresa el amor de la protagonista por Morton revela que Galdós coincide con ella. El conocimiento de Morton provoca un "amanecer" en Gloria que culmina en el acto amoroso, y el narrador recurre para expresar esta cima al símbolo bíblico de ángeles arrojados del Paraíso. Es el ansia de conocer racionalmente, de "ser como dioses", lo que provoca la expulsión. La cópula representa el momento de máxima penetración en Gloria del espíritu progresivo europeo, y es en ese momento cuando se engendra el "niño Jesús", imagen del nuevo español. El hijo de Daniel y Gloria es producto de un amor expresado con imágenes de luz racional y simboliza por tanto la integración de las "dos conciencias" españolas mediante esa razón que caracteriza al espíritu continental. El acto sexual produce fragmentación y muerte en Gloria, tensada entre dos identidades irreconciliables, pero Galdós propone que este sufrimiento no será baldío y originará un nuevo ser que podrá considerarse moderno o

---

[23] Las dos conciencias parecen claramente referir a la escisión profunda que desde el siglo XVIII, según Menéndez Pidal, quiebra "la unidad espiritual de los españoles" (214), enfrentando "una España casticista frente a una España europeizante" (220). El tema de las dos Españas ha sido reiterado hasta la saciedad. Se pueden consultar al respecto los estudios de P. Sainz Rodríguez y Javier Herrero.

[24] Es revelador que la otra característica esencial con que se identifica el espíritu europeo sea su materialismo. La equiparación de progreso y fuerza podría comprobarse en una mayor acumulación de riqueza que proporciona más poder.

europeo sin menoscabo de su condición de español. Para ello deberá abrirse el país al espíritu transpirenaico, pero procurando no poner en peligro su identidad en el proceso.

El empeño de Gloria porque su hijo sea "educado entre cristianos" (695), consiguiendo finalmente que Daniel acceda a ello, es muy significativo a este respecto. El niño Jesús integrará los dos espacios, asimilando el espíritu ajeno en su propia identidad. El anglo-judío (la mentalidad progresista europea que simboliza) desempeña un papel espiritual masculino en la cópula, pero en la definición del nuevo ser predomina el "catolicismo" (emblema de lo español) de la identidad maternal receptora. Esta es la propuesta de Galdós en *Gloria*, y no difiere sustancialmente a nivel temático de la que observamos en Larra: también sus planes educativos implicaban una apertura al espíritu del otro para asimilarlo y suponían una transformación del ser propio basada en la capacidad de integrar, no de ser integrado. Lo que sí diferencia a *Gloria* de los artículos finales de Larra es el optimismo con que concluye. Posteriormente modificará el canario su criterio y la interacción de lo europeo con lo español adquirirá otros matices, según se comprobará a continuación en el análisis de *Ángel Guerra*. Su caracterización de la identidad propia como femenina permanece inalterable, pero la paradoja de considerarla espiritual y fecundadora, frente a la receptividad de lo masculino exógeno, indica que nos encontramos ante un planteamiento esencialmente pasional y defensivo.

PARTE II

EUROPA COMO AMENAZA: ACTITUDES DEFENSIVAS

> El pensamiento es un derivativo de la acción y de la pasión; toda idea es, o un embrión abortado o un cadáver de un acto. Es, pues, natural que el vencido urda la filosofía del vencimiento, y el vencedor la de la victoria.
>
> MIGUEL DE UNAMUNO

Al igual que Larra, también la protagonista de *Gloria* experimenta una doble atracción irresoluble hacia lo moderno y lo propio y un final parecido; pero a diferencia de ambos, el autor de la novela vivió aún muchos años y pudo dar vida a innumerables personajes que reflejan su cambiante actitud frente al problema de la europeización. *Ángel Guerra* marca el comienzo de una nueva etapa caracterizada por la propuesta de soluciones paradójicas: la imagen que se proyecta de lo español tradicional continúa siendo femenina, pero, invirtiendo el simbolismo habitual de ambos géneros, se pretende que lo femenino fecunde a lo masculino. La tensión irreconciliable del oxímoron denota la índole íntimamente contradictoria de la nueva actitud que en este apartado analizaré y que denomino defensiva evasiva.

Numerosos autores progresistas, convencidos de que su país carece de las condiciones para europeizarse, reaccionan defensivamente rehusando caracterizar a Europa como modelo. Deben rechazar para ello la posible integración de todas las identidades sociales en una línea temporal única y negar que la historia humana pueda interpretarse como tal; esto es, como humana, sin·adjetivos particularizadores. Ya expuse en la introducción que la visión progresista percibe a las sociedades como entidades diferenciales, como espacios, pero también como tiempos. No estimo necesario reiterar los argumentos; simplemente recordar que la asignación temporal se fundamenta en un concepto progresivo de la Historia que se considera objetivo. Es muy significativo a este respecto que la oposición a la capacidad jerarquizadora del tiempo, a su escala de valoración fundamentada en las nociones de atraso y adelanto, se lleve a cabo recurriendo a criterios no racionales, implicando con ello que la imagen temporal supone un juicio de índole racional. [1]

Las actitudes defensivas constituyen el otro extremo al que tienden los progresistas españoles en su enfrentada gravitación. El prestigio de lo moderno les atrae hacia la realidad de las sociedades europeas más avanzadas, cuyo espíritu proponen que se asimile, pero la convicción de que esa asimilación pone en peligro el carácter nacional provoca una retracción defensiva hacia los fundamentos de la identidad propia. Su discurso, por ser producto de una doble atracción interna, incurre en contradicciones que lo distinguen del meramente tradicionalista, y que es posible observar en un buen número de autores españoles a lo largo de un gran espacio de tiempo, desde Forner y Cadalso hasta García Lorca y Alberti (por mencionar autores que, con toda seguridad, no constituyen los extremos de la cadena), pasando por el duque de Rivas, Mesonero Romanos, Fernán Caballero, Galdós, Pardo Bazán, Ganivet, Unamuno, Antonio Machado y Juan Ramón Jiménez, entre otros. En todos ellos puede observarse una pugna entre modernidad y autenticidad que afecta tanto a los temas de sus obras como a la caracterización de los personajes, la visión del mundo e incluso el estilo. [2] Por problemas de extensión deberé ceñir el presente estudio esencialmente a dos obras, si bien pienso que las dos ejemplifican los recursos más

---

[1] Paul Ricoeur percibe una doble atracción hacia lo moderno "racional" y hacia la identidad propia en las luchas nacionales de liberación en las colonias (si bien él, a diferencia de lo que se vio en Ortega, restringe el término "colonial" a relaciones efectivas de dominación político-social): los que luchan por superar una situación de dependencia, necesitan por una parte "se réenraciner dans son passé, se refaire une âme nationale et dresser cette revendication spirituelle et culturelle face à la personnalité du colonisateur. Mais il faut en même temps, pour entrer dans la civilisation moderne, entrer dans la rationalité scientifique, technique, politique qui exige bien souvent l'abandon pur et simple de tout un passé culturel" (292-3). Las dos opciones no son excluyentes, sino que por lo general se intenta hallar un punto medio en el que el acceso a la modernidad no implique necesariamente una pérdida de carácter.

[2] Los interesados en observar más por extenso las complejas repercusiones de la doble escala de valoración espacio-temporal en la literatura española, pueden consultar mis artículos sobre José Cadalso, Ángel Ganivet y Antonio Machado.

relevantes de las tendencias evasivas. Mientras que la acción de *Ángel Guerra* se caracteriza por sus planteamientos paradójicos, los artículos de Unamuno que aquí se analizan fundamentan sus juicios en la pasión y el relativismo. Ambos escritores se inician en las letras propugnando la conveniencia de europeizar el país, pero en un determinado momento de su producción parecen experimentar una ruptura, que de algún modo expresan como conversión religiosa, y se repliegan hacia la defensa de la identidad española. Me propongo en este apartado evidenciar los motivos del cambio, poner de manifiesto los rasgos que caracterizan la nueva toma de postura e interpretar su sentido.

Capítulo I

LA PROPUESTA PARADÓJICA DE *ÁNGEL GUERRA*

Si bien en *Ángel Guerra* no modifica Galdós su consideración de la sociedad peninsular como atrasada y femenina, sí invierte de manera muy significativa una serie de asociaciones conceptuales comúnmente aceptadas. La mística Leré, que representa a la tradición española, se caracteriza por su aparente pasividad (lo que concuerda con identificaciones genéricas convencionales) pero también por su fuerza espiritual, poder creador y capacidad de fecundación. [1] A lo masculino material se contrapone la espiritualidad de lo femenino, relacionando de este modo nociones simbólicamente discordantes e introduciendo en la propuesta del autor una evidente tirantez conceptual: la referencialidad del relato indica que Europa se considera más avanzada que España, por lo que su espíritu se encarna en la imagen inicialmente viril del protagonista, pero tanto Ángel Guerra como Galdós la desacreditan como modelo para la sociedad peninsular y recurren a la tradición española en busca de renovación y fortalecimiento. [2]

La interna contradicción de Ángel Guerra (el oxímoron del nombre advierte sobre la índole del personaje) puede considerarse producto de la pugna que experimenta entre su carácter racional y

---

[1] Joan Scott observa la asociación convencional que se establece entre fuerza y masculinidad. Analizando "connections between gender and power" pone de relieve las "associations between masculinity and national strength" (99). La relación entre "viril" y "possédant" aparece en Barthes (136-7), si bien desconectada de su carácter fecundador.

[2] En el capítulo anterior comenté la identificación de lo espiritual y lo masculino realizada por Ortega. Jill K. Conway, en un artículo sobre el "concept of gender", reitera como oposición convencionalmente aceptada la que conecta masculino y femenino con "universal human characteristics versus biological specificity" (XXIX).

las nuevas tendencias religiosas que le embargan.[3] Parece por tanto resultado de un movimiento inverso al que experimentara la heroína de *Gloria,* pero existen importantes diferencias que conviene señalar para comprender el carácter de la nueva obra. El movimiento interior de Gloria le conducía de la integración a la desintegración y era motivado por el amor hacia el inglés o, lo que es lo mismo, por una actitud racional ante el mundo. Pero ese amor y esa actitud existían ya latentes en Gloria, por lo que la llegada de Morton se limitaba a conducir ambas tendencias a su plenitud. Se intensificaba así una tensión interior que ya existía embrionaria en la protagonista y que sólo podría resolver renunciando a su identidad española o europeizando España.

Ángel Guerra parte de una situación discorde con la sociedad y su movimiento espiritual hacia lo español parece que debería conducir a la integración; sin embargo, no sucede así y el final también es de muerte y dispersión. ¿Por qué? La lógica interna del relato revela, como se verá, que éste es el final más consecuente con el planteamiento de la obra. Es importante constatar antes de nada que la conversión de Ángel no se origina en el amor, sino en la muerte. Ciertamente la condiciona el sentimiento amoroso hacia Leré, pero incluso este sentimiento no es innato como en Gloria sino inducido por el fracaso y la destrucción.[4] Por otra parte, la integración que Guerra pretende no se malogra ahora por circunstancias sociales sino por la misma naturaleza del personaje: para que se produjera, debería Ángel Guerra dejar de ser "guerra", masculino, racional.

La actitud de entrega del protagonista a las fuerzas superiores de la religión, que la obra asocia con la tradición española encarnada en Leré, inicia en él un proceso que podría denominarse de afeminación. No puede completarse sin embargo porque lo impiden la agresividad y racionalidad del personaje, ambas cualidades convencionalmente asociadas con lo masculino. La armonización que Guerra procura entre el ser propio y la sociedad circundante no se fundamenta en una propuesta de cambio social sino de auto-transformación; no pretende adaptar la sociedad española a la índole racional

---

[3] Shoemaker (*The Novelistic* 62), Ruiz Ramón (80) y Sayers (82) han insistido en la personalidad fragmentada de Ángel Guerra.

[4] Observa Monroe Hafter que "the development of Angel's character seems always to unfold in response to external situation, as if the motives of his life did not spring from some inner will of its own" (39).

del yo (europeización), sino adaptar el yo al carácter esencialmente católico de la sociedad española. Pero ¿es esto posible? La persistencia de una dualidad interna en el personaje, que origina su muerte, parece desmentirlo y descalifica la viabilidad del propósito. Su decisión de reconciliarse con la sociedad española, dejándose penetrar por el espíritu religioso que la caracteriza, no anula la fragmentación de su personalidad sino que adicionalmente la torna paradójica: hombre masculino empeñado en actuar como mujer; temperamento activo racional que pretende adquirir la pasividad de la fe.

La paradoja alcanza asimismo a su visión del futuro del país, acudiendo a proponer lo que él juzga pasado como modelo sobre el que asentar el ideal de la nueva España. Conviene insistir en que esta actitud es radicalmente distinta de la tradicionalista. Para doña Sales, madre de Guerra, la sociedad tradicional española representa la verdadera civilización frente al "salvajismo" europeo; su postura conservadora se revela por tanto perfectamente consecuente, ya que no considera la vida nacional retrasada respecto a la europea, sino fundada en la superioridad del catolicismo. Ángel Guerra, en cambio, posee una mentalidad progresista pero no quiere tenerla. El tradicionalismo de doña Sales se origina en una convicción íntima, mientras que el de Guerra obedece a un movimiento defensivo de reacción.

La propuesta del protagonista refleja la del propio escritor, según la obra evidencia, lo que explica la abundancia en el texto de asociaciones contradictorias. [5] El planteamiento de *Gloria* era coherente, aunque la heroína se caracterizara por la fragmentación; en *Ángel Guerra,* por el contrario, se torna confuso, porque tanto el protagonista como la tesis de la obra se fundamentan en la tensión de la paradoja. No puede pasarse por alto que el autor modela ahora como figura central a un personaje masculino, representante de los españoles progresistas, y pone en escena su fracaso y búsqueda de soluciones alternativas. Galdós, como el Larra final, parece haber alcanzado ese punto de desánimo en que considera imposible la europeización del país; pero en lugar de mantener la lucidez del

---

[5] John Sinnigen considera que "Angel's quest is analogous to that of the novelist who was seeking through this fictional mediation a new spiritual totality as a response to the historical disintegration of Restoration society" (137). También Ruiz Ramón (91) y Emilio Sosa (157) interpretan a Guerra como doble ficticio de Galdós.

madrileño, recurre a estrategias defensivas y oscurece el análisis de los hechos con planteamientos contradictorios.

1. EL FRACASO REVOLUCIONARIO DE GUERRA: DE LA IDEA A LA REALIDAD

La novela comienza con una relación triangular semejante en apariencia a la de *Gloria* y *Doña Perfecta*: una madre autoritaria, que representa a la tradición española, y un hijo progresista que se debate entre los sentimientos filiales y amorosos; sin embargo, desde el principio pueden observarse cambios importantes. El protagonista es ahora un varón y aparece en escena en los momentos siguientes al fracaso de sus planes revolucionarios. El amor de Guerra por Dulce, que duplica simbólicamente su rebelión frente al despotismo materno, se ha consumado desde el principio, pero de una forma que a él no le satisface. Su madre no acepta la relación, y la armonización de sentimientos familiares y amorosos se le presenta a Guerra como una necesidad imposible de llevar a cabo. Analizar el doble planteamiento del proceso subversivo, y sus resultados aparentemente opuestos, resulta clave como se verá para comprender los factores que inducen la conversión del protagonista. Me interesa en primer lugar especificar el impacto que en Guerra produce la frustración de su acción sediciosa.

En esta obra vuelve Galdós a plantearse la necesaria transformación de la sociedad española y recurre nuevamente al simbolismo de las relaciones amorosas y familiares para ofrecer soluciones. La propensión de Galdós al símbolo parece fundamentarse en los mismos motivos que el narrador proporciona para justificar la admiración de Ángel Guerra por la iconología católica. Recorriendo las iglesias de Toledo, se asombra el protagonista del "maravilloso simbolismo inspirador del arte religioso, sistema que entraña una peregrina adaptación de las ideas a la forma, y que ha tenido la mayor parte en la universalidad y permanencia de la fe católica" (249). No resulta infundado pensar que para el autor canario, al igual que para su personaje, este recurso garantiza la universalidad y permanencia de su obra. El mismo Galdós, por otra parte, en el Prólogo a la composición dramática *Alma y vida* (1902), justifica la utilización con fines artísticos de símbolos cuya interpretación pudiera resultar ardua: "respecto a la tan manoseada oscuridad del símbolo, tengo que distinguir . . . No es condición del arte la claridad, sobre todo esta claridad de clave de acertijo que algunos quieren" (526).

El Capítulo Primero de *Ángel Guerra* lleva por título "Desengañado" y se inicia con la llegada del protagonista, tras el fracaso de su intentona revolucionaria, a la casa donde vive con Dulce. Las palabras de Guerra le declaran personaje de la estirpe de Pepe Rey, pero justo en el momento crítico de sufrir un cambio de miras decisivo respecto a la sociedad española. No desmiente la necesidad de transformación radical, pero el fiasco de un levantamiento que bordea la insensatez ridícula le convence de la inutilidad de sus propósitos. Con autodesprecio le confiesa a su amante que "merecíamos ser apaleados por los del Orden Público, o que los barrenderos de la Villa nos ametrallaran con las mangas de riego" (16). El extremo desaliento en que se hunde le hace incluso pensar que despierta de "un sueño de presunción, credulidad y tontería", y añade a continuación: "En fin, el error duele, pero instruye. Treinta años tengo, querida mía. En la edad peligrosa cogióme un vértigo político . . . ansia instintiva de mejorar la suerte de los pueblos" (16).

La edad del protagonista en este comienzo de acción trae reminiscencias del niño Jesús que preñaba de optimismo el final de *Gloria,* y del que el narrador aseguraba esperanzado: "Hoy juegas y ríes e ignoras; pero Tú tendrás treinta y tres años, y entonces quizás, tu historia sea digna de ser contada" (699). Esa edad tiene aproximadamente Ángel Guerra cuando se embarca en el proyecto revolucionario, pero los resultados le parecen incluso a él más bien dignos de ser olvidados que historiados. La intentona se le figura consecuencia de un

> resabio quijotesco que todos llevamos en la masa de la sangre. El fin es noble; los medios ahora veo que son menguadísimos, y en cuanto al instrumento, que es el pueblo mismo, se quiebra en nuestras manos, como una caña podrida. Total, que aquí me tienes estrellado, al final de una carrera vertiginosa... golpe tremendo contra la realidad (16).

Es importante constatar que su rechazo no va dirigido contra los fines perseguidos, sino contra los ilusos que procuran implantarlos sin poseer los medios adecuados para ello. El cambio radical que se pretende no puede progresar sin el apoyo del pueblo y Guerra se da cuenta finalmente de que ese pueblo no posee ningún entusiasmo por la rebelión: se quiebra, como lanza que al ensayarse demostrara su calidad de "caña podrida". El objetivo que la revolución perseguía sigue pareciéndole noble; sin embargo la imposibilidad de llevarlo a la práctica parece por ello mismo, por su imposibilidad, contaminarlo de sentido negativo. Sus ilusiones previas se le figuran a Guerra un sueño quijotesco y tonto que evidencia su engaño al ponerse en práctica y le deja confrontado con la ineludible realidad. La imposibilidad de llevar a cabo el ideal desprestigia el ideal en sí e instala a Guerra en el ámbito de lo real. A diferencia de don Quijote, el encontronazo le hace abrir los ojos y "empieza a ver claro" (16) que no merece la pena arriesgarse por quimeras, tal como confiesa a Dulce: "No me atrevo ya a decir que es glorioso dar la vida por esta idea . . . La idea está tan derrengada como sus partidarios" (17).

Galdós no parece excesivamente preocupado por especificar la índole de esa idea por la que Guerra luchaba, como si supusiera que el lector comprenderá su referencialidad a pocos detalles que se le suministren. La afirmación del protagonista en el sentido de que se proponía mejorar la suerte del pueblo español sirve de poca ayuda por su vaguedad. En cambio la filípica que, según Guerra imagina, le dirigirá su madre por haber participado en los sucesos revolucionarios suministra algunos datos de interés. Supone que doña Sales, tras reprocharle en estilo severo la aventura insensata en que se ha embarcado, le recriminará sarcásticamente: "Pero tú, ¿qué caso has de hacer de esta pobre mujer ignorante, que no ha ido a la Universidad ni sabe leer esos libracos franceses?" (48). Al igual que observábamos en Larra y *Gloria,* también las ideas que defiende Guerra parecen proceder del estudio de libros extranjeros cuya procedencia se especifica como francesa. La precisión indica que, a los ojos de ciertos españoles al menos, lo francés continuaba representando a lo europeo. El canónigo Mancebo revela por su parte así considerarlo, cuando piensa del protagonista que "es más hereje que Calvino, de estos que quieren traernos más libertad, más pueblo soberano y más 'Marsellesa'" (143).

En conversación con Leré, por otra parte, informa Ángel que "mi inclinación a las ideas más avanzadas exasperaba a mi madre" (82) y agriaba la relación entre ambos. Los datos, qué duda cabe, son escasísimos en una obra tan extensa, pero indicio suficiente, creo, para permitir afirmar que las ideas revolucionarias por las que Guerra lucha se consideran originadas en Europa y eran por él juzgadas como más adelantadas que las que regían la vida española. Frente al espíritu avanzado del protagonista doña Sales "se declara mi enemigo; erígese en personificación del orden social y considera todos mis actos, políticos y no políticos, como ataques a su dignidad y a su existencia misma" (83). Parece evidente en este párrafo que tanto Guerra como la madre hacen su entrada inicialmente en la obra como símbolos de la lucha que en suelo peninsular libraban el espíritu progresivo europeo y el español tradicional, caracterizados respectivamente por la exaltación de la libertad y el autoritarismo. El rasgo que identifica a doña Sales es el despotismo, la tiranía que ejerce con sus subordinados y que no admite razonamiento ni réplica. ¿Sería muy arriesgado deducir de estos datos que Galdós reitera en la apertura de *Ángel Guerra* el enfrentamiento entre espíritu racional y religioso, entre búsqueda racional de la verdad y aceptación de la verdad revelada?

2. LA SEGUNDA DIMENSIÓN REVOLUCIONARIA DEL PROTAGONISTA: EL PLANO DOMÉSTICO

La rebelión del protagonista contra el orden social se lleva a cabo en un intento fracasado de insurrección, pero también se proyecta en la dimensión personal de su relación con Dulce. Resulta muy significativo a este respecto que Galdós decida duplicar la revolución en el plano simbólico de lo doméstico y cree aquí expectativas de éxito que se frustran por la actitud de Guerra, no del entorno. La idéntica referencialidad de ambos planos se evidencia de manera transparente en los reproches que Guerra supone le espetará su madre cuando se enfrente a ella de nuevo. Tras ridiculizar los proyectos de transformación social que calientan la cabeza de su hijo, añade la señora: "Por lo visto, te has decidido a ser revolucionario práctico y a predicar con el ejemplo . . . la salsa del amor libre, y he aquí por qué el muy salado de mi niño vive amancebado" (48). La vida en común que Ángel lleva con su amante es interpretada como una puesta en práctica de sus ideales sediciosos, y doña Sales, del mismo modo que reputa el credo revolucionario como bueno "para predicárselo a los salvajes de África", considera que "para los que vivimos en el mundo civilizado, de esto [del amancebamiento] a volver a la edad salvaje no hay más que un paso" (48). Las ideas y actuación de su hijo en ambos planos se fundamentan en la libertad y desprecian las normas sociales, por lo que para ella significan una vuelta al salvajismo, a la vida natural previa a toda civilización.

También Guerra considera que su relación con Dulce supone un reto a las pautas de convivencia que rigen la vida española, pero interpreta el hecho de manera opuesta a la de doña Sales. Lamenta la oposición materno-social y exclama: "¡Fuerte cosa que no pueda uno vivir con sus propios sentimientos, sino con los prestados, con los que quiere imponernos esa estúpida burguesía . . .!" (45). La alusión a la burguesía hay que interpretarla con cuidado, ya que refiere a la visión tradicional del mundo que su madre representa en cuanto represora de la libertad humana. Pero esta libertad que el protagonista defiende ¿es de sentimientos simplemente? Más adelante se encuentra Ángel en la alcoba de su madre enferma y siente no poder franquearse con ella, porque "¡cómo razonaría mi conducta, cómo le explicaría por qué quiero a esa mujer, y por qué olvido sus culpas y su pasado negro . . .! Yo me río a carcajadas de los escrúpulos sociales y del fariseísmo de todo ese vulgo tiránico y egoísta que quiere gobernarnos" (62).

Frente al juicio social, basado en normas incuestionables que ejercen una autoridad tiránica, Guerra razona la validez de su comportamiento, sugiriendo en este plano personal simbólico que sus propósitos revolucionarios pretenden fundamentar la vida española sobre bases racionales. El anhelo de libertad que siente se refleja asimismo en las relaciones con su hija, explicitando también aquí la referencialidad colectiva de su comportamiento. Permite a Ción hacer lo que se le antoja, y cuando Braulio manifiesta su desacuerdo le advierte que "las prohibiciones, impidiendo el desarrollo, encanijan física y moralmente a los niños. Lo mismo pasa con las sociedades" (55). Lo que su revolucionaria defensa de la libertad se propone, tanto en lo familiar como en lo social, es la eliminación de trabas que impiden fomentar el "desarrollo".

Conviene señalar que Guerra realiza estas afirmaciones después del fracaso de la insurrección, lo que prueba que *en el plano doméstico* continúa aún defendiendo las ideas subversivas. Este hecho, de gran importancia, permite duplicar la sedición inicial en el enfrentamiento del protagonista con su madre. El choque con la realidad le convence de la inutilidad de su empeño a nivel social, ya que para llevar a cabo la rebelión debería contar con un apoyo popular del que carece; pero en su vida privada la decisión de vivir con Dulce depende sólo de él. Y de su madre, si es que no quiere romper los lazos familiares. Porque el dilema de Guerra es que pretende armonizar los planos amoroso y familiar, con todo lo que ellos simbolizan. Desea vivir con Dulce en la casa de su madre, del mismo modo que pretende ejercer en su país las libertades por las que lucha. Podría haber solucionado el problema rompiendo con su familia o exiliándose, pero son salidas que ni siquiera se plantea. Lamenta por ello que, aunque no exista "razón humana ni divina" que se oponga a "que yo traiga conmigo a Dulce cuando vengo a esta casa, a que nos quedemos aquí los dos, viviendo con mi hija y mi madre" (62), lo imposibilitan no obstante el "comedión social y el carácter y las ideas de mi madre" (62).

Doña Sales simboliza en el ámbito familiar la autoridad que perpetúa el mundo tradicional y su muerte implica para Guerra la posibilidad de poner en práctica los ideales revolucionarios por los que ha luchado. Aposentar a Dulce en la casa de sus antepasados significaría que la acción subversiva del héroe se frustró a nivel social únicamente por factores externos. Tras la desaparición de la "autócrata", sin embargo, el protagonista reacciona de manera diametralmente opuesta a lo que de su temperamento rebelde podría esperarse.

3. LA REACCIÓN PARADÓJICA DE GUERRA A LA MUERTE DE SU MADRE

La muerte de doña Sales plantea la actividad revolucionaria en términos radicalmente diferentes. Al comienzo de la obra se achaca el fracaso de la subversión a la falta de medios imprescindibles para derrocar a la autoridad; pero ahora desaparece el tirano y la rebelión vuelve nuevamente a fracasar porque el sedicioso, cuando se le presenta la posibilidad de poner en práctica sus ideales, se siente dominado por las ideas contra las que combatía. Tras "matar" a su madre comienza Guerra a actuar de acuerdo al universo mental de ella. El fallecimiento de la autoridad le hubiera permitido establecerse con su amante en la casa materna, pero provoca el efecto opuesto de eliminar su amor por Dulce. La referencialidad del hecho debería interpretarse como una pérdida de los ideales revolucionarios en el momento mismo en que se propicia su puesta en práctica. Supongo que no es necesario insistir en que la adecuación psicológica de esta reacción carece de interés para mi estudio. Lo que me propongo analizar no es la psicología del personaje sino las asociaciones simbólicas que el texto establece: ¿qué sentido tiene que la acción revolucionaria de Guerra se plantee en dos niveles, social y doméstico, y se resuelva de manera inversa pero con resultados paradójicamente idénticos?[6]

La correspondencia entre ambos planos se evidencia de nuevo en detalles textuales que sugieren una similar participación de Ángel Guerra en la sedición militar y en la muerte de su madre. El protagonista reconoce haber participado en el asesinato del coronel que se oponía a la insurrección (83), pero también se siente culpable de haber, en cierto modo, matado a doña Sales. Su genio impetuoso le impide contenerse en el diálogo final que mantienen, causándole un ataque de disnea que da con ella en la sepultura. Manuel Pez, suegro y enemigo de Guerra, lanza el rumor de que "la ha matado el botarate de su hijo . . . Crean ustedes que éste es un caso de estrangulación moral" (66); pero el mismo Ángel experimenta "responsabilidad por la muerte de su madre" (67) y se atormenta recordando los momentos previos a un ataque que se le figura con arma de fuego: "Mientras viva me acordaré de mi ademán, que en cualquier ocasión habría sido insignificante, pero que entonces, ¡ay!, se pareció tanto a un tiro... que más no pudo ser" (67).

Entre el disparo con que da muerte al coronel y el "tiro" que fulmina a su madre se establece un paralelismo que no puede considerarse casual; los efectos sin embargo difieren radicalmente, permitiendo reinterpretar de nuevo los resultados de la acción subversiva. El asesinato del militar es un componente trágico de una farsa revolucionaria que demuestra ser ridícula y no cumple, ni puede cumplir, sus objetivos, por carecer de los medios para ello. El "tiro" contra doña Sales por el contrario acaba con la autoridad y permite instaurar, en el plano simbólico de lo doméstico, un nuevo orden. Pero ahora es Guerra el que lo imposibilita: la muerte del tirano ocasiona en el protagonista un movimiento paradójico hacia el terreno espiritual de su antiguo rival. No me refiero al mayor conservadurismo social que en él se manifiesta, sino al cambio radical de su relación con Dulce.

---

[6] Resultaría una empresa ardua demarcar las asociaciones voluntariamente realizadas por Galdós de aquellas otras inconscientes, y en todo caso parece una labor inútil. Para Lacan, "le sujet, le sujet cartésien, est le présupposé de l'inconscient . . . L'Autre est la dimension exigée de ce que la parole s'affirme en vérité" (839). Aunque aceptáramos la validez de este planteamiento persistiría una duda sustancial: ¿quién establece la línea demarcatoria y de acuerdo a qué criterio?

Cuando reconoce que "la muerte de mi madre, la posesión de mi fortuna y de mi casa, han hecho de mí otro hombre" (77), se refiere ciertamente a una metamorfosis total que alcanza tanto a sus actitudes socio-políticas como a sus relaciones personales. En lo que denomino plano social, sin embargo, la muerte de doña Sales no supone una ruptura sino que permite a Guerra ser consecuente con el cambio experimentado tras sufrir el "golpe tremendo contra la realidad" de un país que no secunda el movimiento subversivo. La posesión de riquezas no modifica su convicción de que es imposible "ilustrar" el país (77), como demuestra su seguridad de que cualquier intento en este sentido sólo significaría "calentarme la cabeza y tener mil disgustos, y luego no sacar nada en limpio" (77). En el nivel personal simbólico, por el contrario, sí produce el fallecimiento de la madre un cambio de actitud significativo.

Galdós había recurrido a una nueva variante argumental para expresar la imposible armonización en el protagonista de sus dimensiones familiar y amorosa. Aquí no tenía nada que ver con la religión, sino con el hecho de que la amante era una antigua mujer pública de mala familia. La prostitución a que sus padres la habían forzado por motivos económicos no impedía sin embargo que Dulce poseyera cualidades personales inmejorables. Por eso Guerra, como vimos, consideraba racionalmente que ninguna mujer podía convenirle más como esposa, aunque la sociedad la declarase proscrita.

El problema radicaba en la necesidad de convencer a su madre sobre lo acertado de esta decisión. Sabía que Dulce sería para él una excelente esposa pero quería que lo fuera en la casa materna, para conciliar así las dos dimensiones, amorosa y familiar, de su persona. La oposición frontal de doña Sales revelaba la imposibilidad del intento mientras ella viviera, pero su muerte deja la resolución en manos de Ángel. Tiene éste una hija, Ción, producto del matrimonio desgraciado impuesto por su madre, y antes de que la déspota muriera pensaba Guerra reprocharle que Dulce, y no la esposa fallecida, "merecería ser la madre de tu nieta" (63). La muerte de doña Sales le permitiría realizar esas ideas casándose con Dulce y convirtiéndola en madre de su hija, para implantar así un nuevo orden "racional" subversor de la autoridad tradicional. La propuesta subyacente hubiera defendido inequívocamente la conveniencia de modernizar España, aunque el propósito se estimara inviable dadas las circunstancias del momento. Sin embargo, tras la muerte de su madre, Guerra no provoca cambios sino que los sufre. Cuando la autoridad desaparece es él quien se opone a que Dulce venga a casa, iniciando así un movimiento que le aproxima a los valores de quien hasta ese momento consideraba su enemigo. Lo familiar, en vez de adecuarse a la índole de lo amoroso, lo condiciona y finalmente lo transforma. El sedicioso que pretendía subvertir el orden social, fundamentará en él su conducta a partir de este momento, como reiteradamente se encarga de demostrar. Cuando piensa en la posibilidad de que su amante venga al domicilio materno, se opone tajantemente porque "aunque se tenía ya por amo de su casa, y lo era realmente, no gustaba de ver en ella a la persona que doña Sales aborrecía con toda su alma. Recibirla entre aquellas paredes habría sido una grave injuria a la memoria de la finada" (68). El punto de vista de la madre se interioriza en el personaje y condiciona su actuación como si, aunque haya desaparecido quien lo encarnaba, no pudiera deshacerse de la oposición que representa. Tanto en el nivel social como en el amoroso se produce una intentona revolucionaria contra el orden tradicional, sin y con posibilidades de éxito, pero con un mismo final: el predominio de ese orden.

La reinterpretación de la acción sediciosa no sólo convierte a Guerra en un personaje nuevo, que nada tiene que ver con los Rey, Morton, etc., sino que también modifica radicalmente la propuesta de Galdós. El planteamiento inicial concordaba con el de *Gloria*: los europeizados españoles pretenden fundamentar su entorno sobre principios racionales progresistas pero fracasan, debido a la fuerte oposición tradicional. Sin embargo, el replanteamiento de la sedición a nivel doméstico interioriza la imposibilidad y la convierte en absoluta. Porque no se trata ya de que la sociedad impida la revolución; es que aunque la permitiese no podría llevarse a cabo, debido a que la tradición española constituye una parte irrenunciable en la personalidad del progresista (cuando a Guerra le falta la oposición de doña Sales la interioriza) imposible de armonizar con su espíritu racional (no puede traer a Dulce a la casa aunque falte su madre).

Me interesa subrayar que es lo tradicional español, y no meramente lo español, lo que el progresista siente constituir una parte íntima de su ser. La distinción parece anularse tanto en la percepción de Guerra como en la de Galdós. Lo español y el progreso se interpretan como realidades no sólo diferentes, sino hasta tal punto opuestas, que la alabanza a una de ellas exige o incluso implica denigrar a la contraria. [7] *Ángel Guerra* reitera, como se verá, una incondicional exaltación de lo español tradicional, unida a una creciente hostilidad contra el espíritu europeo moderno. Si en las novelas iniciales la combinación de lo peninsular y lo europeo parecía producir excelentes resultados (Horacio Reynolds, Pepe Rey, Daniel Morton, Teodoro Golfín), en *Ángel Guerra, Nazarín* y *Halma* engendra criaturas deplorables que el autor trata con burla o desprecio.

Tras la reinterpretación de la acción revolucionaria, que el fallecimiento de la madre posibilita, Ángel Guerra se convierte en un personaje diferente y la propuesta de la obra respecto a España se fundamenta sobre nuevas bases. Pero antes de pasar a especificar los nuevos rasgos que caracterizan a ambas actitudes conviene detenerse a examinar más en detalle las causas que motivan el cambio. En el plano social fracasa la revuelta, ocasionando frustración en el protagonista, pero también sentido de culpabilidad. El disparo al coronel antecede al "tiro" con que fulmina a doña Sales, y el remordimiento por la muerte del militar se prolongará en la voz interior que le acusa de haber matado a su madre, imagen de la tradición española en el plano familiar. Tanto la evidencia de que es imposible europeizar el país como el temor a que una excesiva europeización haga peligrar la identidad nacional originan un repliegue hacia el ser español en busca de soluciones propias.

En el discurso de recepción a Pereda que pronunció Galdós ante la Real Academia en 1897, interpreta "los años que siguieron al 68" como un período de la vida nacional en que "una raza se ve impulsada con irresistible sed interna a buscar en las esferas amplísimas de los países más avanzados en la civilización, ideas y formas nuevas . . . Cuando una sociedad llega a sentir este anhelo de nueva sangre, es porque en cierto modo la necesita" (*Ensayos* 193). Se pregunta acto seguido "si esta querencia del sentir y pensar de otras razas se contuvo dentro de los límites" necesarios, y añade: "Contuviérase o no, fuese o no demasiado lejos en su camino, era natural que se marcase en nuestra sociedad el anhelo de restaurar su existencia castiza" (193). El texto evidencia con claridad la conciencia

---

[7] Aunque admitamos que la denominada tradición española, según pretende Javier Herrero, "ni es tradición ni es española" (22), la observación carece de importancia para mi estudio, ya que lo que me interesa analizar no es la realidad en sí, sino la percepción que los escritores españoles poseen de esa realidad, y explicar los motivos y consecuencias de esa percepción.

que Galdós poseía de ese doble desplazamiento que aquí se propone como característico del espíritu español en los últimos siglos: "viaje" a Europa en busca de ideas más avanzadas seguido de repliegue defensivo hacia la identidad propia. El segundo movimiento lo considera el autor representado en Pereda, aunque puede servir asimismo para definir *Ángel Guerra* y algunas de sus novelas posteriores. En Galdós, sin embargo, nunca deja de interaccionarse con incitaciones a una europeización que juzga necesaria.

Todavía en 1905 alaba "la misión civilizadora" de la Prensa, porque "gracias a esta fuerza, elevada a su mayor poder en nuestros días, ha podido España aproximarse al corro de las familias europeas" (*Novelas* 1264-5). Que hable de aproximarse, y no integrarse, indica que la europeización podía considerarse peligrosa o excesiva pero también incompleta. Gran parte de la obra de Galdós evidencia una tensión dialéctica entre la propuesta de apertura al espíritu europeo y el repliegue defensivo hacia el espacio español. En *Ángel Guerra* (1890), sin embargo, se dramatiza un cambio de actitud, en protagonista y obra, hacia posiciones predominantemente defensivas. Considero adecuada la apreciación de Francisco Ruiz Ramón en el sentido de que a esta novela "vienen a confluir caminos iniciados en anteriores obras y de ella parten otros que serán prolongados posteriormente. *Ángel Guerra* es, en este sentido, una novela de encrucijada" (11).

El establecimiento del protagonista en la realidad española, en el hogar ocupado por la madre aun después de muerta, se produce paralelo a un abandono de las ideas progresistas que nunca llega a ser total. Ángel Guerra jamás puede por completo dejar de ser "guerra", racional, pero desde este momento le seduce una nueva idea con la que pretenderá por todos los medios identificarse y la posibilidad revolucionaria comienza a encarnarse para él en el glorioso espíritu de la tradición española. El cambio se produce en los capítulos iniciales y tanto el protagonista como la obra se caracterizarán por una nueva interpretación del problema: se proponen la transformación y fortalecimiento de la realidad con elementos de la tradición que componen, aunque degradados, esa misma realidad.

4. DE LA REALIDAD A LA NUEVA IDEA: LERÉ

El alejamiento del espíritu progresista que Guerra experimenta comienza a coincidir, tras la muerte de la madre, en los planos social y doméstico. Abandona toda voluntad revolucionaria y rechaza cada vez más vehementemente la posibilidad de instalar a su amante en la casa materna. Es en esa casa donde encuentra a Leré, maestra de Ción y "esclava de la señora, la que me tomó cariño y me trataba como una madre" (73). Cuando muere la madre, Leré se hace cargo del gobierno doméstico y, gracias a ella, "no se echaban de menos la autoridad y pericia doméstica de doña Sales." (74) Las relaciones de la institutriz con la madre y la hija de Guerra son tan estrechas que en un momento llega incluso a decirle Guerra que "Ción y tú formáis ya una especie de unidad indivisible" (73). Se trata por tanto de un personaje estrechamente relacionado con la dimensión familiar del protagonista.

Leré se caracteriza por una religiosidad ferviente que impresiona a su nuevo amo. Le hace Ángel "mil preguntas acerca de sus creencias" (69) y queda tan asombrado que en una de esas conversaciones no puede evitar manifestarle su admiración por "esa fe ardiente, ciega, como debe ser la fe, y capaz de llevarse tras sí las montañas. Yo no creo lo que tú crees; pero me da por admirar a los que creen así, con toda su alma" (70). Añade despreciar a "las personas que hacen gala de proscribir todo lo espiritual" y concluye:

> Lo mejor sería que hubiera en cada persona una medida o dosificación perfecta de lo material y lo espiritual; pero como esa ponderación no existe ni puede existir, prefiero los desequilibrados como tú, que son la idea neta, el sentimiento puro . . . la idea tiene más poder que todo el pan que pueda fabricarse con todo el trigo que hay en el mundo (70).

La "idea", que había quedado tan derrengada tras el fracaso de la acción revolucionaria, revive aquí metamorfoseada en espíritu religioso. El mismo Guerra que gritaba con remordimiento al militar asesinado no reconocer "más amo que la idea" (23) demuestra no haber cambiado mucho en ese sentido; lo que sí varía es el carácter de la idea en sí. La que ahora admira en Leré, tras el desprestigio sufrido por la que personalmente defendía, se identifica con el sentimiento y la fe, no con la razón. Es creencia ciega, no pensamiento argumentado. El temperamento racional de Guerra, que justificaba su comportamiento revolucionario, le impide creer, pero no por ello deja de admirar la firmeza con que Leré defiende sus convicciones.

Estas afirmaciones, realizadas poco después de muerta la madre, poseen una extraordinaria relevancia, ya que demuestran que el idealismo del protagonista no se ha perdido sino que comienza a desplazarse a otro terreno. La enfermedad y muerte de su hija no ocasionan en este sentido una ruptura, sino que intensifican la gravitación experimentada por Ángel hacia el ámbito de la fe. Exacerbado contra los doctores que no pueden salvarla, les dice que son "asesinos del género humano" porque "no sabéis más que revestir de cháchara científica las sentencias de la muerte y adornar con terminachos griegos vuestra estulticia" (85).

Basta comparar este tratamiento insultante de los avances médicos con la admiración sin límites que provocaban en *Marianela*, para percatarnos de la extraordinaria metamorfosis que Ángel Guerra representa. Desesperado por el doloroso dictamen de "la verdad científica" (88), no quiere aceptarlo y le entra "un ansia vivísima de prosternarse ante voluntades superiores" (86). Se confiesa a sí mismo que "conviene además 'hacer fe' . . . Esto sí que es difícil; pero no hay más remedio. La fe siempre por delante" (86). Es muy significativo que el protagonista declare la conveniencia de adquirir una fe que no posee justo en el momento en que se desvanecen las esperanzas de hallar soluciones científicas. Se implica así que es la ineficacia de lo racional la que impulsa a Guerra a querer tener fe. Un objetivo que, por su misma índole, evidencia ser irrealizable. Pero aunque se dé cuenta de la dificultad, por no decir imposibilidad, del propósito, su persistencia en conseguirla es una de las paradojas en que se fundamenta la reacción hacia la nueva idea. La razón decide que es conveniente tener fe y se propone adquirirla, experimentando una dolorosa impotencia. Casi al final de la obra cuando Lucía, mujer humilde y ciega, le confiesa haber recobrado la vista para observar un milagro, piensa el protagonista:

> ¡Dichosos los que no llevan aquí el terrible espejo de la razón, desvanecedora de los engaños de la fantasía, porque ellos están mejor preparados para la fe! Yo, con mi razón firme y bien educada, siéntome sujeto cuando quiero lanzarme a creer, y mi propio sentido desvanece la dorada ilusión del milagro (305-6).

Con nitidez que casi no precisa comentario especifica aquí Guerra el punto de partida y la meta anhelada de su nuevo movimiento espiritual. Percibe la razón como un espejo terrible del que desearía deshacerse para alcanzar la "dorada ilusión" del milagro, pero sus palabras revelan la imposibilidad de renunciar a ese espejo. Se sugiere así que una vez adquirida la visión racional del universo es iluso pretender volver a la mítico-religiosa. La velada afirmación es similar a la simbolizada en *Gloria* con la imagen de Lucifer. El drama que Ángel Guerra representa es el del Ángel caído (Guerra) que quiere volver al Paraíso de sus convicciones. Este deseo irrealizable se produce paralelo al nuevo amor por Leré y a la propuesta de vigorizar la vida española recurriendo a la tradición. Los tres planos poseen una idéntica referencialidad y las relaciones que entre ellos se establecen representan una valiosa ayuda para interpretar la nueva actitud, tanto de Guerra como de la obra, frente a la realidad nacional.

La gravitación del protagonista hacia las nuevas ideas que le sugestionan se asocia en la novela con la creciente atracción que sobre él ejerce Leré. Al antiguo revolucionario "las ideas expuestas con tanto donaire y sencillez por su amiga le seducían y . . . sentíase atraído a la órbita de ella" (179). También este nuevo amor demostrará, según se verá, estar caracterizado por la paradoja. La imposibilidad de que se lleve a cabo no se fundamenta en la oposición familiar sino en la índole misma de los amantes y del amor en sí. La criada es tratada en casa de Guerra como hija por doña Sales y como madre por Ción, y, tras morir ésta, su pecho abundante parece sugerir excelentes propiedades maternales. El simbolismo del "pecho tan desaforado" (106) de Leré frente al seno de Dulce que "no abultaba más que el de un hombre" (75) es muy sugerente y no ha pasado por alto a ciertos críticos. Sadi Lakdahri considera que Guerra se debate "dans cette situation inextricable, –un sein possible reputé inexistant et un sein généreux mais inaccessible" (126). Como otros muchos símbolos, también éste posiblemente permita diversas interpretaciones. A mí me interesa referirlo a la conexión establecida por la novela entre ambas mujeres y las dos "ideas" que mueven a Guerra. El seno prominente de Leré, así como el ideal que representa, parecen prometer abundante nutrición futura que, sin embargo, no puede producirse porque ella posee un "Eterno Amante" (79) que no es de este mundo. El nuevo amor del protagonista se revela tan imposible de acabar en matrimonio como el primero, sólo que ahora no por oposición maternal sino por la índole misma de la persona amada. Lo encuentra en el ámbito familiar pero tampoco puede sobre él fundar una familia.

No sólo se revela un amor imposible sino que lo origina la imposibilidad, demostrando así Guerra nuevamente el carácter paradójico de su nueva personalidad. En un determindo momento le confiesa a Leré que "tu santidad es un estorbo para quererte y aun para decírtelo", añadiendo que "sin embargo, tu santidad me cautiva, y si tú no fueras como eres . . . se me figura que me gustarías menos" (105). El problema se le representa "un círculo doloroso del cual no puedo salir" y concluye:

> La solución sería que yo también me volviera místico, como tú, y que a lo místico nos quisiéramos; pero esto no satisface al alma. No, no, todo esto es una farsa, una comedia que hace el entendimiento para engañar al corazón. El querer de hombre a mujer y de mujer a hombre no cabe dentro de esas excitaciones artificiales de la ideología piadosa. Aquí hay un nudo que no se puede deshacer (105).

A la relación de Guerra con Dulce se oponían las convenciones sociales, el entorno español tradicionalista personificado en la madre e interiorizado después por el protagonista. A su amor por Leré, en cambio, se opone la personalidad de los amantes: el misticismo de Leré y la inclinación amorosa de Ángel fundada en la paradoja. Por ello tiene éste razón cuando lo caracteriza como un círculo doloroso y un nudo que no se puede deshacer. Ama a Leré porque encuentra una resistencia insalvable, pero simultáneamente aspira a realizar ese amor en contra de toda resistencia. La solución de quererse a lo místico la desecha desde el principio como farsa creada por el entendimiento, y sin embargo sobre esa farsa se fundamentará toda su actuación futura: decide ordenarse sacerdote sin tener fe y se convierte en reformador religioso únicamente para poner en práctica las ideas de ella.

Al igual que su decisión de creer se revela imposible por estar su personalidad cimentada en un racionalismo irrenunciable, el amor "a lo místico" de Guerra por Leré sufre la amenaza continua de una subyacente atracción física que en cierto modo lo desmiente. En un determinado momento le confiesa al cura Casado haber sufrido la tentación horrible de poseer a "la hermana Lorenza" por la fuerza (266), y en el lecho de muerte declara a su mística amante que

> la única forma de aproximación que en realidad de mi ser me satisface plenamente no es la mística, sino la humana, santificada por el sacramento, y que no siendo esto posible, desbarato el espejismo de mi vocación religiosa, y acepto la muerte como solución única, pues no hay ni puede haber otra (340).

Reconoce el protagonista nuevamente haber adaptado su amor a la índole del ser amado, y lo que antes denominaba farsa recibe ahora el nombre de espejismo. La unión mística no le satisface porque lo que él desea es fundar una familia, sugiriendo con ello nuevamente la aspiración fallida a concertar las dimensiones familiar y amorosa de su personalidad. Al no ser esto posible, la muerte como símbolo de desintegración cierra la carrera de Guerra.

Lo que he denominado segundo movimiento del personaje hacia la integración fracasa por fundamentarse en la tensión irresoluble del oxímoron. El primer movimiento, antes de percibir la revolución como quimera y morir la madre, parecía dejar abierta la posibilidad de una salida: mediante la subversión podía fundarse una nueva sociedad sobre las ideas revolucionarias, o una nueva familia sobre el amor a Dulce. El segundo en cambio se frustra por su carácter esencialmente contradictorio: las nuevas ideas constituyen una fe que se pretende adquirir racionalmente, por un acto de voluntad, y el nuevo amor tiene como objeto y causa una persona inaccesible. Esta persona es precisamente la que simboliza la tradición española, y es revelador que el incremento del sentimiento amoroso por ella se corresponda con un propósito de cambio social que podría considerarse paralelo. Lo que ahora pretenderá el protagonista será sustituir sus antiguas aspiraciones revolucionarias por ideales extraídos, no de Europa, sino del glorioso pasado nacional.

5. SIMBOLISMO ANTIPROGRESISTA DE LERÉ. LA TRADICIÓN ESPAÑOLA COMO MODELO

Tras una de sus conversaciones con Leré, queda Guerra asombrado de la profundidad de sus ideas religiosas y piensa de ella que "es figura de otros tiempos . . . asisto a una milagrosa resurrección de lo pasado" (155). De manera más precisa explicita el protagonista la referencialidad de su juicio en un diálogo con el canónigo Mancebo, tío de la mística. Tratan de convencerla sin éxito para que abandone el propósito de ingresar en un convento, y finalmente reconoce Ángel que "morder un bronce y masticarlo es más fácil que ablandar o torcer su carácter. Es de la cantera de las grandes figuras históricas, que han dejado algo tras de sí, los fundadores, los conquistadores" (138-9). La crisis de pensamiento y de conciencia que sufre Guerra le conduce simultáneamente al amor por Leré, a la fe religiosa y a la exaltación del pasado español. Tres movimientos entre los que se establecen paralelismos y asociaciones que revelan una idéntica referencialidad.

Tras la metamorfosis del protagonista, el marco de la acción se traslada de manera significativa a Toledo.[8] En los primeros recorridos por sus calles, "a Guerra se le figuraba que el mismo aspecto debía tener Samarcanda, la corte de Tamerlán. No le resultaba aquello ciudad del Occidente europeo, sino más bien de regiones y edades remotísimas" (128). El viaje a la Ciudad Imperial no implica un mero desplazamiento espacial sino también temporal, y pudiera sorprender que para representarlo recurra el narrador a la imagen de otro espacio. La comparación de Toledo con la antigua Samarcanda produce el efecto de alejar a la ciudad española del presente, pero también del ámbito o de la identidad europea. Con este ámbito y esta identidad son de hecho con los que Guerra evidencia identificarse, ya que lo remoto es relativo al punto de vista que se adopte: Samarcanda requiere un largo viaje para los europeos, pero no para sus habitantes. La tierra, de acuerdo a Ortega, "no es sólo espacio, sino tiempo" (*Obras* IV, 373), y recorriendo Brasil reflexionaba Lévi-Strauss que todo viaje implica asimismo un desplazamiento temporal (79). Conviene sin embargo, como señalé en la introducción, establecer una distinción fundamental entre aquellos viajes que tienen como destino el futuro y los que abocan al pasado.

Michèle Duchet analiza el libro de Lafitau sobre los aborígenes americanos y observa que "le véritable objet de ce discours duel est d'établir une relation entre les 'moeurs des sauvages américains' et les 'moeurs des premiers temps' " (607-8). De manera similar, tam-

---

[8] Según Francisco Ruiz Ramón, "en ninguna ciudad mejor que en Toledo podía Ángel Guerra . . . dar alimento a ese tibio despertar del deseo de vida espiritual" (71).

bién Ángel Guerra tiene la impresión de que el viaje a Toledo le conduce a tiempos remotos e incluso a espacios remotos, acentuando así la enajenación del observador respecto a lo observado. Si tenemos en cuenta que estas apreciaciones se realizan tras el fracaso revolucionario y la muerte de doña Sales, no parece que la instalación en la realidad española tradicionalista se haya efectuado por completo. Cuando examina Toledo lo hace desde un punto de vista moderno y europeo similar al que poseían Larra y Daniel Morton. Similar también al de los etnólogos en sus viajes por países exóticos; sólo que ahora lo exótico, y esto es decisivo, forma parte de la identidad propia.

Pero la estancia de Guerra en Toledo despierta en él un paulatino sentimiento de identificación con el espíritu de la ciudad. Su alma se hace "a la contemplación de la vida pasada . . . De tal modo le apasionaban las edades muertas, que se determinó en él una atroz aversión del gárrulo bullicio de la vida contemporánea" (132). El protagonista demuestra haber sufrido una transformación total que emocionalmente le desplaza de la lucha por el progreso a la seducción por el pasado. Tan radical es el cambio que incluso inocentes portavoces de la vida moderna, como carteles de teatro o periódicos, le causan un disgusto insoportable (132). La sociedad contemporánea se le figura "que lustra como el charol reciente" (149); en cambio, frente a ella, "las piedras . . . en que se encarnaba el ánima penitente de los tiempos pasados, tenía todo el atractivo que faltaba a las personas, expresión de la vulgaridad presente" (156). El descontento con la realidad circundante le había llevado a las ideas avanzadas europeas en busca de solución y, ante el fracaso, le aboca ahora a la tradición española.

Tal vez el personaje que mejor simbolice en la obra lo que Guerra considera la vulgaridad presente sea don José Suárez. Pertenece al elemento más progresista de la ciudad y "dio la última mano de barniz a su ilustración con la visita que hizo a la Exposición de París del 79" (120). La similitud con el "lustre de charol reciente" que Guerra lamentaba no merece comentario, como tampoco lo merece el nuevo viaje a Europa para adquirir ilustración. La casa de don José mezcla detalles discordantes que hacen patente su mal gusto. Lo que más desentona son unos cuadros,

> representando escenas del "Derby" y todo el malotaje insípido
> de las carreras de caballos, traídos de París por "don Suero",

como la más fina muestra de sus ilustradas aficiones, y que lucían
en la sala junto a las cornucopias procedentes del destruido mo-
nasterio de San Miguel de los Ángeles (123).

La casa, imagen de su misma persona, ofrece una refractaria
mezcla de lo español y lo europeo que se representa de nuevo con
imágenes de religión y modernidad. El apelativo de "don Suero"
parece aludir a esa sangre continental que se ha coagulado sin penetrar en el cuerpo peninsular ni vivificarlo, dejando sólo un líquido
insustancial. La creación de este personaje ejemplifica con claridad
el cambio que en el autor, y no sólo en Guerra, se ha experimentado acerca de la europeización del país. Diríase que España y Europa se conciben ahora como unidades heterogéneas, de imposible armonización; por eso la pretensión ilustrada de don Suero produce
resultados chillones y discordantes.

El Galdós de los años posteriores a *Ángel Guerra* muestra interés en reiterar sus creencias a este respecto. De manera incluso más
explícita crea en *Halma* (1895) al marqués de Ferramor, "cuya co-
rrección inglesa", si bien "inspira admiración a muchos, a pocos o a
nadie, hablando en plata, inspira simpatías" (1822). Y añade el narrador: "es que los caracteres exóticos, formados en el molde anglo-
sajón, no ligan bien o no funden con nuestra pasta indígena"
(1822). Al igual que se veía respecto a la pretendida fe racional de
Guerra y su amor por Leré, la imposibilidad de integración parece
haberse convertido aquí en una cuestión de esencias, no de circunstancias: lo español y lo europeo, cuyo paradigma como se ve oscila
entre Francia e Inglaterra, son mutuamente refractarios. ¿Implica
Galdós así que cualquier intento de europeización originará un inevitable detrimento del espíritu nacional?[9]

En su actitud respecto a Toledo evidencia don Suero la amenaza
destructora que el progreso material transpirenaico significa para
los valores tradicionales españoles. Está convencido de que "la vida
moderna no cabe aquí" y propone que "respetando los grandes mo-

---

[9] Del marqués de Ferramor, con un claro propósito ridiculizador, se dice que
desde niño "coleccionaba sellos, cultivaba la hucha y se limpiaba la ropita. Recogía
del suelo agujas y alfileres, y hasta tapones de corcho en buen uso" (*Halma* 1822).
También en *Nazarín* (1895) aparece un alcalde "ilustrado" que condena el misticismo del protagonista con razones ridículas. La estrecha relación de estas dos novelas
con *Ángel Guerra* ha sido puesta de relieve por Pérez Gutiérrez (246), Ruiz Ramón
(91), Gullón (114), Dendle (47) y Lowe (60).

numentos: Catedral, Alcázar, San Juan y poco más, debemos meter la piqueta por todas partes, y luego alinear, alinear bien" (124). Más adelante insiste en la conveniencia de derribar las murallas, el castillo de San Servando y la Puerta de Bisagra; de este modo, "con el valor de la piedra se abriría una 'arteria' entre Zocodover y la Catedral, la cual sería rodeada de jardines a la inglesa" (343). La mera presencia de este personaje ridículo, cuya brutalidad ilustrada prefiere los jardines a la inglesa a todo el tesoro artístico de su ciudad, transmite una nueva propuesta contraria a la europeización. [10] El enfrentamiento de tradición y progreso en España se percibe como una pugna entre unidades heterogéneas de imposible armonización. Pero esto no es nuevo, ya que lo observábamos también en *Gloria*. Lo que encierra de original la propuesta que ahora analizamos es su consideración de que la lucha enfrenta a dos identidades refractarias por su carácter, no por sus circunstancias históricas. La tradición ocupa todas las dimensiones de lo español, convirtiendo la europeización en un atentado contra la identidad nacional. El nuevo propósito integrador del protagonista se propondrá adecuar su punto de vista moderno a los antiguos valores españoles, pero únicamente conseguirá adquirir la tensión complementaria de la paradoja.

Muy avanzados ya sus místicos amores con Leré, y penetrado de espíritu toledano, recorre Guerra la Catedral admirando su grandeza. Alaba la unidad y la fuerza de las sociedades que juntaban todas sus energías para construir tales monumentos y piensa exaltado: "¡Renovar aquella unidad dentro de las condiciones de la edad presente, qué triunfo, qué idea tan grande! Pero, ¿quién era el guapo capaz de atreverse con ella?" (206). El guapo obviamente será él mismo, que tiene ya decidido fundar una orden religiosa nueva, el dominismo, cuyo nombre resulta de por sí altamente revelador. En conversación con Casado, expresa de manera más precisa la justifición y los fines que con ello se propone:

> ¿hemos de ser meros plagiarios de las Congregaciones extranjeras? . . . Mi obra es genuinamente española. ¿No decía usted que estamos muertos, espiritualmente hablando . . . No echaba de

---

[10] La figura de don Suero posee una clara función en la obra. No estoy de acuerdo con que "Don Suero's ideas for the business improvement of Toledo are scarcely historical or contemporaneous and are hardly associated, even remotely, with the novel's content" (Shoemaker, *The Novelistic* 66).

menos el nervio y la acción de nuestros ascetas y fundadores? . . . Verá usted, al poco de establecernos, qué energías for-
midables se concentran en nuestras manos (324).

Considero importante señalar en este párrafo algunas reinter-
pretaciones conceptuales significativas respecto a lo que en Larra y
Gloria se vio. El decaimiento espiritual de España se admite nuevamente, pero ahora no se conecta la idea de espíritu con la de avance
temporal progresivo, sino con la de fervor religioso. En consecuencia, las propuestas de fortalecimiento pueden desentenderse del
progreso temporal y virar la mirada hacia el pasado nacional en
busca de ejemplo. La finalidad del proceso la especifica el mismo
Guerra: inyectar energía en España para que supere su actual condición plagiaria y, según se implica, adquiera la capacidad de crear
"congregaciones" que compitan con las extranjeras. El proyecto no
debe entenderse, obviamente, referido tan sólo al aspecto religioso,
sino a la realidad española en su totalidad. Ante la imposibilidad de
europeizar el país, por creer que Europa y España poseen dos identidades refractarias, Guerra dirige su vista a la sociedad tradicional
española en busca de modelos.

Pero la propuesta de europeización se fundamentaba en la percepción del otro como más moderno, mientras que la nueva actitud
de Guerra se caracteriza por proponer el pasado propio como modelo de futuro y debe para ello renunciar a la interpretación integradora de la Historia humana. Las ideas avanzadas por las que
Guerra luchaba se tornan creencia, fe religiosa imposible de jerarquizar. Todos los síntomas del progreso son despreciados por el
protagonista como positivismo huero y sin sustancia, oponiendo a
la "vulgaridad económica y mecánica" del presente las "ideas grandes" que se encuentran en las más altas esferas del espíritu religioso
(319). En la nueva Orden se prescindirá "de esas reglas anticristia-
nas de la higiene moderna que ordenan mil precauciones ridículas
contra el contagio. Se prohíbe temer la muerte" (280).

La muerte final de Guerra, que él mismo califica de única solución, muestra que tanto el personaje como el autor se daban cuenta
de las contradicciones insolubles que su propuesta entrañaba.
Como el anhelo racional de fe experimentado por el protagonista y
su amor imposible por la hermana Lorenza, también la actitud ar-
caizante que defiende prueba asentarse sobre un oxímoron irrealizable: el reconocimiento de la debilidad y el atraso español frente a

Europa, posible de establecer únicamente con un criterio racional integrador de la Historia, pretende paliarse, no obstante, recurriendo a soluciones no racionales. La índole paradójica del intento se evidencia asimismo en la interacción de lo masculino y lo femenino sobre la que se fundamenta la penetración del nuevo espíritu en el protagonista.

6. ACTUACIÓN MASCULINA DE LERÉ Y AFEMINACIÓN DE GUERRA

La sustitución de las ideas progresistas por creencias religiosas se produce en Guerra mediante un proceso gradual que acarrea la inversión de los usuales referentes genéricos. Se da así el caso de que la femenina Leré, a pesar de caracterizarse por su aparente actitud de obediencia receptiva, actúa espiritualmente como varón fecundador.[11] Me interesa insistir en la índole obediente de Leré, abundantemente reiterada, para poner de relieve que no se produce un mero reemplazo de papeles, sino que se redefine el carácter femenino en sí, en cuanto identidad que se identifica con ciertas cualidades convencionalmente aceptadas (Scott 8). La pauta esencial que guía su comportamiento es la obediencia, no sólo ante doña Sales: la virgen se le apareció diciéndole que "tú has nacido para padecer y ser esclava" (73) e, independientemente de la verdad del caso, ella adecúa su vida a este mandato. Guerra en cambio hace su entrada en acción como un personaje que agresivamente lucha por imponer sus ideas, tanto en el plano social como doméstico, y el narrador describe su figura como "bien plantada y varonil" (24). En su trato con Dulce las ideas del varón se "infiltran" en la mujer (25) y sirven a ambos como norma de conducta, por lo que la relación amorosa inicial pudiera considerarse perfectamente convencional. Esta "normal" interacción de lo masculino y lo femenino no parece interesar sin embargo a los propósitos de Galdós en la obra y, consecuentemente, tras los primeros capítulos cede el centro argumental a una relación más insólita.

La convivencia del protagonista con Leré comienza a revelar inversiones significativas a partir de la muerte de doña Sales. Sin per-

---

[11] Gustavo Correa observa esta inversión, comentando que las ideas de Guerra "venían de la mujer amada. El 'matrimonio' ansiado se había realizado en el dominio del espíritu con un trueque en las funciones de hombre y de mujer" (*El simbolismo* 164).

der su mansedumbre, "la que practicaba la religión de la obediencia
ejercía la autoridad con el déspota" (74) obligándole a doblegarse a
su voluntad. Se inicia así una relación que no hará sino intensificar-
se con el tiempo y que el propio Guerra se encarga de caracterizar
momentos antes de morir: "Reconozco que mi mujer es la que lleva
aquí los pantalones . . . Ella es el alma, yo el cuerpo miserable"
(342). Obsérvese cómo la identificación entre lo masculino y el
alma o el espíritu se mantiene, sólo que se produce un cambio de
papeles que en el fondo, como se verá, significa una reinterpretación de asociaciones consideradas naturales. Desde la muerte de la
madre se inicia entre Guerra y Leré un proceso que puede calificarse como posesión espiritual del hombre por la mujer. Las ideas de
la mística se adueñan hasta tal punto del antiguo revolucionario que
éste le confiesa al cura Casado no tener pensamientos propios:
"Ella se encarga de pensar por mí" (322). Bajo su influencia decide
Ángel crear la orden dominista y, cuando medita sobre los detalles,
informa el narrador que "bullían en su mente planes y proyectos
que no eran más que las ideas de una mujer queriendo tomar en la
mente del varón forma activa y plasmante . . . Trocados los organis-
mos, a Leré correspondía la obra paterna, y a Guerra la gestación
pasiva" (180).

La insistencia con que se reitera el cambio de funciones indica
que este dato posee una gran importancia en la configuración, y
debe tenerla en la interpretación, por tanto, de la nueva personalidad y los nuevos proyectos de Guerra respecto a España. Para resaltar que no nos encontramos ante un simple caso de inversión se
preocupa Galdós por dejar claro, según ya señalé, que lo que se podría denominar actividad varonil de Leré se lleva a cabo sin menoscabo de su carácter obediente y sumiso. Guerra va más lejos y afirma que esa actividad es producto de su naturaleza femenina: "La
razón, que es el hombre, no daría de sí jamás ningún fruto, sin que
el sentimiento, o sea la mujer, no la alentara y encendiera" (287). Lo
masculino se identifica con lo racional, pero más que fecundar de
por sí, necesita el aliento de lo femenino para dar fruto. [12] Cuando
Guerra afirmaba que Leré piensa por él, debería más propiamente

---

[12] La "distinctio" en que la paradoja se fundamenta, entre el significado convencional y el nuevamente asignado, se propone en este caso expresar la "invalidez
de las normas" (Lausberg 143) respecto al género. En el fondo, se trata de una reacción defensiva: tras reconocer la incapacidad de europeizar España, reinterpreta la
condición "femenina" de su país.

decir que "siente" por él, y que, con sus sentimientos, domina la actividad racional del protagonista.

La nueva propuesta se justifica por la convicción de que el sentimiento femenino domina a la razón masculina y demuestra con ello fundamentarse en el sentimiento, no en la razón. Jill K. Conway comenta sobre los sistemas genéricos que son "binary systems that oppose male to female, masculine to femenine, usually not on an equal basis but in hierarchical order", y como ejemplo de las asociaciones simbólicas que se establecen menciona: "reason versus intuition . . . universal human characteristics versus biological specificity" (XXIX). Lo que Conway denomina intuición parece equivaler al sentimiento de Guerra, de alguna manera asociado con la especificidad individual, frente al universalismo de la razón.

El protagonista, y la obra como tal, sitúan el sentimiento femenino sobre la razón masculina, del mismo modo que exaltan la tradición española frente al progreso europeo. La conciencia de que es imposible europeizar el país produce en Guerra una crisis que le lleva de las ideas progresistas a la tradición española; de lo universal a lo particular. Debe para ello renunciar al análisis racional de los hechos y actuar conforme a una doctrina que Unamuno expresará años más tarde: "El pensamiento es un derivativo de la acción y de la pasión . . . Es, pues, natural, que el vencido urda la filosofía del vencimiento, y el vencedor la de la victoria" (*Obras* III, 834). Tanto Guerra como Galdós y Unamuno evidencian así su persuasión de encontrarse irremediablemente derrotados en el proyecto europeizador o modernizador. Afirmar, como hace el vasco, que "nuestras doctrinas no son sino la justificación a posteriori de nuestra conducta" (834) implica el convencimiento de que la conducta no puede ajustarse a las doctrinas. Es la constatación de que la sociedad peninsular carece de capacidad para modernizarse, y no la índole de lo moderno en sí, la que aboca a Guerra a la tradición. Personaje y obra aparecen plagados de paradojas porque *Ángel Guerra*, aceptada su referencialidad a la sociedad española, se fundamenta en la contradicción de proponer salidas emocionales a problemas que el autor sabía que debían resolverse racionalmente. [13] También

---

[13] Merece atención que otros discursos considerados marginales, como el feminista, intenten asimismo desacreditar la razón. Julia Kristeva, argumentando sobre lo que denomina "discourse of desire" (consciente) y "discourse of delirium", realiza una inversión significativa en la que desconecta los conceptos "racional" y "fálico" (368). Luce Irigaray, a su vez, insta a la mujer para que defienda contra la razón masculina "the prerrogative historically granted her: unconsciousness" (141-2).

a Galdós parece la razón impedirle "tener fe", y la obra termina con la muerte del protagonista como única solución posible.

La tensión dialéctica que hemos observado en *Gloria* y *Ángel Guerra*, y que es producto de una doble atracción espacio-temporal hacia lo moderno y lo propio, condiciona gran parte de la producción galdosiana. A Eamonn Rodgers le sorprende "esta añoranza del pasado cuando tenemos en cuenta la fama que tenía Galdós de escritor 'disolvente' que atacaba 'a las venerandas tradiciones de nuestros antepasados'" (*Nationalisme* 125). Las dos posiciones parecen en efecto difíciles de armonizar si no tenemos en cuenta que la segunda no obedece a una mera reivindicación del pasado, sino del pasado nacional: no se proyecta sobre coordenadas temporales, sino espaciales. La actitud de Galdós, como la de Larra y Unamuno, entre tantos otros, se caracteriza en buena medida precisamente por debatirse entre lo avanzado y lo español. Más allá de los ejemplos particulares, y desbordando las necesarias limitaciones del presente trabajo, mi propuesta es que adquiriremos una mejor comprensión de gran parte de la literatura peninsular si recurrimos a esta tensión para explicarla. [14] No me refiero exclusivamente a sus aspectos argumentales o temáticos, sino también a los ideológicos e, incluso, a los formales y estilísticos. El obcecado atraso español condenaba a sus letras, según Larra, a una dolorosa impotencia creadora, y respecto a Galdós afirma Rodgers que poseía "certain practical patriotism which made him somewhat resistant to following slavishly European fashions in the novel" (*Enlightenment* XV). Tal vez sea conveniente para comprender la tensión estilística que caracteriza la obra de Galdós, analizar su reacción a las acusaciones que se le hicieron a partir de *Ángel Guerra* de imitar a Tolstoy. [15]

---

[14] José Carlos Mainer observa la existencia de "a meaningful Spanish tradition that seeks the 'nationalization' of what, in principle, is exogenous and 'eclecticism' of what started as avant-garde" (*The Crisis* 214). Los progresistas españoles de fines del XIX se extasían, por ejemplo, según Beyrie, ante las maravillas de las Exposiciones Universales y "veulent introduire les unes et les autres dans leur pays. Mais ces techniques . . . leur apparaissent souvent comme le moyen de rendre à l'Espagne sa grandeur d'antan" (79). Se proponen por ello una "régénération condamnée à orienter en partie l'avenir vers la recherche d'un certain passé" (79).

[15] Menéndez Pelayo insinuaba la influencia unos años después de publicada *Ángel Guerra*, si bien desestimando la importancia del hecho (Rogers 71).

7. LA TRADICIÓN LITERARIA ESPAÑOLA COMO DEFENSA CONTRA
LAS INFLUENCIAS EXTRANJERAS

Las imputaciones debieron de molestarle hasta tal punto que, siguiendo la más pura tradición cervantina, consideró conveniente integrar la discusión en una de sus obras. En *Halma*, un periodista vivaracho manifiesta haber interrogado a Nazarín sobre el tema y asegura que éste, tras mostrar su sorpresa, respondió "que no conoce la literatura rusa más que de oídas, y que siendo una la Humanidad . . . viene a encontrar naturalísimo que en Oriente y Occidente haya almas que sientan lo mismo y plumas que escriban cosas semejantes" (1858). La frase final refiere las acusaciones de imitación al plano en que realmente se suscitaron: el literario. Nazarín parece constituirse así en portavoz de una reivindicación que Galdós debía considerar necesaria. Pero sorprende entonces que afirme no conocer la literatura rusa más que de oídas, cuando Vera Colin ha constatado que el autor poseía en su biblioteca de Santander ediciones en francés de *La Guerre et la Paix*, 1884, *Ma Religion*, 1885 y *Les Cosaques*, 1886. La familiaridad de Galdós con el autor de estas obras debió reforzarse con su asistencia a las lecturas sobre literatura rusa ofrecidas por Pardo Bazán en Madrid en 1887 (Colin 80).

Lo que me interesa analizar, sin embargo, no es la profundidad con que Galdós conociera a Tolstoy ni la influencia que efectivamente existiera, sino la vehemente reacción del autor español a la sugerencia de que entre ambos existiera un estrecho parentesco. En la discusión de los periodistas en *Halma* interviene don Manuel Flores un tanto airado y les reprocha que "al demonio se le ocurre ir a buscar la filiación de las ideas de este hombre nada menos que a la Rusia", ignorando que "están en el país del misticismo" (1858). A continuación añade: "Han dicho ustedes que es un místico. Pues bien, ¿a qué traer de tan lejos lo que es nativo de casa, lo que aquí tenemos en el terruño y en el aire y en el habla? . . . frutos naturales de esta tierra . . . ¿han de ser traídos de países extranjeros?" (1858).

Es muy revelador que en este párrafo se plantee lo que Harold Bloom denominaría "anxiety of influence" en términos de España frente al extranjero. Galdós no reivindica meramente su originalidad personal, sino que lo hace en cuanto español y recurre a la tradición nacional en un movimiento defensivo similar al de Ángel Guerra. Parecería así dar la razón a Larra y transparentar que su capacidad creadora está socialmente condicionada. El intento de reinterpretar los modelos extranjeros modernos a través del filtro de la tradición española pone de relieve que la conciencia de atraso afectaba también a los fundamentos de su actividad literaria. Tal vez sea necesario especificar que la consideración del espiritualismo ruso como un movimiento moderno no se fundamenta en las características del movimiento en sí, sino en un juicio procedente de Francia. La idea de modernidad se revela relacionada con la de hegemonía, pero esta última se fundamenta en la capacidad de imponer modelos más que en la de generarlos. [16] Pardo Bazán expresa claramente la diferencia, cuando asocia la nueva moda literaria con "la manía de lo exótico" que tenía lugar en el país vecino y añade que la decisión de "otorgar, no sólo a las grandes naciones, sino hasta a las razas decaídas y oscuras, el más alto derecho de ciudadanía humana, el de crear arte propio . . . es acción generosa en un pueblo directivo" (*Obras* III, 762).

La constatación de que la actividad literaria está condicionada en parte por la conciencia de identidad nacional resuelve la dificultad que Berkowitz experimentaba "to explain why Galdós resented any hint of foreign influence" (Colin 82). Es interesante observar que el crítico especifique "extranjera" y no influencia en general. La resistencia a imitar modelos que se consideran extraños motiva en Galdós un intento de nacionalizar el misticismo ruso, según se acaba de ver, pero también otros movimientos como el realismo y el naturalismo. En su Prólogo de 1901 a *La Regenta* afirma que "lo esencial del Naturalismo lo teníamos en casa los españoles desde tiempos remotos" y de los antiguos maestros "tomaron enseñanza los noveladores ingleses y franceses" (*Ensayos* 215). [17] Lo que en el

---

[16] Si entendemos el concepto de modernidad literaria como la facultad que posee un determinado grupo para irradiar su idea de lo nuevo o lo moderno, debería matizarse el convencimiento expresado por Calinescu de que "at some point during the first half of the nineteenth century an irreversible split occurred between modernity as a stage in the history of Western civilization – a product of scientific and technological progress, of the industrial revolution . . . and modernity as an aesthetic concept. Since then, the relations between the two modernities have been irreductibly hostile" (41). La idea de hegemonía está estrechamente relacionada con la de modernidad (en un sentido técnico-científico), y sólo los grupos hegemónicos poseen el prestigio necesario para imponer una determinada moda estética.

[17] La interpretación galdosiana del naturalismo reacciona con seguridad a una acusación de seguimiento de modelos extranjeros similar a la que le hicieron a propósito de Nazarín. Tras analizar algunas reseñas de la prensa de la época sobre *La desheredada*, Ignacio Javier López llega a la conclusión de que "los contemporáneos

XIX se recibe de Europa, por tanto, no es sino "la mercancía que habíamos exportado" con ciertas modificaciones, y los escritores peninsulares se encargan de devolverle su antigua naturaleza "conforme a la tradición cervantesca" (215). [18]

La resistencia a la imitación no implica una renuncia sino una reinterpretación. No es que se dejen de imitar los movimientos considerados modernos, sino que se redefinen. La imitación en sí prueba que la idea de modernidad se valora positivamente, mientras que el intento de nacionalización evidencia que el carácter extranjero de los modelos origina una ansiedad de influencia colectiva, no individual. La doble atracción hacia lo moderno y lo propio que experimentan los escritores progresistas españoles condiciona decisivamente su producción. [19] Porque no se trata meramente de que reinterpreten los movimientos europeos modernos como una recuperación de tendencias tradicionales españolas, sino que esta redefinición implica asimismo un propósito artístico que contribuye crucialmente a configurar su obra. [20] El deseo expresado por Pardo Bazán de que no se le "afilie al realismo traspirenaico, sino al nuestro, único que me contenta y en el que quiero vivir y morir" (*Obras* III, 573), hubiera podido ser firmado por la mayoría de los escritores españoles de la época, y contribuye sin duda a explicar las características peculiares de ese movimiento en el país peninsular. El doble proceso de imitación y apropiación puede hacerse extensivo a todos aquellos autores del XVIII que refunden las obras de teatro

---

de Galdós notaron desde un principio: 1) que se había operado un cambio en la forma de novelar galdosiana; 2) que dicho cambio se asemejaba al naturalismo francés" (1014).

[18] El cervantismo de Galdós encuentra así una explicación convincente. La semejanza entre Ángel Guerra y el héroe manchego es puesta de manifiesto por numerosos críticos. Véanse por ejemplo Gustavo Correa (*Hispania* 842-51), Stacey Dolgin (93), Harold Dowdle (113), D. J. O'Connor (73) y Francisco Ruiz Ramón (85).

[19] Según Francisco Caudet, Galdós se acercaba "al tema del naturalismo con una perspectiva artística en la que introducía a la vez una instancia nacionalista que utilizaba como reactivo contra la dependencia cultural de Francia" (91). El ejemplo ruso "servía para dar una nueva dimensión a esa problemática relación de la novela española con el naturalismo francés" (94).

[20] Pierre Bourdieu advierte que "one also tends to forget that the practical representations that are the most exposed to scientific criticism . . . may *contribute to producing* what they apparently describe or designate, in other words, the *objective reality* to which the objectivist critique refers them in order to show their delusions or incoherence" (220).

del Siglo de Oro siguiendo el gusto francés moderno, a los románticos que interpretan esa nueva corriente europea como una prolongación del barroco nacional (y escriben en consecuencia), así como, para terminar (aunque la lista no pretende ser, ni mucho menos, completa), a los que, como Rafael Alberti, manifiestan su convencimiento de que el surrealismo existía en la poesía popular española mucho antes de que se produjera en Francia (127-8). Juan Ramón Jiménez refleja una tensión similar entre lo moderno y lo propio cuando afirma que "lo mejor del simbolismo es tan español, por el lado de los árabes y los místicos, que cualquiera puede comprobarlo" (216-7). La nacionalización de modelos extranjeros acarrea una serie de "rhetorical strategies of hybridity, deformation, masking, and inversion", que, según Homi Bhaba, caracterizan a los discursos marginales (*Nation* 296). Basta leer a Galdós para convencerse de que la doble necesidad en que se fundamentan sus versiones del naturalismo y el misticismo puede producir resultados extraordinariamente originales. [21]

La tensión entre actitudes receptivas y defensivas, producto de la conciencia de atraso respecto a Europa, se revela de gran ayuda para explicar tanto la temática de las obras como la visión del mundo del autor y su actitud frente a la creación literaria. En *Ángel Guerra* la doble atracción parece resolverse en una afirmación defensiva de la identidad propia, pero el final trágico revela la imposibilidad armonizadora del intento. La muerte del protagonista demuestra ser la única solución coherente a la paradoja insoluble en que su personalidad se fundamenta. El fracaso del personaje refleja la conciencia del autor de que su nueva propuesta carece de salida. La imposibilidad de integración, que en *Gloria* estaba condicionada por el entorno social, se convierte ahora en absoluta por la naturaleza refractaria de los elementos que pretenden integrarse. La actitud defensiva de *Ángel Guerra* se fundamenta en la contradicción esencial de percibir racionalmente un problema que se propone solventar recurriendo a soluciones no racionales. Algo similar sucede en los escritos de Unamuno a partir de 1897, según se verá a continua-

---

[21] Sayers (82), Scanlon (99) y Mainer (*La crisis* 179) consideran que el espiritualismo de Galdós se origina en motivos similares a los que provocan la crisis finisecular europea. No necesito insistir en que estas equivalencias me parecen peligrosas: el autor español manifiesta en sus escritos poseer una problemática específica motivada por la conciencia de atraso de su país respecto a Europa.

ción. [22] Convencido de que es imposible europeizar España, reacciona con propuestas pasionales que niegan incluso la conveniencia de llevar a cabo el proceso.

---

[22] Geoffrey Ribbans propone "to establish, in the interest of greater precision, a clear-cut division between works which set out to be historical, sociological, or philosophical treatises and works in the creative genres" (14), pero la línea divisoria entre ambos niveles no es con frecuencia fácil de precisar y, además, los problemas que se tratan son con frecuencia los mismos. Aunque los críticos se propongan evitar "to speak of novels, short stories, plays, and poems in the same terms as they would of sociological essays" (Ribbans 16), conviene no perder de vista que, para comprender incluso ciertos aspectos formales de una obra literaria, es necesario averiguar lo que expresa en cuanto "ensayo sociológico".

Capítulo II

EL RELATIVISMO DE UNAMUNO: LA PASIÓN COMO FUNDAMENTO DEL JUICIO

La producción de Unamuno, extensa y compleja, parece resistir cualquier intento de explicación integradora. Especialmente algunas facetas que podrían considerarse características de su personalidad, tales como el gusto por las paradojas y las contradicciones, se diría que esquivan un análisis lógico con la evidencia de sus tensiones conceptuales. Sin embargo ¿no es posible interpretar de manera coherente lo aparentemente contradictorio? ¿No responden las paradojas a una intención determinada, a un propósito definido? Las páginas que siguen pretenden proporcionar una contestación afirmativa a estas preguntas. Si admitimos que las asociaciones ilógicas podrían ser infinitas, su materialización en términos concretos debe poseer una intención específica. Tal vez sea innecesario advertir que no me propongo estudiar la totalidad de la creación unamuniana sino, consecuente con la índole de mi trabajo, poner de manifiesto la existencia en su obra de una doble identificación con lo moderno y lo propio, cuyo análisis, según se verá, contribuye en parte a esclarecerla.

La conciencia de pertenecer a una sociedad rezagada se mantiene constante en los escritos del vasco, produciendo una veta de propuestas europeizantes que perduran hasta el final de su obra. Hacia 1898, sin embargo, comienza a juzgar irremediable el atraso nacional, y este convencimiento le lleva a plantear la pugna entre Europa y España, entre modernidad y atraso, como un enfrentamiento de identidades imposibles de jerarquizar objetivamente. Las propuestas que así se originan pretenderán que el único fundamento válido de juicio es el pasional, forzosamente relativo por depender de la personalidad del que juzga. Las paradojas, las contradicciones y arbitrariedades menudearán en sus páginas y, más allá de la mera abundancia, se constituyen a veces en el fundamento de la argumentación.

La doble fidelidad a las ideas europeas modernas y a su identidad nacional se revela difícil de conciliar. Conviene sin embargo indicar que al menos desde 1914 la realidad europea comienza a poseer para Unamuno un carácter equívoco, ya que una gran parte del Continente, como muy gráficamente advierte en "También sobre el Hispanoamericanismo", está comenzando a "deseuropeizarse". Sus escritos siguientes tendrán en cuenta la distinción y en los artículos finales lamentará la invasión del país por la Europa "troglodítica". Frente al nuevo espíritu continental opone el refugio atemporal de la España eterna (que remonta sus orígenes cuando menos al concepto de intrahistoria) y el ideal de la civilización moderna europea, que considera producto de lo que denomina tres R.R.R.: Renacimiento, Reforma y Revolución francesa (*Ensueño* 139).

La lealtad al espíritu europeo moderno se interaccionará con una gran variedad de actitudes defensivas evasivas que parecen desmentirla. En la naturaleza, por ejemplo, busca el autor protección contra el tiempo "padre de inquietudes" (*Paisajes* 76); pero este tipo de escape esencialmente temporal no interesa al propósito de mi trabajo. Frente a la evasión ocasionada por lo que Mircea Eliade denomina el "terror of history" (152), existe otra que encuentra su justificación en el "terror al otro", en la evidencia insoportable de la superioridad ajena. Se manifiesta esta segunda en planteamientos que eluden exponer la diferencia entre España y Europa en términos cuantitativos temporales (racionales por tanto) y proponen interpretaciones relativizadoras, pasionales, fundamentadas en un concepto no lineal de la Historia. Más adelante se verá cómo esta actitud defensiva contra el otro amenazante persiste en la producción de Unamuno hasta sus escritos finales: "Comunidad de lengua hispánica", de 1935, representa un claro ejemplo de ello.

Por juzgar imposible la integración de lo moderno y lo propio mediante la modernización del país, se siente forzado a intentar un nuevo recurso armonizador que, por su mismo carácter, se revela impracticable. Al igual que Ángel Guerra, también Unamuno pretenderá justificar discursivamente la valoración afectiva del país con el que se identifica o, en otras palabras, propondrá que las pasiones son superiores a la razón como método de conocimiento. Pero esta solución relativizadora, dictada por los sentimientos heridos, no puede eliminar la evidencia de ciertos hechos, como la imitación, que entrañan un juicio de valor y una jerarquización. Si el seguimiento de los modelos franceses modernos por parte de los escritores españoles sólo puede explicarse por la consideración de que lo moderno es superior ¿cómo negar la evaluación implícita de una tendencia observable? El nuevo planteamiento de Unamuno origina esencialmente un extraordinario incremento en su obra de las paradojas y contrasentidos.

La doble impotencia de Unamuno por recuperar racionalmente la fe perdida y la perdida confianza en su ser español sugiere entre ambos afanes algún tipo de relación que, no obstante, resulta arriesgado precisar.[1] ¿Es su nueva actitud respecto a la realidad española consecuencia de la crisis religiosa que sufre en 1897? Donald Shaw así lo cree, a pesar de reconocer la falta de conexión obvia o necesaria entre ambos planteamientos: Unamuno se desentiende, según él, del movimiento regeneracionista a causa de una "asociación arbitraria de ideas" entre la inexistencia de finalidad última trascendental y la resistencia a aceptar una finalidad inmanente progresiva (79).[2] La acusación de arbitrariedad en la asociación pudiera perfectamente aplicarse al crítico, en vez de al autor. En todo caso sí parece posible afirmar que a partir de "La vida es sueño" (1898) se detecta en el autor vasco una nueva interpretación esencialmente defensiva de la identidad nacional. El componente afectivo aparecía ya en escritos previos, según se verá en los ensayos de *En torno*, pero sin constituirse en fundamento esencial de la argumentación. El nuevo planteamiento, que a partir de este momento se interaccionará con las propuestas europeizantes anteriores, se vincula casi con seguridad al Desastre del 98 y probablemente a la crisis religiosa de 1897. Si bien tal vez sería conveniente no desechar asimis-

---

[1] Según Nozick, "as the agnostic Unamuno strained to return to the simple faith of his childhood, so the scholar Unamuno, steeped in many cultures, strained centripetally to relate always to a genuine 'casticismo' " (31). Ilie por su parte asegura que "the structures of psychological and cultural experiences are the same" (*Unamuno* 274).

[2] También Sánchez Barbudo estima que la actitud trágica de Unamuno frente a España es "una consecuencia de su crisis religiosa" (*Estudios* 56). De manera más radical aún, asegura López Morillas que "ninguno de estos hombres [del 98] pretendió resolver problema alguno que no fuera de índole personal" (226-7). Si se considera que una de las dimensiones de lo personal reside en su identidad social, la afirmación tal vez pueda aceptarse sin reparos.

mo en su gestación la responsabilidad de ciertas lecturas "europeas modernas". [3]

Centraré mi análisis en los cinco ensayos de *En torno al casticismo* (1895) y en el artículo de 1906 "Sobre la europeización", por considerar ambos textos representativos del diferente efecto que la necesidad afectiva ocasiona en los escritos de Unamuno. Los primeros evidencian una actitud en que predomina la propuesta de asimilar el espíritu continental, si bien en cierto modo disfrazada por la presencia del concepto de intrahistoria, mientras que en el segundo la reivindicación de la identidad propia ocupa el centro de la argumentación, aunque no desaparezcan las recomendaciones a europeizarse.

1. AMBIGÜEDAD DEL CONCEPTO DE INTRAHISTORIA. CONFUSIÓN DEL IDEAL ABSOLUTO Y EL PROGRESIVO

Aunque los cinco ensayos de *En torno al casticismo* ofrecen una indudable recomendación de apertura al espíritu continental, es revelador sin embargo que esta sugerencia resulte interferida por la creación del difuso concepto de intrahistoria. ¿Por qué recurre Unamuno a introducir en su argumentación un componente que sólo contribuye a dotarla de ambigüedad? La apertura a Europa se juzga beneficiosa e indispensable para España, pero se interpreta asimismo como una recuperación de la identidad nacional profunda, fundamentando la integración contradictoria de ambos movimientos, según se verá, en el empleo anfibológico del concepto "universal humano". ¿Nos encontramos tal vez frente a un recurso injustificado o superfluo? [4]

---

[3] Según Keith W. Hansen, si en *Del sentimiento trágico de la vida* Unamuno cita "almost exclusively, European thinkers in an essay which purports to show 'el alma de un español [Unamuno] y en ella el alma española,' Unamuno says it is because 'todas las almas humanas son hermanas' " (69). La justificación apenas consigue encubrir el hecho de que, como el mismo Unamuno admite, su pensamiento se orienta constantemente a Europa "y de sus obras nutro sobre todo mi espíritu" (*El Porvenir* 659).

[4] Maeztu recurre a un concepto similar de "pueblo", señalando de manera más explícita el carácter defensivo que posee frente a los deprimentes sucesos históricos: "Podrán los cañones de los yankees cerrar el libro de nuestra historia colonial . . . pero, rascando un poco en la agrietada superficie social, se encuentra siempre el pueblo sano y fuerte, fecundo y vigoroso" (111).

Comienza el primer ensayo planteando la pugna que en suelo español enfrenta a casticistas y europeizantes, y lo hace en términos significativamente similares a los utilizados por Cadalso un siglo antes en la introducción a sus *Cartas marruecas*, o por Feijoo mucho antes aún, en el "Paralelo de las lenguas castellana y francesa". Afirma Unamuno que "desde hace algún tiempo se ha precipitado la europeización de España; las traducciones pululan que es un gusto" (785), y considera que sus paisanos se dividen ante el hecho en dos bandos. A los que se quejan amargamente de estar perdiendo la identidad y gritan con Michelet: "¡Mi yo, que me arrancan mi yo!", se oponen "los despreciadores sistemáticos de lo castizo y propio" que manifiestan "un voto análogo al que dicen expresó Renán cuando iban los alemanes sobre París, exclamando '¡Que nos conquisten!'" (785). La invasión del espíritu europeo, patente en la proliferación de traducciones, no puede significar otra cosa sino la constatación del atraso español, de su debilidad espiritual frente al Continente. La contienda entre tradición y progreso se continúa interpretando como un enfrentamiento nacional con Europa en el que los peninsulares oscilan entre la alabanza desmesurada de lo extranjero y el repliegue defensivo hacia la identidad propia. Frente a estas dos actitudes extremas imagina Unamuno haber encontrado una solución integradora: "Lo mismo los que piden que cerremos o poco menos las fronteras y pongamos puertas al campo, que los que piden más o menos explícitamente que nos conquisten, se salen de la verdadera realidad de las cosas, de la eterna y honda realidad" (786).

El intento armonizador de Unamuno no pretenderá reinterpretar la tradición española como progresiva (al modo de Cadalso) o el progreso europeo como español (a la manera de Galdós en *Gloria*), sino que bucea en la eterna realidad de las esencias que le descubre lo humano universal; lo que más adelante denomina la intrahistoria o "lo inconsciente en la historia" (793). En ese nivel desaparecen efectivamente todas las identidades, aunadas en una común humanidad previa a toda definición (si es que aceptamos que lo no consciente en cuanto tal pueda considerarse con propiedad humano). Pero ¿qué sentido tiene recurrir a lo inconsciente para plantear un problema originado en la conciencia racional de atraso frente a Europa?

Considera Unamuno que existe una tradición eterna, a modo de sustancia universal humana sobre la que se fundamenta todo progreso, y propone que ésa es la "que deben buscar los videntes de todo pueblo, para elevarse a la luz, haciendo consciente en ellos lo que en el pueblo es inconsciente, para guiarle así mejor" (794). [5] La propuesta, qué duda cabe, es tan ambigua que podría dar lugar a todo tipo de exégesis; porque ¿quién decide el carácter y las aspiraciones de ese inconsciente colectivo? El término videntes parece aludir a algún tipo de interpretación intuitiva que ciertas personas podrían realizar del alma popular. Un poco más adelante sin embargo concreta el proyecto con mucha mayor precisión. Critica acerbamente a los españoles nostálgicos del pasado porque, según él, lo que hay que rescatar no es la tradición histórica sino

> la tradición eterna, madre del ideal, que no es otra cosa que ella misma reflejada en el futuro. Y la tradición eterna es tradición universal, cosmopolita. Es combatir contra ella, es querer destruir la humanidad en nosotros . . . evitar o retardar nuestra absorción en el espíritu general europeo moderno (797).

La ambigüedad del concepto intrahistoria o tradición eterna se acentúa cuanto más específica se hace la propuesta de Unamuno. ¿Cómo puede la tradición eterna proyectarse en un ideal futuro? Los términos equiparados son esencialmente heterogéneos, tal como evidencia la identificación que a continuación se realiza entre tradición eterna universal y espíritu europeo moderno. [6] La conside-

---

[5] La relación entre el elemento social consciente y el inconsciente se especificará posteriormente de manera menos equívoca. En "Glosas a la vida" (1904) distingue que "toda materia prima necesita de forma que la anime, y la opinión pública es forma, y forma que no brota de la materia popular . . . La consciencia del país es liberal, sea lo que fuere su inconsciencia" (*Mi Religión* 309-10). En "El español . . . conquistador" (1915), de manera incluso más nítida, considera que "si la españolidad ha de ser, como no puede ser menos, una categoría histórica", el español "tiene que conquistar su españolidad. Y no dando voces, el muy troglodita, desde su caverna prehistórica o más bien subhistórica –o intrahistórica– . . . tiene que hacer luz en las fantasmagóricas penumbras cavernarias de su historia pasada, y hacerse histórico, hacer su historia" (*España* 753-4). El concepto de historia, sin embargo, no siempre se asocia tan claramente con la conciencia racional.

[6] Ciriaco Morón había ya observado que "la intrahistoria es un concepto inmensamente equívoco porque contiene en sí el elemento 'humanidad', el ideal de la historia que había creado el racionalismo a partir del siglo XVIII, y que debía conseguirse como obra del espíritu y la cultura; y al mismo tiempo identifica esa 'humanidad' con el pueblo inculto y primitivo" (163). Lo que pretendo demostrar es que ese carácter equívoco se trata de un componente indispensable para comprender el sentido de la obra.

ración del espíritu europeo como moderno implica una interpretación racional integradora de todas las entidades sociales en una escala temporal única. En este sentido sí podría considerarse universal; pero ¿cómo integrar lo eterno en este esquema de base temporal? ¿cómo compaginar la intrahistoria inconsciente con el progreso europeo? La empresa parece irrealizable; sin embargo Unamuno intenta llevarla a cabo recurriendo a un empleo equívoco del concepto "universal humano".

A los que piden una ciencia española les reprocha no darse cuenta de que todas las representaciones del mundo, a pesar de diferir según las personas y pueblos, "se reducen a unidad, que si no los hombres no se entenderían, y esa unidad fundamental de las distintas representaciones humanas es lo que hace posible el lenguaje y con éste la ciencia" (787). Juzga por ello Unamuno que no puede en rigor hablarse de ciencia nacional alguna: al igual que la lengua, también lo científico levanta sus cimientos sobre una especie de sustancia universal que todos los hombres comparten. El factor unificador no es aquí meramente inconsciente sino que reside en un fondo común de humanidad que permite a las personas poder considerar propia cualquier realización individual o social. Se mueve Unamuno en un nivel que, según se verá a continuación, caracteriza como esencial y estático.

Las distintas representaciones del mundo se reducen a unidad y el pecado original consiste en "la condenación de la idea al tiempo y al espacio, al cuerpo. Así vemos que el nombre, cuerpo del concepto, al que le da vida y carne, acaba por ahogarlo muchas veces si no sabe redimirse" (788). Las ideas se conciben como anteriores a su materialización en los distintos lenguajes. Eliminar la cobertura espacio-temporal de los nombres significa acceder al nivel universal, a la unidad esencial en la que todas las representaciones del mundo se fundamentan. Considera Unamuno que en las conceptualizaciones humanas existe una doble dimensión que distingue el ideal de validez absoluta y el plano concreto en que se materializa. Para alcanzar el primero es necesario redimir las ideas, despojarlas del cuerpo material en que se individualizan. Por ejemplo la ciencia, aunque ineludiblemente naciera ligada a lenguas y naciones específicas, "moriría si poco a poco no fuera redimiéndose, creando su tecnicismo según crece, haciéndose su lengua universal conforme se eleva de la concepción vulgar" (788). La depuración progresiva parece entenderse un tanto contradictoriamente como proceso de recuperación, de vuelta a los ideales primigenios previos a toda materialización.

Las fórmulas del lenguaje técnico constituyen para Unamuno el paradigma que mejor expresa lo que entiende por estilización de los nombres hacia el mundo absoluto de las ideas. La ciencia se purifica de sus orígenes, "se despoja poco a poco del lenguaje vulgar, que sólo expresa cualidades para revestirse del 'racional', científico, que tiende a expresar lo cuantitativo" (789). El ascenso al ideal se produce mediante un proceso de racionalización que calibra cuantitativamente lo cualitativo individual y lo reduce a fórmulas universales, al modo de las utilizadas por la Química, la Física y las Matemáticas. Unamuno desearía que el proceso alcanzara a todas las manifestaciones de lo humano; no sólo a las científicas, sino también a las artísticas y literarias. Pero "el arte no puede desligarse de la lengua tanto como la ciencia" y posee por ello mayor sabor castizo, si bien "hay un arte eterno y universal, un arte 'clásico', un arte sobrio en color local" (791) que se eleva sobre los particularismos de la sociedad que lo produce. A ese arte pertenece Cervantes, que en su obra inmortal "de puro español llegó a una como renuncia de su españolismo, llegó al espíritu universal, al 'hombre' que duerme dentro de todos nosotros" (791).

Otra vez nos conduce Unamuno al mundo inmutable de las esencias humanas, universales y eternas, que pueden alcanzarse sin renunciar a lo castizamente español; a las que se llega incluso mediante la profundización en las esencias nacionales. Sin embargo, en la misma página parece el autor asociar de nuevo ese ámbito absoluto con el espacio transpirenaico. Recomienda que se abra la literatura nacional a la europea y la lengua española a las voces procedentes del continente, ya que "a una invasión de atroces barbarismos debe nuestra lengua gran parte de sus progresos, verbigracia, a la invasión del barbarismo krausista, que nos trajo aquel movimiento tan civilizador en España" (791).

Cuando la propuesta de Unamuno se concreta al caso español su discurso se tiñe nuevamente de referencias temporales, y la recuperación de lo humano eterno que duerme en el inconsciente colectivo parece que deba realizarse mediante la asimilación del espíritu progresista europeo. Hablo de espíritu porque para el escritor vasco la lengua "es la sangre del espíritu" (*Obras* IV, 390). España precisaría según esto una transfusión de sangre continental para progresar y ponerse a la altura de los tiempos, a la altura de Europa. La necesidad de nuevas palabras encubre la carencia de ideas que en ellas toman cuerpo. ¿Son esas ideas foráneas las mismas que Unamuno situaba en el ámbito eterno y universal de lo humano? Todos los indicios textuales parecen así evidenciarlo; de ahí la contradictoria incitación a "europeizarnos y chapuzarnos en pueblo" (867), donde la apertura a Europa implica una recuperación de lo humano intrahistórico que duerme en los españoles. Pero ¿por qué recurrir al espíritu progresivo europeo en busca de valores universales y eternos? ¿Por qué, si existen inconscientes en todo hombre, no es posible recuperarlos introspectivamente?

Se confunden en el discurso unamuniano un concepto estático de las ideas, y de lo humano en general, con otro dinámico temporal. La adquisición de las ideas eternas parece llevarse a cabo, de manera paradójica, mediante un proceso progresivo en el que los europeos modernos, por más avanzados, se encuentran más cerca de ellas. Por eso para los españoles el descenso a la intrahistoria pasa por la apertura a Europa. La insoluble contradicción que tensa el argumento se fundamenta en la pretensión de adquirir racionalmente verdades eternas.

Si el camino a lo eterno es progresivo, como paradójicamente propone el texto, deberá de existir alguna forma de medir el avance. Resulta revelador en este sentido, según se acaba de ver, que Unamuno conciba lo racional como el poder humano que permite transformar lo cualitativo en cuantitativo. Evidentemente se refería allí a la depuración del nombre para convertirlo en fórmula; pero respalda con su consideración el juicio, varias veces reiterado en este trabajo, de que la facultad integradora es patrimonio de la razón. La noción de progreso como avance cuantificador de las distintas identidades cualitativas sobre una línea temporal única, puede tan sólo fundamentarse sobre una interpretación racional progresiva de los hechos humanos imposible de armonizar con el concepto de ideas universales y eternas. La propuesta de abrirse a Europa para alcanzar la universalidad de lo intrahistórico se fundamenta en dos visiones opuestas del mundo, una dinámica y otra estática, que pretenden vanamente integrarse.

2. EL CONCEPTO DE INTRAHISTORIA DESEMPEÑA UNA FUNCIÓN
DEFENSIVA

La constatación de que *En torno al casticismo* levanta su edificio
argumental sobre una irresoluble contradicción interna plantea
nuevamente el interrogante: ¿qué motivos tiene Unamuno para recurrir al concepto equívoco de intrahistoria en un discurso destina-
do a proponer la necesaria europeización de España? Porque hay
que tener en cuenta que la recomendación de abrirse al espíritu
continental es patente, a pesar de las interferencias provocadas por
el incesante recurso a lo eterno.[7] Al final del libro estima el autor
que "el porvenir de la sociedad española espera dentro de nuestra sociedad histórica, en la intrahistoria . . . y no surgirá potente
hasta que le despierten vientos y ventarrones del ambiente europeo . . . España está por descubrir, y sólo la descubrirán españoles
europeizados" (866).

El papel activo para fomentar el cambio corresponde a un influ-
jo europeo que, como en *Gloria*, se representa con imágenes eóli-
cas. Lo intrahistórico español se equipara al espíritu nacional propiamente, durmiendo a la espera de esa mirada europea que servirá
para dotarlo de conciencia de sí. Esto es lo que parece implicar
Unamuno cuando alude a la necesidad española de adquirir el
punto de vista europeo para descubrir su país. Nuevamente la exi-
gencia de viajar, de conocer al otro para conocerse. Asegura el autor
que "las civilizaciones son hijas de generación sexuada, no de bro-
tes" (853), y en la relación que propone con el Continente parece
reservar a su país una posición fundamentalmente receptiva. Cuando recomienda "fe en que siempre seremos nosotros, y venga la
inundación de fuera" (867), el aluvión al que urge franquear la entrada adquiere resonancias fecundadoras, de flujo vivificador forá-
neo e indispensable.

La invitación a empaparse en el líquido continental se ve prece-
dida de un ruego a eliminar prevenciones y tener "fe en que siempre seremos nosotros". Evidencia así Unamuno poseer dos preocu-

---

[7] Fernández Turienzo (581) y Aranguren (80) no dudan que el Unamuno anterior a 1898 adopta una actitud favorable al desarrollo. La línea divisoria se adelanta
para Maravall en varios años, de modo que en la argumentación de *En torno* reconoce "ya irreversible lo que va a ser su pensamiento visceral durante más de cuaren-
ta años" (*CHA* 139).

paciones: convencer al lector de que es necesario europeizarse pero también persuadirle, o persuadirse, de que es posible hacerlo sin poner en peligro la identidad propia. Poco después vuelve a repetir el doble cuidado, asegurando que sólo "empapándonos en el ambiente continental, teniendo fe en que no perderemos nuestra personalidad al hacerlo . . . regeneraremos esta estepa moral" (869). Los españoles deben tener fe en que la apertura a Europa no pondrá en peligro su identidad nacional. Pero ¿es que existe el riesgo de que esto suceda? Criticando a los que se resisten a la invasión de la literatura y la lengua francesa, advierte el autor que "el barbarismo será tal vez lo que preserve a nuestra lengua del 'salvajismo' " (791). Por bárbaro entiende el espíritu exógeno que con la lengua se introduce, mientras que el término salvaje evoca un tipo de vida en contacto con la naturaleza, "un genre de vie animale, par opposition à la culture humaine" (Lévi-Strauss, *Race* 20). La relación entre Europa y España tiende a interpretarse como una especie de acoplamiento en el que la sociedad peninsular necesita del aliento ajeno para animar.

Unamuno descubre la raíz del problema cuando deplora que "el mal no está en la invasión del barbarismo, sino en lo poco asimilativo de nuestra lengua" (791). Pero si el país necesita de la cultura continental para eludir la vida salvaje y al mismo tiempo carece de capacidad para asimilarla ¿qué solución cabe? La impotencia para integrar parece posibilitar únicamente dos alternativas: permitir al espíritu continental que ocupe el "cuerpo" español, siendo así integrado en él, o aprestarse a la defensa de la identidad propia, aun a riesgo de persistir en el "salvajismo". Ninguna de las dos opciones resuelve la doble necesidad que el autor experimenta de acceder al espíritu europeo desde su identidad española, de empaparse en el flujo continental sin que el carácter propio se disuelva. La correspondencia que poco después de *En torno* mantuvo con Ganivet proporciona información importante para comprender el sentido de esta que denomino doble necesidad. A pesar de asegurar el vasco que "me oriento constantemente al extranjero, y de sus obras nutro sobre todo mi espíritu" (*El Porvenir* 659), anteriormente había propuesto que "un pueblo nuevo tenemos que hacernos sacándolo de nuestro propio fondo, Robinsones del espíritu, y ese pueblo hemos de irlo a buscar a nuestra roca viva en el fondo popular" (646). Sin embargo, si personalmente reconoce orientarse hacia Europa ¿cómo interpretar la propuesta de solución robinsoniana?

En el primer ensayo de *En torno* reprocha el escritor que "es una idea arraigadísima y satánica, sí, satánica, la de creer que la subordinación ahoga la individualidad, que hay que resistir a aquélla o perder ésta" (786). El planteamiento de creación autónoma en *El Porvenir* revela sin embargo que para Unamuno la desconexión no era tan clara: ¿qué explicación dar, si no, a la recomendación de extraer un nuevo espíritu del fondo popular, cuando la experiencia personal del autor evidenciaba la ineludibilidad de recurrir a la Europa moderna para ello? Se debate el vasco desde esta etapa inicial entre las necesidades de subordinación e independencia espiritual. Como más adelante expresará, parece considerar ya que debemos "aprender de ellos, sí . . . pero sin rendirnos a su espíritu" (*Obras* III, 732).

Desde el comienzo del libro manifiesta Unamuno, según se vio, su intento de proporcionar un planteamiento nuevo de la relación con Europa que supere las posturas extremas de apertura descaracterizadora y cerrazón defensiva. La noción de lo intrahistórico responde a este objetivo. A la integración producto de un proceso histórico que sólo podrá completarse con la europeización de España, se superpone otra "integración" conceptual que interpreta la apertura al Continente como un modo de profundizar en el ser nacional. Frente a los que piden que les conquisten y los que cierran temerosamente las valvas nacionales, anverso y reverso de una misma convicción que supone fatal para España la europeización, se propone Unamuno demostrar que la necesaria apertura al Continente no pondrá en peligro la identidad propia.

La única argumentación históricamente, racionalmente, válida en este sentido hubiera sido la suposición en España de la fuerza integradora necesaria para ello. Unamuno, sin embargo, reconoce la escasa capacidad asimiladora del espíritu español y recurre al concepto de lo intrahistórico para interpretar la entrega al otro como una adquisición de esencias universales, eliminando de este modo la tensión originada por la evidencia de encontrarse ante un adversario más fuerte. La invención del concepto de intrahistoria se propone armonizar, pero no histórica sino conceptualmente, la necesidad de apertura y el temor a la descaracterización. La irresoluble tensión argumental del texto no es por tanto gratuita, sino que encuentra su justificación en la existencia de una actitud defensiva que, por serlo, incurre en contradicciones de sentido y fallos de lógica. Intenta Unamuno armonizar en los ensayos de *En torno* los "dos amores" que, según piensa, constituyen el espíritu patriótico: "El desarrollo del amor al campanario sólo es fecundo y sano cuando va de par con el desarrollo a la patria universal humana; de la fusión de estos dos amores, sensitivo sobre todo el uno, y el otro sobre todo intelectual, brota el verdadero amor patrio" (853).

Si, como el mismo Unamuno afirmará más tarde, "los estudios de psicología colectiva de un pueblo cualquiera, hechos por un hijo del mismo pueblo, son estudios de psicología introspectiva" (*España* 734), debió el autor darse cuenta en su introspección que las dos pasiones por él experimentadas se encarnaban en distintos objetos amorosos. Mientras la parte sensible o emotiva de su persona se entrega sin reservas al solar patrio, el desarrollo de la actividad intelectual le conduce a ese espíritu europeo considerado más adelantado y, por tanto, más fuerte o mejor. Esta fragmentación de su identidad, extensible a todos los españoles que pretenden modernizar el país, es la que intenta resolver proponiendo la europeización del país. Pero el temor a perder la identidad propia le fuerza a crear una noción equívoca que replantea el proceso. El concepto jánico de lo intrahistórico (una cara mirando al devenir histórico, la otra a las esencias eternas) no modifica la propuesta central de europeización, sino que la reinterpreta creando contradicciones lógicas. Que estas contradicciones se produjeran voluntaria o involuntariamente, resulta irrelevante para mi análisis. Lo que me interesa destacar es que se originan en la introducción de un concepto que se puede seguramente considerar innecesario para el mensaje central de apertura a Europa, pero no para la argumentación discursiva, explicable tan sólo como producto de una tensión entre las necesidades racionales y emotivas del autor.

La noción de la España eterna, que refiere a lo inconsciente en la historia así como a una idea de espíritu nacional desligado del tiempo como progreso racional, persistirá largamente en la obra de Unamuno. Tras los ensayos de *En torno*, sin embargo, en algunos de los artículos de los años veinte y treinta como "¡Montaña, desierto, mar!" (1924) y "La antorcha del ideal" (1931), desempeña un papel lenitivo frente a las adversas circunstancias nacionales del momento, pero se disocia de las propuestas europeizantes y pierde por tanto su carácter protector frente a la modernidad europea. Ese carácter es propiamente el que interesa a mi estudio y el que me he detenido en analizar. A partir de 1898 se intensificará la presencia de componentes defensivos en la obra de Unamuno, si bien utilizando otros recursos distintos del intrahistórico. Su importancia en ciertos casos llegará a ser tan decisiva que se convierten en el eje central de la argumentación y condicionan radicalmente las soluciones propuestas.

3. LA REACCIÓN PASIONAL DEFENSIVA SE INTENSIFICA

En el artículo "Sobre la europeización" advierte Unamuno al lector desde el mismo subtítulo, "arbitrariedades", que no pretende fundamentar sus juicios en la coherencia y en la lógica. El componente afectivo, que los ensayos de *En torno* supeditaban a una central propuesta racional de apertura a Europa, se convierte ahora en el eje central de una argumentación cargada de afirmaciones gratuitas y contradicciones. El equilibrio que preconizaba entre actitudes europeizantes y castizas, y que conseguía mantener, superficialmente al menos, recurriendo al concepto de intrahistoria, se inclina en este artículo decididamente hacia la parte nacional o subjetiva. Pero ¿qué motivos justifican el cambio?

Comienza el ensayo aludiendo a los "tópicos regenerativos que venimos repitiendo casi todos" (925) y que se concretan en reiteradas llamadas a la necesidad de europeizarse y modernizarse. Acto seguido califica de vaga la propuesta progresista, y casi sin motivo que lo justifique advierte estar procediendo en su argumentación "fuera de la lógica europea moderna", porque "no quiero más método que el de la pasión; y cuando el pecho se me hinche de disgusto, de repugnancia, de lástima o desprecio, dejo que del cogüelmo del corazón hable la boca y salgan las palabras como salieren" (925). Le interesa dejar claro desde el principio que sus juicios le desbordarán del corazón, como consecuencia de un estado de ánimo en el que predominan la irritación y el disgusto. Al lector le asalta inmediatamente la pregunta: ¿por qué se encuentra enojado el autor en el momento de escribir el artículo? Diríase que la repugnancia debe estar conectada de algún modo con el tema que trata; tal vez siente hastío por la machacona insistencia con que se repite el soniquete de la europeización. De manera significativa, en el siguiente párrafo reproduce la acusación hecha a los españoles de que "somos, dicen, unos charlatanes arbitrarios, que rellenamos con retórica los vacíos de la lógica" (925). La forma indefinida "dicen" deja sin especificar la procedencia del juicio, si bien puede intuirse una estrecha relación del sujeto que lo pronunciara con los europeos modernos.

Ante tal imputación, que se supone despectiva, no reacciona Unamuno con excusas o negaciones, sino que se apresta a reinterpretarla positivamente. Y lo hace de una manera que en principio al menos podría resultar sorprendente. La arbitrariedad, la pasión, la falta de lógica son elementos que, según él, caracterizan asimismo la prosa de San Agustín, "el gran africano antiguo", y prosigue: "He aquí una expresión 'africano antiguo' que puede contraponerse a la de 'europeo moderno', y que vale tanto, por lo menos, como ella" (926). La afirmación de los valores nacionales frente al espíritu europeo se lleva a cabo asimilando lo español en el concepto de lo africano. El lector es consciente de que "uno de los vejámenes internacionales más repetidos es el que equipara a España con África, recogido ya por Feijoo" (Menéndez Pidal 190), y se da cuenta de que el escritor vasco está procediendo a reivindicar un título generalmente considerado vejatorio. [8] En el siguiente párrafo comenta su peregrinación "por diversos campos de la moderna cultura europea" (926), y la certeza que ello le produce de poseer una identidad ajena al espíritu transpirenaico. El conocimiento de la cultura moderna se supone que ha provocado en él una poderosa atracción, como demostraba la propuesta de *En torno*, pero ahora sorprendentemente niega cualquier tipo de identificación con Europa. Tras el "viaje" al Continente, dirige introspectivamente hacia su ser la mirada que deambuló por libros extranjeros y se pregunta si "eso de no sentirte europeo ni moderno, ¿arranca acaso de ser tú español? ¿Somos los españoles, en el fondo, irreductibles a la europeización y a la modernización? Y en caso de serlo, ¿no tenemos salvación? ¿No hay otra vida que la vida moderna y europea? ¿No hay otra cultura, o como quiera llamársela?" (926).

Las preguntas de carácter retórico implican el convencimiento de que lo español y lo europeo son inasimilables, tal como más adelante se encarga de confirmar cuando acusa a sus compatriotas europeizados de estar llevando a cabo "un hórrido mestizaje espiri-

---

[8] La actitud del vasco encuentra un eco tardío en *Sintiendo a España* (1942), de Azorín. A Silvino Poveda, que por todos los indicios parece proyectar la personalidad del autor en la obra, "le parecía –no se lo decía a nadie– que estuviese antaño errado en su concepto de europeísmo . . . Si España era África, ¿por qué habíase de atribuir un concepto denigrativo a tal semejanza?" (Franco 412).

tual, casi un hibridismo infecundo" (933). Al comienzo de *En torno* afirmaba que "si bien es dañoso y hasta infecundo a la larga todo cruzamiento de razas muy diferentes, es sin embargo fuente de nuevo vigor y de progreso" el cruce de castas donde las diferencias no predominen sobre las analogías (783). La argumentación que allí seguía confirmaba la consideración positiva que a Unamuno le merecía el engarce de lo español y lo europeo; ahora sin embargo parece haber cambiado de opinión y lo juzga dañino y esterilizante.[9] Lo que revela Unamuno de este modo es su creencia de que los elementos que diferencian al pueblo español del europeo son excesivamente acusados para posibilitar cualquier integración fecunda. Por razones difíciles de especificar, entre las que la situación española no desempeñará seguramente un papel de segunda importancia, la imposibilidad histórica de europeización comienza a juzgarse fundamentada en el carácter nacional y a ser percibida como absoluta. La propuesta de apertura al espíritu continental formulada en los ensayos de *En torno* revela ahora su inadecuación, puesto que por enfrentar a dos identidades refractarias, podría sólo acarrear efectos destructivos.

El problema del atraso español se convierte así en insoluble.[10] Porque es preciso constatar que la convicción unamuniana de que

---

[9] Tal vez se pueda comprender mejor el ambiente intelectual en que estas reflexiones surgían, si constatamos que el problema de la mezcla de razas ocupaba a un buen número de pensadores de la época. En 1894 publica Le Bon las *Lois psychologiques de l'évolution des peuples*, obra en la que juzga muy negativo para los pueblos el efecto del mestizaje. Los escritores hispanoamericanos, lógicamente muy preocupados por el tema, dedicaron innumerables páginas al asunto, llegando (bajo la influencia de autores europeos) a conclusiones desoladoras para sus países. Carlos Octavio Bunge afirmaba, por ejemplo, en *Nuestra América* (1903) que se llama "mestizo al vástago de dos animales pertenecientes a distintas variedades de una misma especie; híbrido, al producto de individuos de dos diversas especies de un mismo género . . . En el género humano el problema se complica más aún. ¿Es posible el hibridismo?" (137). Más adelante lo confirma y opina que "podría llamarse al cruce hispanonegro, simple mestizaje; al hispanoindio o afroindio, verdadera hibridación" (145). Cuando Unamuno considera "hibridismo infecundo" el cruce de lo español y lo europeo, su discurso se integra en una línea de pensamiento bien definida, independientemente de que la acepte.

[10] Paul Ilie pone de relieve la convicción experimentada por Unamuno de encontrarse ante una doble pugna sin solución, personal y social: "Unamuno found his private war duplicated and enlarged in his country's historical condition, and he described the task of both man and nation as the identical need to reconcile incompatible value systems" (*Unamuno* 277). Sin embargo, conviene advertir que los ensayos de *En torno* evidencian la existencia de una etapa en que la armonización social se consideró posible.

es imposible integrar su entorno social en el europeo no afecta a la percepción de Europa como modernidad. Lo que confirma que bajo su nuevo discurso esencialista continúa poseyendo una concepción de la historia como desarrollo lineal. La argumentación no se centra en disputarle al otro su posición avanzada, sino en replantear lo que eso significa, con el propósito evidente de exaltar pasionalmente lo propio. [11] La conciencia de irreductibilidad al espíritu europeo moderno provoca una reacción en el autor que le lleva a preguntarse si no habrá entonces salvación para los españoles. Por salvación entiende la posibilidad de que exista otra vida o cultura fuera de la que representan los países más desarrollados.

4. UNA IRRENUNCIABLE NECESIDAD DE SER SUJETO

Cuando dice "vida" parece que debemos inferir vida humana, de la que la cultura es manifestación imprescindible. Sus preguntas se deberían según eso interpretar como: ¿existe la posibilidad de poseer una cultura, y de comportarnos como seres humanos por tanto, sin pertenecer a esas sociedades que representan las formas más avanzadas del progreso? La cuestión podría considerarse gratuita si olvidamos que los ensayos de *En torno* concluían con una recomendación final a adquirir mirada europea para descubrir España, recurriendo al uso de una imagen que empleará asimismo Ortega años más tarde: "Sólo mirada desde Europa es posible España" (*Obras* I, 138).

Para mejor comprender el sentido de esta necesidad tal vez convenga explicitar su similitud con la enajenación que, según Albert Memmi, experimentan los individuos de sociedades colonizadas cuando se esfuerzan por asimilarse a los colonizadores: "the first ambition of the colonized is to become equal to that splendid model and to resemble him to the point of disappearing in him . . . looking at his own people through the eyes of their procurer" (121-3). Hant Hawkins analiza a su vez la relación que Conrad establece en *Outcast* entre un hombre europeo, Willems, y una mujer nativa. En un determinado momento Aissa le mira fijamente, y él se incomoda

---

[11] Iris Zavala (181), Inman Fox (*La crisis* 230) y Paul Ilie (*Unamuno* 269) han sugerido la existencia de una estrecha relación entre la incapacidad para reformar el entorno español y la actitud intelectual adoptada por Unamuno.

porque "her gaze, like Sartre's 'look', transforms her into the subject and him into the object. Willems cannot stand this. As a white, he is supposed to be the subject" (76). El acto de mirar se asocia con la posibilidad característicamente humana de analizar y juzgar, de convertirse en sujeto.

Cuando Unamuno propone en los ensayos de *En torno* que "España está por descubrir y sólo la descubrirán españoles europeizados" (866) ¿no está implicando que el país necesita asumir la mirada europea para conocerse? Únicamente el espíritu continental podría, según ello, proporcionar a los españoles la conciencia necesaria para adquirir conocimiento de sí mismos. [12] La relación que entre Europa y España se establece duplica la sugerida en esos mismos ensayos, cuando el autor manifiesta su convicción, ya analizada, de que sólo el barbarismo podrá salvar al país del salvajismo. La apertura al espíritu exógeno resultaría según eso imprescindible para escapar al estado de postración de un pueblo a punto de perder la cultura. La pregunta inicial de "Sobre la europeización" adquiere a la luz de estas consideraciones un sentido concreto: si España demuestra ser refractaria al espíritu europeo ¿significa esto una condena irremediable al salvajismo animal? ¿No existe una posibilidad de "mirada" o cultura, de interpretación humana del universo, fuera del ámbito europeo? ¿Es imprescindible la asimilación de la cultura continental para que los españoles adquieran la facultad de sujetos conscientes?

Progreso temporal y conocimiento epistemológico se consideraban equivalentes en Larra y *Gloria*, según se vio, hasta el punto de que el contacto con la Europa moderna se asociaba con el acto mismo de saber. Conocerse con la mirada o el espíritu del otro implica una relación de objeto a sujeto que parece caracterizar a toda relación colonial. Edward Said opina que "because of Orientalism the Orient was not (and is not) a free subject of thought or actions" (3). El argumento se podría invertir y afirmar que el Orientalismo pudo producirse porque Europa, por su adelanto, poseyó fuerza su-

---

[12] En "La supuesta anormalidad española" (1913), la "mirada" europea se convertirá en "antiparras" que perturban la visión. Ante la afirmación realizada por Ortega y Gasset de que "España es el pueblo más anormal de Europa", Unamuno se pregunta: "¿Cuál es la norma? ¿La posee el señor Ortega y Gasset? ¿La ve a simple y desnuda vista? ¿La ve a través de unos lentes comprados fuera de España . . .?" (*España* 734).

ficiente para actuar como sujeto en sus relaciones con el Oriente. [13]
El análisis del caso español confirma que la relación de objeto a sujeto, una relación de dominio, no precisa para darse el hecho material de la colonización, sino que tiende a producirse en mayor o
menor grado siempre que dos sociedades en distinto estado de desarrollo se ponen en contacto. La abundante evidencia de las imita-
ciones y de las traducciones en España, según Larra lamentaba, así
parece indicarlo; si bien conviene no olvidar asimismo que este movimiento descaracterizador se neutraliza hasta cierto punto, como
estamos viendo, con un movimiento defensivo contrario que posibilita un alto grado de originalidad en el proceso de imitación. [14]

El enfado introductorio de Unamuno puede por tanto interpretarse como el inicio de una reacción afectiva contra el insoportable
dictado de la razón que le condena, con su país, a un atraso endémico y a la debilidad espiritual que al parecer ello implica. Unas páginas más adelante especifica la justificación que motiva el recurso a
lo pasional: "la pasión es enemiga de la lógica . . . Juega con los conceptos y violenta las ideas aquel a quien los conceptos y las ideas le
estorban, porque no puede hacer con ellos lo que su pasión le pide"
(934-5). Y procede a ilustrarlo con una experiencia personal: "Yo
necesito la inmortalidad de mi alma; la persistencia indefinida de mi
conciencia individual . . . Y como la necesito, mi pasión me lleva a
afirmarla" (935). Pero ¿qué relación tiene la inmortalidad del alma
con la europeización? ¿Por qué no recurre a un ejemplo más acorde
con el tema central del artículo?

---

[13] Los estudios que se ocupan de relaciones coloniales suelen ser más vindicati-
vos que analíticos y más pasionales que racionales. Critican la "cosificación" del colonizado como un hecho aberrante cuya razón de ser achacan a la "maldad" del colonizador. Ver Gayatri Ch. Spivak (266), Aimé·Cesaire (21), Jacques Derrida (331)
y Frantz Fanon (*Los condenados* 229).
[14] Repetidas veces insiste Unamuno en la necesidad española de superar su
papel traductor respecto a Europa, según puede comprobarse en "Contra el purismo" (1903) y "También sobre hispanoamericanismo" (1914). En "Comunidad de
lengua hispánica" (1935) se pronuncia contra la cultura traducida de Europa, porque "traducir no es de por sí apropiarse algo" (*La Raza* 653), y considera frente a
ello que "ya se anuncia –no creo que mi fe en ello me engañe– una interpretación,
una conceptuación del universo, y de su vida y de su destino, hispánica, una filosofía brotada de nuestro verbo unitario, la que ha balbucido oscuramente en los men-
sajes de nuestros pensadores y sentidores" (653). En sus años finales aún estaba
Unamuno convencido de que el mundo hispánico no había accedido a la función
creadora de conceptualizar el mundo a través de su "mirada". No había conseguido
convertirse en filosofía el "oscuro balbucir" de sus pensadores.

La sustitución de planos evidencia que los problemas planteados en ambos niveles son considerados por Unamuno de algún modo análogos. La afirmación pasional de lo que niega la lógica le llevará a defender la persistencia indefinida de su conciencia individual. ¿No se observa en esta conciencia un equivalente en distinto plano de la conciencia de sí mismos que, según implicaba en sus propuestas europeizantes, los peninsulares debían adquirir en el continente? Si el convencimiento "racional" de que la europeización resulta inviable condena a los españoles, y a Unamuno por serlo, a un irremediable estado de incultura, la pasión le forzará a desligar la razón de lo propiamente humano para posibilitar el acceso español a la condición de sujeto. No debe extrañar por tanto que desde el principio advierta el autor sobre la índole arbitraria de las afirmaciones que el artículo contiene, impuestas "por el sentimiento de mi corazón y no el raciocinio de mi cabeza" (927), ya que

> la arbitrariedad, la afirmación constante porque sí, porque lo quiero, porque lo necesito, la creación de nuestra verdad vital –verdad es lo que nos hace vivir–, es el método de la pasión. La pasión afirma, y la prueba de su afirmación estriba en la fuerza con que es afirmada (937).

Resulta interesante constatar en este párrafo cómo recurre Unamuno al concepto de verdad vital, equiparándolo acto seguido a verdad sin calificativos, y lo hace depender de deseos y necesidades individuales, no de criterios universales. Cada persona posee según eso su verdad particular de acuerdo a los anhelos que experimente. Lo que este modo de argumentar nuevamente evidencia es que la verdad dictada por la razón no coincide con las aspiraciones del sujeto: las verdades que se consideran necesarias para vivir deben afirmarse con el corazón si la cabeza las niega (porque la cabeza las niega) y la única prueba que necesitan es la fuerza con que se afirman.[15] El criterio para medir esa fuerza se supone asimismo subjetivo, con lo que resulta de todo punto imposible acceder a una ver-

---

[15] La exhumación llevada a cabo por Scari para situar al escritor vasco "en el panteón de los grandes románticos" (54) se fundamenta en que "los mejores románticos . . . reconocen la significación de ambas funciones, la emotiva y la intelectiva, en la constitución del espíritu humano; lo que rechazan es la tiranía del intelecto" (55). Scari no toma en consideración que el rechazo de "la tiranía del intelecto" puede obedecer a diversas razones y abocar a propuestas diferentes.

dad comprobable. Los enfrentamientos entre distintas identidades se convierten en choques de individualidades irreductibles, refractarias a cualquier tipo de integración. [16]

El fundamento pasional de la argumentación no es gratuito por tanto, sino consecuencia de una inadecuación insoluble entre lo racional y lo afectivo que obliga al autor a afirmar con el corazón lo que su cabeza le niega. [17] Las arbitrariedades y los fallos de lógica son un producto inevitable de esta dualidad. Del mismo modo que la intrahistoria, también el recurso al relativismo pasional cumple en el texto una función defensiva frente a la reconocida superioridad europea; sólo que ahora no se pretende eliminar el enfrentamiento, reinterpretándolo como un descenso al yo profundo, sino esquivar el resultado de la comparación, negando que se pueda establecer una jerarquización objetiva.

Este planteamiento transforma a cada sujeto en una unidad irreductible y, si se acepta, imposibilita cualquier tipo de valoración objetiva. Pero ¿no implicaría entonces la identificación de lo europeo con lo moderno una contradicción lógica? Si tanto lo moderno como lo antiguo pueden sólo concebirse proyectados sobre una línea histórica dinámica y cambiante ¿cómo pretender que existan sociedades antiguas o modernas por naturaleza? La diferencia, al hacerse absoluta, se desconecta del proceso temporal jerarquizante, y convierte los enfrentamientos entre distintas comunidades en choques de identidades estáticas en los que cada cual defiende sus principios simplemente por ser suyos. Los argumentos utilizados para establecer una valoración serán puramente emotivos y la lógica se supeditará a la pasión como medio superior de conocimiento.

---

[16] La relación de Unamuno con el pensamiento de Hegel ha sido muy discutida. Regalado García (12) y Navajas (176) le consideran hegeliano, mientras que José Antonio Maravall (*Volumen* 186) y Ciriaco Morón niegan que exista en él tal influencia. Considera este último que las oposiciones de Unamuno "tampoco son realizaciones dialécticas; son oposiciones de contrarios, puramente estáticas, es decir, que no tienen solución en ninguna resultante positiva de oposiciones" (176).

[17] Ángel del Río observaba en los escritores del 98 la existencia de "una contradicción radical entre lo que afirmaban y lo que sentían, reflejo de la contradicción histórica entre el alma moderna y el alma tradicional española" (27). Lo social, según esto, condicionaría decisivamente a todos. Cuando la contradicción se considera irresoluble, ciertos autores, como es el caso de Unamuno, se repliegan defensivamente a afirmar lo que sienten.

5. RELATIVISMO. ÁFRICA FRENTE A EUROPA

La noción de atraso implica una falta de avance en la escala progresiva, que puede expresarse como ignorancia, incultura o falta de espíritu, pero también recurriendo a imágenes espacio-temporales. Afirmar el carácter medieval de la sociedad española posee, en este sentido, una referencialidad equivalente a la conceptuación de los peninsulares como moros o africanos. Ambos calificativos implican simplemente diferentes matices de un progreso deficiente. La exaltación de lo español en cuanto inculto, medieval o africano persiste, como veremos, en la obra de Unamuno desde "La vida es sueño" (1898) hasta sus escritos finales, interaccionándose con una percepción racional progresiva del problema que condena el atraso y propone el ideal de la Europa moderna como modelo.

Considero necesario especificar "moderna", porque a partir de 1914, cuando menos, manifiesta Unamuno su convicción de que una parte del continente se está "deseuropeizando", entendiendo por tal su tendencia a la "desracionalización" (*La Raza* 618-9). Consecuentemente, cuando en "La soledad de la España castellana" (1916) proponga la necesidad española de construir "pantanos que retengan las aguas del pensamiento europeo" (*España* 767), especificará que esas aguas no deben venir de tierra adentro. Lo que el país necesita oír son "voces del mar, de los pueblos criados a los pechos del mar . . . no voces de Imperios Centrales . . . de imperios medievales con manto de última moda" (767). Una parte de Europa parece estar retrocediendo en el proceso histórico y Unamuno condena el medievalismo que pretende ofrecerse como novedad. De manera implícita confirma el autor en estos artículos su persistente lealtad al ideal de modernidad entendido como avance progresivo o racional.

Cuando constata, por tanto, en sus años finales que "un vendaval de locura —peor: de estupidez— llegado de Europa está asolando a esta pobre España", conceptúa el hecho como involución y no como avance: "A su aliento resurgen viejas supercherías dormidas" (*Ensueño* 210). El país ibérico continúa imitando al continente, sólo que ahora en movimiento regresivo hacia una especie de nueva Edad Media, ya que "muchas de las supuestas nuevas formas de civilidad no son sino como un trasunto de estructuras medievales" (*Letras* 1202). Denuncia así el carácter anacrónico de los movimien-

tos marxista y fascista, que vinieron "a nosotros de países industria-
lizados, de una economía que está muy lejos de haber alcanzado España" (*República* 244), y la actitud española, que comienza a imitar
las tendencias involutivas europeas sin haber alcanzado nunca su
nivel de desarrollo. El peligro que siente cernirse contra el espíritu
racional y moderno diríase que le incita a perfilar más claramente
su postura y defender de manera inequívoca esa parte de su identidad adquirida en la lectura de libros europeos.

En el último mes de su vida escribe Unamuno unas cartas a
Quintín de Torre en que ataca el catolicismo de los nacionales,
"porque el grosero catolicismo tradicionalista español apenas tiene
nada de cristiano. Eso es militarización africana pagano-imperialis-
ta" (Cano 89). Considero revelador en este párrafo el empleo peyo-
rativo del término africano, asociado a una idea de imperio que,
según se vio, Unamuno caracterizaba como medieval. Lo que estas
asociaciones evidencian es que hasta el final de sus días Unamuno
continuó poseyendo una percepción altamente positiva de lo europeo moderno. Una actitud progresista similar puede observarse en
"La crisis del patriotismo español" (1905), cuando incita a sus paisanos a "¡Extirpar el beduinismo! ¡Desarraigar las taifas!" (*Obras* I,
1294), o cuando en "La civilización es civismo" (1907) propone a
Barcelona como "ejemplo de lo que todas las ciudades españolas
deben hacer" (*Mi Religión* 307), porque "las ciudades españolas
empiezan a entrar en la Edad Moderna, mientras que el campo vive
en la Edad Media" (304) y "la Patria es, ante todo y sobre todo, la
ciudad" (307).

No resultaría difícil multiplicar las citas para probar la persistencia de propuestas progresistas en la producción unamuniana.
Siempre que propone la apertura al espíritu continental y critica el
atraso español (directamente o mediante imágenes de medievalismo, africanismo e ignorancia) sus planteamientos se dirigen a exaltar esa civilización moderna que, hasta 1916 al menos, reconoce encarnada en ciertos países europeos. Los ensayos "Sobre la lengua
española" (1901) y "Contra el purismo" (1903) recomiendan asimilar el espíritu transpirenaico, y en *Vida de Don Quijote* (1905) se refiere al deseo experimentado por Adán de "ser como un dios":
comió para ello del árbol de la ciencia y "se le abrieron los ojos y se
vio sujeto al trabajo y al progreso, y desde entonces empezó a ser
más hombre" (82). Me interesa llamar la atención sobre la identificación que Unamuno establece en estos últimos párrafos entre progreso, ciencia y adquisición de humanidad.

A partir de 1898 sin embargo puede observarse en el vasco la aparición de una nueva veta interpretativa, coexistiendo con la anteriormente analizada, que en algunos de sus escritos tiende a redefinir estas asociaciones conceptuales. En "La vida es sueño", la constatación del atraso español le lleva a criticar el progreso como una actividad innoble que "nos obliga a emborracharnos con el negocio, el trabajo y la ciencia, para no oír la voz de la sabiduría eterna" (*Obras* I, 941), al mismo tiempo que alaba la ignorancia, que "es más que ciencia, es sabiduría" (942). En otro artículo de ese mismo año había reprobado asimismo el hecho de que "a los extranjeros que vierten sobre nosotros su desdeñosa compasión, hacen coro no pocos españoles que buscan eludir el desdén con que se hiere a nuestro pueblo, abominando de éste en forma vergonzante" (*España* 698). Es importante constatar en este último párrafo que la postura desdeñosa de los españoles le merece el calificativo de vergonzosa, independientemente de que esté o no justificada. Prueba con ello su convencimiento de que, frente a la actitud prepotente de los extranjeros, la afirmación pasional de la identidad propia debe prevalecer sobre la defensa de lo que se considera objetivamente cierto.

También en "El Cristo español" (1909) reacciona de manera similar a las críticas de un extranjero, en este caso sudamericano pero que "venía de París" (*Mi Religión* 273). Los Cristos españoles sangrientos y feroces repugnan a su ideal estético de armonía adquirido en Francia, más sereno e incruento. Unamuno en cambio, que manifiesta tener "alma de mi pueblo", confiesa que le gustan, y se pregunta a continuación: "¿Falta de arte? ¿Barbarie? No lo sé . . . tal vez es un Cristo africano, ¿Sería más Cristo si fuese ático o parisiense o inglés?" (273). Evidentemente, la barbarie que se asocia aquí con lo español no tiene nada que ver con el barbarismo que, según se vio, Unamuno recomendaba para escapar del salvajismo. La barbarie de estos Cristos españoles se relaciona con África, y más adelante vuelve el autor a preguntarse: "¿Es esto culto, es civilizado, es europeo? No lo sé. Pero es nuestro. ¿Y no será acaso verdad aquello de genio y figura hasta la sepultura?" (275). Lo interesante de estos párrafos es que no defiende a las imágenes con criterios estéticos, como pudiera esperarse tratándose de arte, sino etnocéntricos: le gustan los Cristos sangrientos simplemente porque los considera suyos. Le gustan además, según implican sus palabras, porque, siendo un producto característico de la comunidad con la que se identifica, ocasionan el desdén y la burla de otros pueblos. La defensa incondicional de lo "nuestro" se origina en un movimiento de retracción al ser propio, a la identidad española, motivado por la conciencia de identidad y la acusación de inferioridad.[18]

Con relación a la pretendida africanidad de España, Unamuno era consciente de que "para afrentarnos y rebajarnos se inventó aquella frase de que el África empieza en los Pirineos, y aquí nos hemos pasado los años procurando borrarla y citándola como un bochorno" (*España* 732), si bien él confía en que algún día la "repitamos con orgullo" (732). La dinámica que puede observarse en estos párrafos, de insulto y reafirmación compensativa, es similar a la de las citas anteriores, y le lleva unas líneas más abajo a defender el alzamiento berberisco contra la invasión "civilizadora" francesa. Las asociaciones que subyacen al artículo "Sobre la independencia patria" evidencian que la defensa unamuniana de la africanidad española responde a una necesidad de afianzar la identidad propia contra la acción hegemónica del otro. Enfrentado a la amenazante superioridad francesa, el concepto de independencia nacional se valora por encima del de progreso o civilización.

Un texto de 1910 sobre la Argentina confirma que el repliegue autodefensivo responde a un temor efectivo de ser dominado o colonizado por los países más fuertes. Después de asegurar que el propósito "de argentinizar a la Argentina frente a las colonias es de una justicia evidente" (*Contra* 546), añade Unamuno que "yo lo traduzco a nuestro problema español y veo su justicia". El problema, según más adelante especifica, se origina precisamente en la amenaza que para el país implica "lo torcidamente que se entiende eso de la europeización" (547). La pretensión de asimilar el progreso europeo revela poner en peligro la identidad propia y provoca un retraimiento hacia la consolidación de esa identidad. Cuando Unamuno recomienda que "en la argentinidad es donde tiene que buscar la

---

[18] Medio siglo antes expresaba Pedro Antonio de Alarcón una prevención similar contra lo francés y una idéntica reacción hacia la afirmación incondicional de lo propio. Tras criticar a los que imitan todo lo francés y merecen por ello solamente el desprecio de la nación vecina, añade: "Por nuestra parte, entre ser un remedo de los franceses, o unos moros como Dios nos haya criado, preferimos esto último . . . 'Tanto peor para vosotros', exclamarán los que se llaman y son efectivamente la cabeza de Europa. –Pues bien, sí; replicamos nosotros. Seremos lo peor con tal de ser la verdad" (150-1). Como en el caso de Unamuno, la vehemencia de la afirmación le lleva incluso a reivindicar una pretendida esencia africana de lo español que se considera insultante.

Argentina su universalidad" (547), sus palabras revelan la convicción de que tanto España como el país latinoamericano deben afirmar sus valores característicos previamente a cualquier aspiración
universalizadora.

En "La independencia de Iberoamérica" (1920), englobando el
ser español en la más amplia comunidad de lengua, sustenta el
autor asimismo que la necesidad de independencia posee prioridad
sobre la de progreso, ya que cualquier pretensión actual de desarrollo se convertiría en un "ser desarrollado" por el otro. Los planteamientos esencialmente defensivos de la identidad amenazada persis-
ten hasta los escritos finales. Así, en "Comunidad de lengua hispánica" (1935) reitera una antigua distinción conceptual, para oponer
a la cultura importada la "civilización que brota de lo que los pe-
dantes podrían llamar barbarie" (*La Raza* 654). Anula en consecuencia, al igual que lo hiciera José Martí, la dicotomía establecida
por Sarmiento y propone a los hispanohablantes adueñarse de su
habla para "cobrar tierra, independencia y libertad espirituales"
(656). Podrán de este modo comprender "dónde está la tradición
sobre que fundar el progreso de nuestro destino universal" (655).
Como en el artículo sobre la Argentina, el autor vasco vuelve a primar aquí los valores de lo particular, la tierra y la tradición, como
fundamento de una independencia espiritual que ineludiblemente
debe anteceder a cualquier posible proyección universal.

La retracción defensiva hacia la identidad nacional propia, ante
la evidente superioridad de países más fuertes y amenazantes, origina un explicable intento de negar toda posible cuantificación jerarquizadora. Cuando Unamuno propone que "no te creas más, ni
menos ni igual que otro cualquiera, que no somos los hombres can-
tidades" (*Obras* I, 950), el consejo pudiera cuestionarse que posea
una referencia al entorno social; pero las críticas que vierte en "La
supuesta anormalidad española" (1913) contra los que calibran la
realidad peninsular con baremo europeo especifican mucho más
claramente el blanco de sus ataques. En alusión explícita a Ortega y
Gasset, ridiculiza a "esos saduceos henchidos de petulancia matemática más o menos infinitesimal" que afirman del país peninsular
que "sigue viviendo, ¡y loado sea Dios si es así!, en plena Edad
Media" (*España* 735), y sospecha que esta visión despectiva se debe
a que analizan su propia sociedad con gafas compradas en Europa.
A la acusación de atraso, con sus claras implicaciones peyorativas,
Unamuno no reacciona negando que el atraso exista, sino alegrán-

dose de que así sea. Es importante especificar que la exaltación de lo medieval no se lleva a cabo por lo que el concepto implica, sino por su asociación con lo español. Al igual que se veía con el arte pretendidamente bárbaro de los Cristos sangrientos, Unamuno alaba el medievalismo del país peninsular (o su atraso) por tratarse de un factor inherente a su realidad generalmente utilizado para denigrarlo.

La exaltación pasional de todas aquellas características españolas generalmente consideradas negativas puede documentarse en los escritos de Unamuno, según se ha visto, desde 1898 hasta los años finales, y coexiste tanto con planteamientos progresistas como con actitudes evasivas de tipo meramente temporal. Los dos amores, afectivo e intelectual, en que según los ensayos de *En torno* se fundamenta el amor patrio, no parecen llegar nunca a identificarse. La doble necesidad de acceder al espíritu moderno sin renunciar a la identidad propia tensa las propuestas de Unamuno entre europeización y patriotismo. La ineludible apertura al espíritu europeo moderno revela poner en peligro la identidad nacional, y reactiva una necesidad de afirmación española que se revela prioritaria a todo intento modernizador.

Cuando Unamuno defiende compensativamente la africanidad española en "Sobre la europeización", no considero por tanto que nos encontremos ante una actitud irrelevante o de corta duración en su carrera intelectual. Lo africano, así como lo medieval, la ignorancia y la barbarie, son conceptos que poseen en sus escritos una común referencialidad de atraso, y que se perciben como insultos con que los europeos denigran a los españoles. Su reivindicación debe interpretarse en consecuencia como una reacción compensativa contra la condena desdeñosa del otro, no como una oposición al concepto en sí de modernidad. Julián Juderías menciona a tres presuntos europeos modernos (Leclerq, Fouillée y Shulten) que en los primeros años de 1900 equiparan lo español a lo norteafricano y lo definen de una manera extremadamente despectiva. Leclerq asegura que el español "pone en todas las cosas una pasión de bestia desenfrenada, furiosa, desprovista de amplios horizontes intelectuales y de reflexión" (205) y Shulten, por su parte, considera que "tienen los iberos y los bereberes como rasgo característico la falta de cultura" (215).[19]

---

[19] Desde el lado español, Rafael Altamira reprocha en 1901 a sus paisanos pro-

Este tipo de juicios revelan el peligro en que se encontraba el país peninsular de ser asimilado a sus vecinos del sur por los años en que Unamuno escribe "Sobre la europeización". El hecho no implica una mera reestructuración física de los límites continentales, como evidencian los escritos de Unamuno y el testimonio de los autores citados. Situar la frontera de Europa en los Pirineos supone excluir a los españoles del mundo moderno, privarles de "cultura" y relegarles a la categoría animal donde, sin la contención del espíritu, las pasiones actúan desenfrenadamente. Significa condenarlo, en definitiva, a ser la "bestia infrahumana" que Ortega temía en sus *Meditaciones*. La línea divisoria entre lo europeo y lo exótico se ha considerado por siglos, no solamente en Europa, una frontera que separa el mundo moderno del atrasado, el sujeto histórico de sus imitadores, lo humano de lo no propiamente humano. [20]

De manera significativa, la conceptuación exótica de España por parte de autores europeos encuentra abundante correspondencia en el interior de la península. Desde que Juan de Cabriada, en lo que se juzga el primer vagido de la Ilustración española, se lamentara de que "como si fuéramos indios, hayamos de ser los últimos en recibir las noticias y luces públicas que ya están esparcidas por Europa" [21] (López Piñero 7), son numerosos los escritores progresistas que desde el siglo XVIII al XX se conceptúan, en cuanto españoles, como indios, salvajes, africanos o asiáticos. [22] Idéntica referencialidad poseen las recomendaciones de Unamuno a extirpar el beduinismo y el medievalismo de la sociedad ibérica. [23] El recurso a esta

gresistas que quieren "regenerar el país, y, sin embargo, lo denigran constantemente ante propios y extraños . . . le ponen ante los ojos la afirmación de que España ha sido siempre un pueblo inculto y jamás ha dado nada a la obra de la civilización" (16). La desconexión de español y cultura no se producía tan sólo en labios extranjeros, sino que era una creencia hasta cierto punto arraigada en la misma España. Ver al respecto los ataques de Macías Picavea en 1899 contra la "semibarbarie" nacional (17-8).

[20] Es la misma línea divisoria establecida por el "not quite/not white" que, según Homi Bhabha, caracteriza las relaciones entre el sujeto europeo y sus objetos coloniales (126).

[21] Juan de Cabriada, *Carta filosófica, médico-chymica*. Madrid, 1686. El párrafo sirve de epígrafe al libro de J. M. López Piñero sobre la ciencia moderna en España.

[22] A modo de ejemplo, pueden citarse Feijoo (García Camarero 42), El Censor (que reescribe la *Oración apologética* de Forner sustituyendo la palabra "español" por "africano"), el Abate Marchena (79) y Joaquín Costa (Franco 282). Ortega realiza numerosas comparaciones de lo español con lo indio, egipcio, marroquí, chino o bengalí, como se vio en el capítulo 2 de la Parte I.

[23] En "Sobre la soberbia" (1904) se pregunta Unamuno: "¿Que es la soberbia

variada imaginería implica en todos ellos una condena del atraso español y la falta de cultura que supone. Su concepto progresista de la Historia entraña una valoración positiva de lo moderno, por lo que su convicción de pertenecer a una sociedad rezagada tiñe sus juicios de un poderoso componente autodespectivo.

López Ibor equipara el complejo de inferioridad que así se origina con el que sufren los temperamentos neuróticos, y considera que se exterioriza en dos reacciones básicas: unos tratan de exaltar la diferencia "convirtiéndola en virtud excelsa; otros tratan de borrarla o de compensarla" (26). El médico español se hace eco de teorías desarrolladas anteriormente por Alfred Adler, quien opina que "the most widely distributed method adopted by the 'feeling of inferiority' " para evitar ser descubierto es "the creation of a compensatory psychic superstructure, 'the neurotic modus vivendi' ", con el que se propone recuperar "a point of vantage and superiority in life" (32). [24] La constatación de que un mismo sentimiento puede manifestarse en reacciones aparentemente opuestas permite cuestionar el juicio, formulado por Navajas, de que "la segura convicción de Unamuno le permite abandonar la actitud defensiva tradicional del español con respecto a Europa y sustituirla por otra caracterizada por una confianza agresiva" (164). La agresividad del vasco debe explicarse, por el contrario, como una reacción esencialmente defensiva, caracterizada por la exaltación pasional sistemática de todo aquello que identifica a los españoles y que el progresismo racional condena como inferior. Su inclusión de España en el concepto de lo africano responde básicamente a esta reacción compensatoria. Acepta e incluso exagera los caracteres propios conside-

---

colectiva uno de los pecados que a peor traer nos traen en España? Secularicémosla, porque es una soberbia caustral . . . Es soberbia marroquí, fundada, más que en su propio conocimiento, en ignorancia del ajeno" (*Obras* I 1213). Lo africano se equipara aquí a la ignorancia que debe desarraigarse.

[24] También R. D. Laing, analizando en su caso el "schizoid individual", constata la existencia de reacciones opuestas de envidia y desdén frente a un mismo sentimiento de inferioridad (96). Frantz Fanon aplica las doctrinas psicológicas de Adler al comportamiento de los negros antillanos, constatando que "the Negro is seeking to protest against the inferiority that he feels historically . . . he attempts to react with a superiority complex" (*Black Skin* 213). José Luis Abellán percibe a su vez una cierta condición neurótica en Unamuno, fundándose asimismo en las doctrinas de Adler (176-9), pero lo asocia con su ser individual, no con su personalidad en cuanto español.

rados insultantes, como la ignorancia o el atraso, para redefinir acto seguido lo negativo como positivo con un criterio etnocéntrico. [25]

La reivindicación de lo español africano se justifica por la necesidad de evadir un juicio negativo que, en vista de la incapacidad nacional para modernizarse, amenazaba con convertirse en crónico. Frente a la percepción ascendente de la Historia que el concepto progresista implica, y que supone una jerarquización de todas las culturas y una valoración negativa para España, opone Unamuno su consideración plural de culturas donde cualquier pretendida superioridad se fundamenta en criterios afectivos. Cuando afirma que "pretendemos ser europeos y modernos, sin dejar de ser españoles, y eso no puede ser" (928), España y Europa se convierten en dos unidades estáticamente definidas, imposibles de amalgamarse a través de una interacción temporal. Para acentuar la irreductibilidad decide oponer a lo europeo moderno, no la ambigua identidad española, sino el más antagónico concepto de lo africano antiguo, que le permite reafirmar de manera más contundente los componentes de la identidad propia que se juzgan inferiores. En un artículo de 1906 considera "natural que el vencido urda la filosofía del vencimiento, y el vencedor la de la victoria", porque "nuestras doctrinas no son sino la justificación *a posteriori* de nuestra conducta" (*Obras* III, 834). Esta afirmación pudiera muy bien haber sido incorporada a "Sobre la europeización", ya que explica a la perfección las razones de su defensa de la africanidad y del atraso. [26]

---

[25] Fernández Retamar percibe en Unamuno un "característico pensador del subdesarrollo" (351) y Blanco Aguinaga afirma que la España de finales del XIX, "en cuanto nación europea subdesarrollada es en particular diferente de la Europa capitalista avanzada" (9). Estas observaciones no modifican, sin embargo, el análisis marxista que lleva a cabo el segundo de las actitudes adoptadas por los del 98, caracterizándolas como propias de "la pequeña burguesía intelectual –siempre y cuando entendamos que tal generalización sólo adquiere sentido dentro de un contexto histórico particular" (Blanco 15). Pero el atraso español constituía obviamente una parte inalienable del contexto histórico que afecta a la literatura del 98.

[26] Merece consideración asimismo el convencimiento expresado por José Luis Abellán de que "Unamuno en sus primeros ensayos habla también de europeización y sólo más tarde, como reacción a la europeización orteguiana, habla de hispanización" (*Sociología* 277). En la misma línea de pensamiento, Ramos-Gascón afirma que "the Generation of '98, historiographically speaking, was *non-nata* before 1913. In other words, it is not the '98 that explains the '14, but the latter that can give meaning to the former" (188). La incidencia de la rivalidad con Ortega en la producción unamuniana debió ser importante. Roberta Johnson comenta la carta en que Unamuno manifiesta su intención de "resucitar a Don Fulgencio Entreambosmares, su filósofo de estilo alemán en *Amor y pedagogía*, para una serie de ar-

6. ESPIRITUALISMO ESPAÑOL VS. MATERIALISMO EUROPEO

Tras preguntarse en los primeros párrafos de "Sobre la europeización" si no existirá otra vida o cultura fuera de la europea, confiesa Unamuno su antipatía hacia "los principios directores del espíritu europeo moderno" (926) que encarna en dos vocablos: ciencia y vida. La ciencia "sirve para darnos una idea más lógica y más cabal del Universo" (926) y se propone la felicidad de los hombres. Bajo ese término se oculta la noción de conocimiento epistemológico y la de progreso como avance racional que ese conocimiento implica. El lector deduce que la íntima repugnancia del vasco por estas ideas debe originarse en la resistencia que ofrecen a sus necesidades afectivas; esto es, al deseo que siente de exaltar lo propio. Obedeciendo a los mandatos de esa necesidad, procederá en el artículo a una redefinición conceptual que le permita reivindicar lo español. Si la ciencia le disgusta,

> ¿qué contrapones a ella?, se me dirá. Podría decir que la ignorancia, pero esto no es cierto . . . Ni necesito inventar una palabra para decir lo que contrapongo a la ciencia, porque esa palabra existe y es sabiduría . . . la ciencia quita sabiduría a los hombres y les suele convertir en unos fantasmas cargados de conocimientos (926-7).

En busca de un concepto que le satisfaga por oposición al de ciencia, está tentado el autor de elegir el de ignorancia; pero esta solución no le gusta del todo y decide desecharla. Conociendo su criterio de verdad, parece que el "no es cierto" debería entenderse algo así como "no se acomoda a lo que quiero y necesito decir". Finalmente encuentra en "sabiduría" un término que supuestamente sirve a sus propósitos. El nuevo concepto le permite fulminar una condena contra la ciencia que deshumaniza al hombre, y, por tanto, caracterizar negativamente al progreso. [27] La ciencia convierte a los

---

tículos satirizando a Ortega, quien en esa época estaba estudiando en Marburg. Los artículos iban a titularse 'Don Fulgencio en Marburg' " (46).

[27] Mi interpretación difiere obviamente de los que consideran que la rebelión de Unamuno contra el progreso forma parte de una tendencia europea similar contra la "dehumanization of culture in the twentieth century" (Earle 142). Ver también García-Viñó (101), Julian Palley (247) y Julián Marías (38-9). La actitud de Unamuno, aun poseyendo abundantes puntos de contacto con la literatura finisecu-

hombres en fantasmas cargados de conocimientos; sólo la sabiduría, según se implica, dota a las personas de verdadera dimensión humana. Pero ¿qué conocimiento proporciona la sabiduría a los hombres para dotarles de humanidad plena? Prosigue Unamuno que "el objeto de la ciencia es la vida, y el objeto de la sabiduría es la muerte" (927). El hombre que persigue la felicidad en esta vida sin preocuparse de que tiene que morir, actúa "libre de la angustia eterna, libre de la mirada de la Esfinge, es decir, el hombre que no es hombre, el ideal del europeo moderno" (927). Lo humano y lo europeo moderno vuelven a declararse refractarios, confirmando con ello el propósito que guía a Unamuno de reivindicar la realidad española en cuanto atrasada o africana.

Si la sabiduría se ocupa de la muerte y la ciencia resta sabiduría ¿significa esto que el verdadero sabio debe despreciar todo conocimiento relacionado con la vida? El autor es consciente nuevamente de estar implicando afirmaciones que no le interesan, por lo que poco después se desmiente y, eliminando la oposición establecida, considera que "tampoco el amor a la sabiduría debe llevarnos a renunciar a la ciencia, pues esto equivaldría a tanto como un suicidio mental" (929), sino que la ciencia debe tomarse como preparación para la sabiduría. Pero entonces ¿los conocimientos científicos contribuyen a la sabiduría o se oponen a ella? No considero necesario enumerar las contradicciones del texto, que son muchas, sino poner de relieve que su presencia resulta ineludible en un discurso defensivo que argumenta apasionadamente, despreciando las leyes de la lógica. Las contradicciones se originan frecuentemente en que lo afectivo pretende imponerse a lo racional pero no consigue anularlo. Unamuno parece proceder lógicamente cuando recomienda no despreciar los conocimientos científicos por amor a la sabiduría, pero su sospecha de que "acaso los términos ciencia y española sean, afortunadamente, dos cosas que se repelen" (927) le obliga a replantear pasionalmente ciencia y sabiduría como términos opuestos para exaltar lo español frente a lo europeo. El comentario "afortunadamente" indica una reacción compensatoria que se propone reinterpretar positivamente todos los componentes de la identidad propia considerados deficientes.

El enfrentamiento de España y Europa opondría así a dos identidades definidas y estáticas que pueden destruirse pero no inte-

---

lar de otros países, responde en gran parte a una conciencia de atraso que dota de un sentido diferente a elementos aparentemente idénticos.

grarse. La introducción en su país del espíritu transpirenaico le merece los calificativos de "infame mezcla" e "hibridismo infecundo", y juzga que esa acción "tiende, consciente o inconscientemente a descaracterizarnos, a arrebatarnos lo que nos hace ser lo que somos" (931). Ante esta amenaza, se pregunta, "¿qué acción nos conviene emprender?" (931). Frente a la actividad invasora del Continente deben los españoles reivindicar las excelencias de su genio nacional y darse cuenta de que "lo que llaman los demás nuestros defectos, suelen ser la raíz de nuestras preeminencias" (934). Esta actitud le permite a Unamuno reinterpretar el concepto de lo humano, asociando su plenitud con la posesión de la sabiduría española "de nuestros admirables místicos, nuestros únicos filósofos castizos" (927). Responde así de manera implícita a la pregunta que inicialmente se formulara. No sólo puede existir otra cultura fuera de la moderna europea, sino que esa cultura, que es española, debe incluso juzgarse más plenamente humana.

Para que quede claro el sentido de su intento procede el autor a plantear por segunda vez el carácter refractario de lo español al espíritu europeo moderno, y advierte nuevamente que su oposición a ese espíritu no significa una propuesta a sumirse "en la inacción, la ignorancia y la barbarie" (928-9). Considera por el contrario que los españoles "podemos, creo, cultivar nuestra sabiduría sin tomar la ciencia más que como un medio para ello, y con las debidas precauciones para que no nos corrompa el espíritu" (929). La misma ciencia europea a la que antes se acusara de convertir a los hombres en fantasmas, de minar su humanidad, es percibida ahora como corruptora del espíritu. No es necesario insistir en que con ello se propone desconectar la noción de "espíritu" de la de modernidad y asociarlo a la castiza sabiduría española. [28]

Un propósito idéntico trasluce el comentario que realiza acto seguido a un artículo escrito por Baroja, "¡Triste país!". Hace éste notar "que en Francia los productos espirituales no pueden compararse con los agrícolas e industriales", mientras que en España sus grandes hombres "valen tanto o más que los grandes hombres de cualquier parte", pero existe una vida pobrísima (929). Y agrega

---

[28] En *Idearium español* procede Ganivet a una revisión similar de la idea de progreso, asociándola con lo material y desvinculándola del "mundo ideal" característicamente español. Para una especificación más detallada de las relaciones entre el pensamiento de ambos autores, ver mi artículo sobre Ganivet.

Unamuno: "¿no vale la pena de renunciar a esa agradable vida de Francia a cambio de respirar el espíritu que puede producir un Cervantes, un Velázquez, un Greco, un Goya?" (929). El carácter de la dicotomía se revela ahora con más nitidez si cabe: a los refinados productos materiales de la Europa moderna, representada por lo francés, se opone la elevación incomparable del espíritu español. Pero ¿es que no es posible armonizar lo material y lo espiritual en una misma identidad?

Unamuno cree, "arbitrariamente, por supuesto", que son incompatibles, y sin dudarlo se queda con el espíritu español. Evidentemente lo cree porque le conviene creerlo, para establecer una dicotomía en la que sabe que lo español saldrá beneficiado. El progreso genera grandes avances materiales, es cierto, pero estorba el desarrollo de una evolución espiritual que parece encontrar campo abonado en el atraso. La ineptitud española para asimilar el materialismo europeo puede interpretarse así como una bendición que permite conservar en la península el espiritualismo en toda su intensidad. [29] Las objeciones lógicas que este planteamiento origina son abundantes, indiscutiblemente, pero como Unamuno insiste en que sus argumentos no son lógicos sino pasionales, lo que mi análisis se propone es descubrir las razones de sus arbitrariedades.

7. CONTRA LA LITERATURA LÓGICA FRANCESA: ANSIEDAD DE INFLUENCIA COLECTIVA

Tras declarar que el progreso y la espiritualidad son refractarios, continúa con sus series duales y asegura que "la pasión y la sensualidad son incompatibles: la pasión es arbitraria, la sensualidad es lógica" (929-30). El lector recuerda aquí que a los españoles se les acusa de ser unos charlatanes arbitrarios y comprende la necesidad a que esta afirmación obedece. Como la nueva dualidad se produce en conexión con la dicotomía que enfrentaba el materialismo euro-

---

[29] No se comprende muy bien la razón de que Unamuno recurriera a los libros de la "materialista" Europa para nutrir su espíritu, si es que aceptamos que España era superior espiritualmente al Continente. Peter Earle comenta la indiferencia del vasco "to most 19th century and contemporary Spanish literature" y "his predilection for foreign stimuli (never absent in his thought, not even in his 'anti-europeizante' criticism of Ortega y Gasset)" (14). Laín Entralgo generaliza la observación a todo el 98: de sus lecturas, "casi todas ellas son 'europeas' y 'modernas'" (58).

peo a la espiritualidad nacional, se establece entre ellas una estrecha relación: la pasión de bestia desenfrenada que, según Leclerq, ponen los españoles en todas sus acciones, se reinterpreta ahora como una característica asociada con el mundo del espíritu. No se desmiente en los peninsulares el predominio de lo pasional, pero su sentido se disocia de lo animal y pasa a considerarse un componente fundamental de lo humano. Frente a la pretendida universalidad de la lógica, que se nacionaliza francesa, deben los españoles afirmar la supremacía del apasionamiento nacional, ya que

> no es una estética universal, aplicable a los pueblos todos, una estética pura –pues que tal estética no sé que exista, y acaso ni pueda existir– la que nos ha condenado, pongo por caso, el conceptismo y el gongorismo, y la que ha declarado de mal gusto nuestro genuino y natural énfasis (934).

Es significativo que Unamuno decida en este punto cambiar de enfoque y centrar el análisis en la oposición de cánones literarios, mucho más discutibles que la noción racional de progreso. La pretendida estética universal se ha originado en suelo francés, en "ese pueblo terriblemente lógico, desesperadamente geométrico" (934), que ha inoculado en los españoles sus vicios pretendiendo enseñarles sus virtudes. La literatura francesa extiende su dominio sobre la península y descaracteriza el natural enfático de unos escritores para los que la naturalidad francesa, encomiable tal vez en las producciones de ese país, representa tan sólo una influencia negativa. Nada existe para Unamuno "más falso y más vano y más desagradable que los escritores españoles formados en la imitación de la literatura francesa" (934).

El último párrafo evidencia nuevamente la prevención del autor contra lo que considera la influencia perniciosa francesa, y confirma que la sensación de atraso respecto al Continente afecta decisivamente a su producción literaria. Esta repercusión, por otra parte, no se percibe tan sólo en el plano de las ideas, los temas y los planteamientos, sino que incide incluso en los aspectos más puramente formales. Cuando Unamuno ataca a la literatura lógica francesa, oponiéndole el discurrir apasionado de los místicos, así como la vehemencia del conceptismo y el culteranismo, lo más significativo no es el ataque en sí, sino la voluntad que manifiesta de incorporar en sus propios escritos las técnicas estilísticas de esos movimientos.

Así, nada más comenzar el ensayo asegura que va a realizar afirma-ciones arbitrarias, ya que "no quiero más método que el de la pa-sión", y la justificación que da para su proceder no es personal, sino nacional: "Los españoles somos, dicen, unos charlatanes arbitrarios, que rellenamos con retórica los vacíos de la lógica . . . Lo cual me hace creer que conceptismo y gongorismo son las formas más natu-rales de la pasión y de la vehemencia" (926).

Por mucho que esta manera de escribir pudiera achacarse a la influencia de ciertos autores y movimientos "europeos modernos", no deja de ser revelador que Unamuno la interprete como típica-mente española, lo que le permite integrarse en una corriente litera-ria pretendidamente autóctona. Del mismo modo que observára-mos en *Ángel Guerra*, la ansiedad de influencia que sufre el vasco no es puramente personal sino colectiva: se rebela contra la influen-cia de los franceses en general, no la de un autor en particular, y lo hace en cuanto español más que en cuanto Unamuno, y con técni-cas tomadas de la tradición nacional.

Convendría analizar en qué medida los encomios de la literatura inglesa tan frecuentes en su producción, y que le sirven para "echar una pulla" a la francesa (Dumas 244), no se originan en una reinter-pretación de esa literatura tamizada por el filtro de la tradición es-pañola. [30] En este momento, sin embargo, me interesa sobre todo poner de relieve que la conciencia de pertenecer a una sociedad atrasada, cuya literatura sigue los movimientos de las sociedades consideradas más modernas, desempeña un papel importante en la determinación de la manera de escribir de Unamuno. Su estilo apa-sionado y contradictorio seguramente obedezca a múltiples causas, pero entre ellas conviene no ignorar la parte que le corresponde al elemento de reacción contra la literatura francesa. Porque su reivin-dicación de la manera de escribir española enfática y apasionada no es sólo un juicio, según se ha visto, sino una propuesta. Cuando en

---

[30] Martin Nozick opina que "Unamuno was no xenophobe. His life-long pro-blem was to determine which foreign influences would enrich Spain without dena-turing her" (31). El uso de la literatura inglesa como un arma contra la francesa pa-rece proponerse mostrar la existencia de una "literatura moderna" que prueba la posible vigencia actual de la tradición española. Hans Juretschke observa en Valera la utilización de un idéntico recurso, añadiendo que "en Madariaga aparece de nuevo el miedo a una absorción por parte de Francia, que ya encontramos en Vale-ra y en Menéndez Pelayo" (223). Entiende que "no es pura casualidad el que Valera haga tanto hincapié en las íntimas relaciones con Italia . . . como medio de despla-zar lo francés" (61).

"Sobre la europeización" asegura que "los españoles somos, en general, más apasionados que sensuales, y más arbitrarios que lógicos", no se limita a realizar una afirmación que pudiera ser discutible, sino que añade asimismo una declaración de intenciones que se supone decisiva para su propia labor: "Lo somos, y debemos seguir siéndolo. Es decir, debemos volver a serlo" (935).

La tajante separación que establece entre la literatura francesa y la española posiblemente se fundamente en la convicción de que existe entre las dos una clara divergencia; pero parece indudable asimismo que se propone con ello "to clear imaginative space" (Bloom 5) para la literatura española, que permita diferenciarla nítidamente de la francesa. La imitación servil de las modas del otro lado del Pirineo era un problema que le preocupaba y al que dedica, como es sabido, un buen número de páginas. Tan poderoso le parecía el dictado francés que llega incluso a temer en un artículo de 1914 que una "España a la moda francesa refluya sobre nosotros y nos retraduzcamos. Cosa que ha sucedido antes de ahora" (*Obras* IV, 1254). No es de extrañar por tanto que Unamuno abogue una y otra vez por la creación de literaturas genuinamente nacionales, tanto en España como en Latinoamérica, que respondan a la manera de ser y sentir de sus habitantes. Este afán de autenticidad es el que le lleva a apreciar los antiguos estilos del Siglo de Oro, como el conceptismo y el gongorismo, y a proponer el énfasis de sus obras como una manera de escribir típicamente española que debería continuarse.

El deseo de acotar un espacio nacional propio se manifiesta en Unamuno con tanta vehemencia que decide incluso desplazar lo español hacia un ámbito más marcadamente no europeo. En el ensayo que nos ocupa, después de negar tácitamente que los españoles sean latinos y eliminar ese posible punto de contacto con los franceses, continúa: ¿Y por qué, si somos berberiscos, no hemos de sentirnos y proclamarnos tales, y cuando de cantar nuestras penas y nuestros consuelos se trate, cantarlos conforme a la estética berberisca?" (936). La originalidad que le preocupa a Unamuno parece fundamentarse más en el concepto de fidelidad a la identidad propia que en el de modernidad o novedad, lo que evidencia que primordialmente reacciona a una situación de imitación y a la amenaza de descaracterización que conlleva. Tal vez no sea necesario reiterar de nuevo que la ansiedad de influencia que manifiesta no se origina en una conciencia de identidad meramente individual, sino nacional, y provoca por tanto un repliegue hacia los constituyentes tradicionales de esa identidad.

La voluntad de deslindar un espacio estético para la literatura propia diríase chocar, en parte al menos, con la evidencia de que las modas literarias las imponen las sociedades hegemónicas. El concepto de originalidad está tan asociado a la idea de singularidad como a la de modernidad, y esta última la definen precisamente los países considerados modernos. Contra la tiranía de las modas francesas plantea Unamuno su propósito de crear una literatura genuinamente española que compita con ellas y las neutralice. Pero aun aceptando que el propósito fuera viable en el plano artístico, parece dudoso que sus argumentos relativistas pudieran aplicarse a un análisis que implica consideraciones de carácter histórico. Pretender que un pueblo atrasado como el español pueda enfrentarse en pie de igualdad a la Europa moderna es concebir una pugna esencialista, fuera del tiempo y de la realidad.

8. Un paradójico dinamismo sin Historia

Respecto a la necesidad de abrirse al extranjero, la propuesta de Unamuno se concreta finalmente en una recomendación a sus compatriotas para que intenten españolizar Europa como único medio de asimilar esa parte del espíritu continental que les puede resultar beneficiosa. Así, al final del ensayo sobre la europeización aconseja a los españoles que afirmen su identidad frente a Europa, ya que "sólo llegan a una verdadera compenetración mutua, a una hermandad espiritual, aquellos que tratan de subyugarse espiritualmente unos a otros, sean individuos, sean pueblos" (936).

En este párrafo, que sigue a consideraciones de tipo estético sobre las literaturas española y francesa, puede observarse un casi imperceptible cambio de enfoque nuevamente hacia el plano general de las interacciones sociales. Sin embargo, es interesante comprobar que los resultados de ambos planos tienden a confundirse, como si entre las relaciones estéticas y las históricas no mediaran importantes diferencias. Las relaciones entre distintas colectividades se perciben como inevitables luchas de poder en que cada uno debe proponerse dominar al contrario para que en el forcejeo se genere una beneficiosa compenetración mutua. El nuevo planteamiento parece modificar la convicción inicial de que España es refractaria al espíritu continental. El proceso de europeización se estima ahora posible, siempre que el país peninsular modifique su actitud receptiva e intente imponer al otro su espíritu. Implica este juicio la seguridad de que el espíritu nacional dispone de la fuerza suficiente para enfrentarse al europeo en paridad. Unamuno posee

> la profunda convicción de que la verdadera y honda europeización de España, es decir, nuestra digestión de aquella parte de espíritu europeo que pueda hacerse espíritu nuestro, no empezará hasta que tratemos de imponernos en el orden espiritual de Europa, de hacerles tragar lo nuestro . . . hasta que no tratemos de españolizar a Europa (936).

La propuesta así formulada se fundamenta en una contradicción básica. Por una parte es consecuente con el concepto estático de las relaciones intersociales que el artículo repetidamente manifiesta, como prueba su creencia de que el espíritu español podrá competir en pie de igualdad con el europeo a pesar de su atraso. Por otra, plantea la posibilidad de una relación dinámica donde los diversos componentes parecen influirse y modificarse en un proceso de índole inequívocamente temporal. Los antiguos africanos deben enfrentarse a los europeos modernos, proponiéndose africanizarles a la antigua a la vez que éstos intentan europeizarles a la moderna. La interacción se resolvería previsiblemente en un punto medio donde los europeos se encontrarían tan anticuados como modernizados los españoles. La noción de progreso se disocia de las de conocimiento y fuerza, con lo que la propuesta de europeización pierde todo su sentido. ¿Para qué modernizarse si la transformación no implicará mejora o progreso cuantitativo alguno, sino simplemente un cambio cualitativo?

Unamuno sin embargo persiste en su creencia de que "mucho hay, sin duda, en la cultura europea moderna y en el espíritu moderno europeo que nos conviene recibir en nosotros para convertirlo en nuestra carne" (936). Pero ¿qué razones puede aducir que justifiquen esta recomendación? En "Más sobre la crisis del patriotismo español", artículo también de 1906, manifiesta que cada pueblo posee "superioridades e inferioridades parciales", por lo que es un deber de humanidad para con los otros intentar imponerles esas facetas de nuestra identidad que sintamos preeminentes (*Obras* III, 871). Pero suponiendo que las relaciones hispano-europeas se propongan alcanzar un punto medio en que ambos contendientes asimilen la parte espiritual del otro considerada superior ¿cómo decidir qué parte es ésa y bajo qué criterio?

Únicamente la idea temporal de progreso, con todo lo que implica, parece proporcionar una pauta universal de valoración que integra y jerarquiza a los distintos grupos sociales. La adquisición de conocimientos, que implica adquisición de "poder" en el sentido en que lo define Foucault, gradúa el avance en la escala, y las sociedades más modernas evidencian serlo por la irradiación de su "cultura". La penetración de lo europeo moderno en España se explicaría así como resultado inevitable del atraso nacional, pero Unamuno lo interpreta pasionalmente y considera la invasión continental como un fallo que es posible solventar mediante un simple cambio de actitud: si los españoles afirman su identidad frente al extranjero, el espíritu africanamente antiguo de la península podrá penetrar a su vez en Europa. Esta propuesta puede comprenderse sólo como resultado de una percepción estática del enfrentamiento, en que los términos antiguo y moderno se desligan de toda referencialidad temporal y pasan a encarnarse en diferentes identidades.

La inconsecuencia se hace evidente cuando en ese mundo estático se pretende introducir algún tipo de cambio. Si se niegan los conceptos jerarquizantes del tiempo y la "razón" (como episteme) ¿qué motivos pueden aducirse para justificar la penetración de un espíritu nacional en otro? ¿Cómo explicar la mayor fuerza espiritual o cultural que esa penetración implica? La afirmación arbitraria de la superioridad propia puede sólo proporcionar fundamento a un relativismo de raíz pasional donde cada identidad exalta lo propio sin razones objetivas que lo justifiquen. Cualquier decisión de asimilar un rasgo exógeno sería, según eso, adoptada arbitrariamente, puesto que al no existir jerarquización alguna, el concepto de mejora pierde su funcionalidad. Pero ¿es esto posible? Si aceptamos que lo arbitrario posee una razón de ser emocional, puede entenderse sin dificultad su empleo en la exaltación etnocéntrica de la identidad propia, pero ¿qué argumentos afectivos podrían aducirse para justificar la adopción de una realidad ajena, a no ser que esté objetivamente justificada?·

La propuesta final de españolizar a Europa para recibir la parte del espíritu continental que el país necesita, puede explicarse sólo como una interferencia de la comprensión temporal dinámica de los hechos en el planteamiento estático y esencialista que domina el artículo. El autor no podía dejar de reconocer racionalmente la necesidad española de abrirse al espíritu continental, pero su reacción defensiva emocional le fuerza a plantear el problema de una manera pasional y le aboca a soluciones contradictorias. [31] Si lo español es antiguo por naturaleza ¿cómo podrá modernizarse? Si el espiritualismo nacional se considera superior al materialismo europeo ¿qué sentido tiene proponer la europeización, aunque sea parcial? ¿Por qué reconocer una cierta superioridad del otro, en un análisis que desde el principio confiesa su propósito de exaltar pasional y arbitrariamente la identidad propia? ¿Será que toda la fuerza de la pasión no puede eliminar un resquicio de luz que racionalmente evidencia la indiscutible preponderancia europea?

La afirmación arbitraria de la superioridad propia podría únicamente entenderse como producto de esa "soberbia marroquí" que el mismo Unamuno criticara en un artículo de 1905 y que está fundada "más que en su propio conocimiento, en ignorancia del ajeno; es soberbia faquiresca o soberbia de yogui que se aduerme contemplándose el ombligo" (*Obras* I, 1213). Pero ¿qué sentido tiene simular ignorancia cuando se posee conocimiento? Y suponiendo que se acepte su justificación defensiva ¿a dónde puede conducir? Lógicamente a la confusión, ya que evade plantear el problema del atraso español en términos temporales y propone soluciones paradójicas desconectadas de la realidad.

Ortega y Gasset reprochaba a Unamuno, en noticia necrológica escrita pocos días después de su muerte, que "los intelectuales no estamos en el planeta para hacer juegos malabares con las ideas . . . sino para encontrar ideas con las cuales puedan los hombres vivir" (Sánchez Barbudo, *Miguel* 21). Unamuno pudiera haberle contestado, y lo hizo 'avant la lettre', que juega con las ideas aquel a quien éstas le estorban porque no le permiten hacer lo que su pasión le pide. Mi estudio tanto de Unamuno como de Galdós se ha propuesto poner de relieve que el juego denunciado por Ortega responde a una necesidad interna, tan poderosa como pueda serlo la decisión de asimilar el espíritu europeo más avanzado. [32] La con-

---

[31] Victor Ouimette se detiene en comentar la asociación que Unamuno realiza entre "racionalismo" y "estático": "Feeling is life, and excessive rationalism is death because it is static, as exemplified in *Amor y pedagogía*, and we have already seen that the value of the ego lies in its dynamism" (51). Tanto Unamuno como el crítico utilizan el concepto de razón en un sentido ontológico, no epistemológico.

[32] En *Vida de Don Quijote y Sancho*, respondiendo a los que llaman "moribun-

ciencia de pertenecer a una sociedad atrasada origina una doble atracción, racional y afectiva, que tensa la personalidad de innumerables autores peninsulares entre el modelo europeo moderno y la identidad propia. Cuando la superioridad ajena se considera insuperable o amenazante, la necesidad de independencia suele anteponerse a la de progreso.

El problema más acuciante que a los españoles progresistas se les plantea por siglos, en cuanto españoles y progresistas, tal vez sea el de armonizar esa doble atracción. Las propuestas de apertura a Europa para mejorar o modernizarse ponen en peligro el carácter nacional, mientras que los planteamientos defensivos difieren la modernización pero refuerzan la propia singularidad. Entre ambos extremos hemos observado cómo Galdós y Unamuno llevan a cabo diversos ensayos de armonización. Fallidos, por supuesto, ya que la integración sólo podía realizarse mediante la modernización del país. El largo proceso de instalación en el espacio europeo, tan largo que a algunos escritores llegó a figurárseles imposible de cumplir, parece sin embargo comenzar a completarse durante el franquismo de los años sesenta. Al menos, así lo expresa Juan Goytisolo. Cuando el protagonista de *Señas de identidad* observa la modernización que se está llevando a cabo en su país, el rechazo que experimenta le conducirá a un nuevo espacio poco frecuentado hasta ese momento por los españoles: a lo africano, pero no como pretendido doble de una problemática identidad española, sino como imagen de una realidad alternativa, irracional y primitiva. Se inicia así lo que tal vez deba considerarse una nueva etapa en la literatura y sociedad peninsulares, que implica la superación de ese condicionante decisivo a cuyo análisis he dedicado estas páginas: el derivado de conceptuar a Europa como modelo de futuro, como la utopía española.

---

do" al pueblo español, considera Unamuno que "la fortuna da más vueltas que la tierra, y que aquello mismo que nos hace menos aptos para el tipo de civilización que hoy priva en el mundo, acaso eso mismo nos haga más aptos para la civilización del mañana" (203). Es significativo también aquí que su propósito de privar al proceso histórico de todo sentido, y hacerlo depender de la "fortuna", se produzca asociado a un reconocimiento de la situación de desventaja que en ese momento ocupa España.

CONCLUSIONES

Bien avanzados los años sesenta, recordaba Juan Goytisolo la constatación desalentadora que medio siglo antes realizara Antonio Machado respecto a España: "Seguimos guardando, fieles a nuestras tradiciones, nuestro puesto de furgón de cola" (*El furgón* 809). La gráfica imagen sirvió al autor catalán de título para un libro de ensayos en cuyos párrafos iniciales asegura que "el tema de la decadencia nacional es un lugar común entre nuestros escritores" desde el siglo XVII (809). Decadencia y atraso no deberían sin embargo considerarse sinónimos, ya que la primera posee una referencialidad interna mientras que la conciencia del segundo se origina en la comparación. Se puede progresar y seguir rezagado, como muy bien matizaban Larra y Valera. [1] Si la decadencia española puede resultar discutible, el atraso respecto a Europa desde el XVII parece admitir menos réplica aunque, como apunté en los capítulos preliminares, ha surgido en las últimas decadas una fuerte corriente crítica destinada a negarlo. [2] Eppur...

Supongamos que el atraso peninsular se ha tratado de una ilusión colectiva sin correspondencia con la realidad. Siempre queda-

---

[1] En "La diligencia" (1836) especifica Larra que "cuando nos quejamos de que 'esto no marcha', y de que España no progresa, no hacemos más que enunciar una idea relativa; generalizada la proposición de esa suerte, es evidentemente falsa" (*Obras* II, 74). Juan Valera, asimismo, considera en "Sobre el concepto que hoy se forma de España" (1868) que en el país peninsular "estamos mejor que nunca", ya que la corriente civilizadora general "la ha hecho progresar . . . pero estamos peor que nunca, porque nuestra importancia se debe evaluar por comparación" con las mucho más pujantes naciones europeas (*Obras* III, 741).

[2] Tal vez el representante más extremo de esta tendencia crítica sea Russell P. Sebold, quien llega a preguntarse "si esa retardación cultural, social y tecnológica no será, en ciertos casos, pretexto en vez de realidad; si tanto hablar de la agonizante experiencia de 'vivir desviviéndose' y tanto cavilar sobre la España posible o imposible en tal o cual tiempo no será por lo mismo, en esos casos, convención literaria antes bien que expresión de auténtica inquietud" (*El rapto* 168).

ría sin embargo la realidad indiscutible y prolija de esa ilusión. ¿Podemos soslayar en los estudios de literatura española la evidencia de tantos autores que se han sentido rezagados respecto al continente? ¿Es la conciencia de atraso un hecho irrelevante o secundario para la comprensión de su obra? Si la respuesta del lector fuera positiva, tendría que conceder que he fracasado en el propósito central que orientaba este libro. Me permito pensar por el contrario que, pese a haber tenido que limitar mis análisis a un reducido número de escritores, he conseguido mostrar la importancia esencial del tema. Desde que Juan de Cabriada, en lo que se considera primera evidencia de la Ilustración peninsular, compara en 1686 a los españoles con los indios, hasta que bien avanzado el siglo XX los denomina Ortega marroquíes o chinos, existen infinidad de autores que en muy variadas formas expresan el atraso de su entorno social. ¿Constituyen Cabriada y Ortega los dos extremos de esta conciencia? Probablemente no. Según manifiesta Juan Goytisolo, un lamento parecido continuaba aún vigente en la España de los sesenta, si bien para él estaba comenzando a perder correspondencia con la realidad y amenazaba con convertirse en una pura retórica hueca de significado (*El furgón* 810-1).

La conciencia de atraso conlleva un doble sistema de valores que se fundamenta en las nociones de tiempo e identidad. La mentalidad progresista implica una percepción lineal de la Historia que conceptúa el avance en sí como un proceso positivo de adquisición de conocimientos y acarrea una ilimitada fascinación por lo moderno. Este criterio de valoración que podríamos denominar temporal se origina en hechos objetivos, o al menos considerados como tales, y se manifiesta en tendencias observables como la imitación. Pero existe otro criterio mucho más íntimo que arraiga en la necesidad afectiva de proclamar la superioridad propia, y que puede entrar en conflicto con el anterior cuando la persona que juzga piensa pertenecer a una sociedad rezagada. La literatura española ofrece un buen ejemplo de los híbridos resultados que producen estas dos atracciones enfrentadas. Los escritores progresistas españoles proponen la necesidad de imitar a Europa para ponerse a su altura, pero al mismo tiempo observan el efecto descaracterizador de esta tendencia y se repliegan defensivamente hacia los componentes de la identidad nacional. Imitación y casticismo constituyen dos componentes, acción y reacción, de un mismo movimiento.

El casticismo defensivo debe deslindarse de otras posturas como la tradicionalista y primitivista, que reflejan enfrentamientos internos de una comunidad en sus procesos de cambio y renovación. La conciencia de atraso tiñe esta pugna temporal de consideraciones "espaciales" o nacionales, tal como ha podido observarse en diversas obras de la literatura peninsular. Modernidad y tradición tienden a percibirse encarnadas en dos sociedades diferentes, la europea y la propia, y la dinámica del progreso resulta interferida por factores de identificación colectiva. La posición de los escritores españoles ante los problemas sociales y literarios de su tiempo debe entenderse en gran parte como resultado de un conflicto de lealtades a la Europa avanzada y al país al que pertenecen. El primer artículo de Larra sobre el drama *Antony* de Alejandro Dumas es muy significativo al respecto: a pesar de que el autor parece compartir personalmente la desilusión europea moderna frente al progreso, expresa su convicción de que en cuanto español no puede manifestar ese desencanto hasta que el país no se modernice y adopta por ello una postura esencialmente progresista.

Para comprender las implicaciones de esta postura es necesario insistir en que se fundamenta en la conciencia de atraso y motiva un rechazo de la modernidad (incluso de la modernidad literaria) por razones de identidad social. La propuesta progresista de Larra se formula en términos de europeización y significa básicamente andar lo que los grupos más avanzados ya han andado. La tendencia a la imitación que este avance entraña sólo podrá evadirse cuando el país peninsular se ponga al nivel de los europeos modernos, ya que, según el autor madrileño, modernidad equivale a superioridad, y existe la tendencia a imitar la realidad de las sociedades consideradas superiores. Pero ¿significa esto que los escritores españoles están condenados a imitar los movimientos modernos europeos mientras su país no se modernice? Larra parece así creerlo cuando, convencido de que España carece de la capacidad para remontar su situación rezagada, concede desalentado que "lloremos, pues, y traduzcamos". La originalidad parece ser para él un concepto decisivamente condicionado por la conciencia de identidad nacional e inseparablemente asociado a la idea de modernidad.

También Galdós y Unamuno expresan en un determinado momento la certeza de que la europeización es imposible, pero en lugar de interpretar el hecho consecuentemente, a la manera de Larra, como una lamentable incapacidad para superar una situación desventajosa, reaccionan defensivamente y redefinen la noción de atraso de un modo positivo. Conviene subrayar nuevamente que su reacción no se produce en una escala temporal sino espacial: no la provoca la creencia de que el avance progresivo es negativo sino la certeza de que España no puede avanzar o que ese avance supone una merma para su identidad. La valoración etnocéntrica, apasionada y subjetiva, simplemente se superpone a otro tipo de valoración fundamentada en la noción temporal de modernidad y la imposibilidad de armonizar ambas interpretaciones provoca planteamientos cargados de paradojas y contradicciones. Así, por ejemplo, lo femenino fecunda espiritualmente a lo masculino en *Ángel Guerra*, o se pretende recobrar racionalmente la fe perdida, o el pasado español sustituye a la Europa moderna como modelo de futuro. El amor de imposible realización y la muerte final del protagonista, a la que él mismo se refiere como única salida, revelan que el autor era consciente de la inviabilidad de sus soluciones.

Los argumentos pasionales de Unamuno desprecian la lógica y niegan la existencia de una escala objetiva de valoración. Según él, cada persona tiene la obligación de afirmar con vehemencia su superioridad, ya que el concepto de verdad está condicionado por la fuerza con que se afirma y depende por tanto de la personalidad del que habla. Pero incluso en un escrito tan vehemente como "Sobre la europeización" es posible descubrir elementos que denuncian la persistencia de una interpretación temporal o racional del enfrentamiento con Europa. Lo puramente afectivo es refractario a la integración y las relaciones de dominio entre sociedades necesitan para ser explicadas de algún criterio jerarquizador. La incitación unamuniana a intentar españolizar Europa para asimilar la parte de su espíritu que le conviene revela un reconocimiento de superioridad en el otro (aunque sea parcial) que sólo parece poderse explicar recurriendo al concepto de objetividad. La debilidad española y su tendencia a imitar las modas europeas eran hechos que Unamuno reconoce como indiscutibles, y que desmienten en un nivel diferente del discursivo la suposición de que el concepto de valor posee simplemente una justificación etnocéntrica.

La dualidad irresoluble que se observa en las propuestas de estos autores sobre el entorno social caracteriza asimismo su personalidad literaria. El intento que lleva a cabo Unamuno de delimitar un espacio artístico nacional consiste esencialmente en la negación sistemática de todas aquellas características que se juzgan francesas.

Los escritores conceptistas, culteranistas y místicos le proporcionan un modelo de literatura esencialmente española, vehemente y apasionada, que, de hecho, contribuye de manera sustancial a configurar su producción. No quiero decir con ello que Unamuno pretenda resucitar formas de escribir tradicionales, ya que, según he insistido repetidas veces, su actitud no se origina en convicciones tradicionalistas sino en una reacción defensiva. Habría que indagar hasta qué punto la reivindicación de la vitalidad y el apasionamiento no deriva de ciertas fuentes europeas modernas que Unamuno utiliza para combatir la más agobiante influencia francesa. Lo que me interesa poner de relieve en todo caso es que el escritor vasco recurre a razones nacionales, no meramente personales, para justificar su estilo vehemente y su desdén por la lógica.

Tal vez sea sin embargo la preocupación de Galdós por reinterpretar el seguimiento de modelos europeos modernos como una recuperación de tradiciones autóctonas la que mejor exprese la opuesta atracción que experimentan estos autores y el modo en que afecta a sus escritos. La imitación en sí evidencia que Galdós poseía un concepto positivo de lo moderno, puesto que sólo la idea de mejora parece proporcionar una explicación convincente a la imitación; pero al mismo tiempo percibe esa superioridad como una amenaza para su identidad nacional, por el hecho de ser extranjera, y la prevención origina en él una reacción defensiva. Se produce así una ansiedad de influencia que no responde a factores meramente personales sino sociales, y que se pretende eliminar en un nivel colectivo por tanto, españolizando los modelos. El doble movimiento de imitación y apropiación configura decisivamente su manera de escribir, motivando una literatura híbrida en la que se superponen e interaccionan las modas europeas y la tradición nacional.

Pero ¿qué importancia poseen estas consideraciones para la literatura española? ¿Son únicamente aplicables a los escritos de Galdós o Unamuno? Someto al juicio del lector la propuesta de que un buen número de escritores peninsulares pueden ser mejor comprendidos si sus análisis incorporaran la tensión aquí analizada. Mis estudios sobre Cadalso, Ganivet y Antonio Machado, no incluidos en este libro, contribuyen, parcialmente al menos, a probarlo. Porque hay que tener en cuenta que rasgos aparentemente idénticos pueden fundamentarse, según se ha visto, en actitudes radicalmente diferentes. Es muy distinto exaltar la pasión o el pasado contra los avances de un progreso que se juzga negativo, en un eje de coordenadas temporales por tanto, que rebelarse contra la modernidad por percibirla como extranjera y amenazante para la identidad propia. A lo largo del trabajo he señalado ciertos autores, además de los estudiados, cuya obra debería interpretarse recurriendo a la incidencia de esta tensión espacial. Otros muchos podría haber añadido pero en ningún momento ha sido mi intención ser exhaustivo. Me interesa, sin embargo, llamar finalmente la atención sobre dos casos que presentan novedades interesantes.

En 1908 publicó Ortega y Gasset un artículo en *El Imparcial* donde, rebatiendo a los que tachan de pesimista su pensamiento, asegura que "son compatibles dentro de un mismo corazón el optimismo europeo y cierto pesimismo provincial limitado a las cosas de nuestra patria" (*Obras* I, 104). La incorporación de la sociedad española en un más amplio "nosotros" europeo modifica sustancialmente la retórica del enfrentamiento entre la península y el continente. El mismo autor se encarga de evidenciar la intencionalidad del propósito cuando, comentando la propuesta unamuniana de africanizar España, añade: "Frente a todo esto, opongamos la clásica ironía y finjámonos europeos . . . Después de todo, nada se pierde con probar. Como la función crea el órgano, el gesto crea el espíritu" (*Personas* 463). La intención de crear en España un espíritu europeo mediante el gesto de fingir serlo, implica un enfoque distinto del atraso español cuya eficacia tal vez sea discutible pero que merece ser analizado. ¿Hasta qué punto influyó Ortega en la forja de una nueva conciencia nacional frente a Europa? La pregunta es ardua de contestar, pero tal vez no deba considerarse del todo inútil rastrear la presencia y repercusiones del nosotros europeo de Ortega en la vida intelectual española del siglo XX.

De mayor importancia aún me parece el estudio de *Señas de identidad* (1966) y *El furgón de cola* (1967), obras que aparecieron en un breve lapso de tiempo y que revelan un cambio radical, no ya en la interpretación, sino en la concepción de la realidad española. En el libro de ensayos afirma Goytisolo que "para bien y para mal España avanza por el camino de su integración en la familia industrial europea" (811) y a continuación enjuicia el proceso de manera más personal: "en lugar de la Revolución en que soñáramos (continuadora de la obra del despotismo ilustrado y de la tradición progresiva del XIX) . . . topamos con la realidad ingrata de un país en pleno proceso de desarrollo" y sin libertades (811). Bajo el franquismo parece estarse europeizando España y el autor expresa un disgusto ante tal "usurpación" que encontrará eco en la actitud del protagonista de *Señas de identidad*. El rechazo que Álvaro experimenta frente a la modernización franquista, combinado con su certeza de que no existen propuestas alternativas, le incita a sumergirse en el mundo primitivo o inconsciente de lo africano, en el "universo oscuro" (367) de los árabes y los negros.

¿Qué significado posee este segundo viaje? Dejando de lado el complejo tema del primitivismo en España y sus relaciones con el exotismo, puesto que no son conceptos intercambiables, me interesa llamar la atención sobre la relevancia del segundo destino africano del protagonista. La actitud progresista inicial de Álvaro le enfrenta a un entorno atrasado y le conduce a Europa, como fuera el caso de tantos otros españoles por siglos, pero la conciencia de que el proceso europeizador se está cumpliendo le aboca al ámbito primitivo africano. Este doble viaje, que duplica textualmente el de Goytisolo, evidencia poseer una significación importante para la literatura peninsular y merece ser estudiado. El planteamiento del escritor catalán parece revelar un cambio decisivo (o intuir la proximidad de un cambio decisivo) en la identidad española que necesita ser confirmado con un detenido análisis de su obra y la de otros autores contemporáneos. ¿Se ha completado la europeización de que habla Goytisolo y, si es así, cómo ha afectado este hecho a la literatura? ¿Han comenzado a sentirse "modernos" los escritores españoles, con todo lo que ello implica? ¿Qué centros poseen actualmente el prestigio para imponer las modas literarias? La obra de Goytisolo apunta en todo caso hacia una mutación sustancial que se reflejaría en un cambio de dirección en los viajes de reacción al entorno: no conducen a sociedades en las que se imagina realizado el ideal de un futuro deseable sino el de un pasado perdido. La relación con estos pueblos presuntamente rezagados no plantea un conflicto de identidad ni significa una amenaza o un problema, ya que el "problema del otro", como señalé, se origina en la conciencia del atraso propio, de la propia "debilidad".

BIBLIOGRAFÍA CITADA

Abellán, José Luis. *Sociología del 98*. Barcelona: Península, 1973.

Adler, Alfred. *The Practice and Theory of Individual Psychology*. London: Routledge & Kegan, 1964.

Alarcón, Pedro Antonio. *Obras olvidadas*. Cyrus DeCoster, ed. Madrid: Porrúa, 1984.

Alberti, Rafael. *Prosas encontradas (1924-1942)*. Madrid: Ayuso, 1973.

Alkon, Paul K. *Origins of Futuristic Fiction*. Athens: Georgia UP, 1987.

Altamira, Rafael. *Psicología del pueblo español*. Barcelona: Minerva, 1917.

Álvarez de Miranda, Pedro, ed. *Tratado sobre la monarquía columbina*. Madrid: El Archipiélago, 1980.

Amador de los Ríos, José. *Estudios históricos, políticos y literarios sobre los judíos de España*. Madrid: Díaz y Co, 1848.

Aparici Llanas, María Pilar. *Las Novelas de Tesis de B.P.G.* Barcelona: CSIC, 1982.

Aranguren, José Luis. "Unamuno y nosotros." En Antonio Sánchez Barbudo, ed. *Miguel de Unamuno*. 59-88.

Avilés, Miguel, ed. *Sinapia. Una Utopía Española del Siglo de las Luces*. Madrid: Editora Nacional, 1976.

Bacon, Francis. *New Atlantis*. Oxford: Clarendon Press, 1924.

Baker, Edward. "El Madrid de Larra: del Jardín público a la necrópolis." *Sociocriticism* 4-5 (1986-7): 185-206.

Bakhtin, M. M. *The Dialogic Imagination*. Austin: Univ. of Texas Press, 1981.

Barthes, Roland. *Roland Barthes par Roland Barthes*. Paris: Seuil, 1980.

Beauchamp, Gorman. "The Dream of Cockaigne: Some Motives for the Utopias of Escape." *CentR* 25 (1981): 345-62.

Bécquer, Gustavo Adolfo. *Desde mi celda*. Madrid: CCa, 1985.

Berlin, Isaiah. *The Crooked Timber of Humanity. Chapters in the History of Ideas*. New York: Vintage Books, 1992.

Beyrie, Jacques. "Progressisme et littérature en Espagne à la fin du XIXème siècle." En *L'Espagne face aux problèmes de la modernité*. Actes du Colloque International de Toulouse, 25-28 Avril 1978. 73-80.

Bhabha, Homi K. "DissemiNation: time, narrative, and the margins of the modern nation." En Homi K. Bhabha, ed. *Nation and Narration*. New York: Routledge, 1993. 291-322.

⸻. "Of Mimicry and Man: The Ambivalence of Colonial Discourse". *October* 28 (1984): 125-134.

Blanco Aguinaga, Carlos. *Juventud del 98*. Barcelona: Crítica, 1978.

Blanco White, José. *Luisa de Bustamante o la huérfana española en Inglaterra y otras narraciones*. Barcelona: Labor, 1975.

Bloch, Ernst. *The Utopian Function of Art and Literature*. Massachusetts: The MIT Press, 1988.

Bloom, Harold. *The Anxiety of Influence.* New York: Oxford UP, 1973.

Boerner, Peter. "National images and their place in literary research: Germany as seen by eighteen-century French and English reading audiences." *Monatshefte,* John D. Wokman Issue. v. 67 n.º 4 (1975): 358-70.

Bourdieu, Pierre. *Language & Symbolic Power.* Cambridge: Harvard UP, 1994.

Brecht, Bertolt. *The Messingkauf Dialogues.* London: Methuen & Co, 1965.

Brossaud, Jean François. "Réflexions méthodologiques sur l'imagologie." *Revue de Psychologie des Peuples* 23 (1968): 366-77.

Brown, Norman O. *Life Against Death.* Middletown, CT: Wesleyan U. Press, 1977.

Buber, Martin. *Paths in Utopia.* Boston: Beacon Press, 1970.

Bunge, Carlos Octavio. *Nuestra América.* Buenos Aires: La Cultura Argentina, 1918.

Cadalso, José. *Cartas marruecas.* Madrid: Castalia, 1984.

Calinescu, Matei. *Faces of Modernity: Avant-Garde, Decadence, Kitsch.* Bloomington: Indiana UP, 1977.

Campanella, Tommaso. *La Città del Sole. Dialogo Poetico.* Berkeley: Univ. of California Press, 1981.

Cano, José Luis. "Dos cartas inéditas de Unamuno sobre la Guerra Civil." *Río Piedras* n. 2. Marzo 1973.

Casalduero, Joaquín. "Introducción" a *Marianela.* 9-43.

———. "Galdós, de Morton a Almudena." *Modern Language Notes* LXXIX (1964): 181-7.

Cassirer, Ernst. *The Philosophy of the Enlightenment.* Princeton: Princeton UP, 1979.

Caudet, Francisco. "*Fortunata y Jacinta*: el 'naturalismo espiritual.' " John W. Kronik y Harriet S. Turner. *Textos y Contextos de Galdós.* Madrid: CCa, 1994. 91-104.

Césaire, Aimé. *Discourse on Colonialism.* New York: Monthly Review Press, 1972.

Cioran. *Histoire et utopie.* París: Gallimard, 1960.

"Clarín," Leopoldo Alas. *Obras completas* I. Madrid: Renacimiento, 1912.

Cohen, Sara E. "Almudena and the Jewish Theme in *Misericordia.*" *AG* VIII (1973): 51-61.

Colin, Vera. "A Note on Tolstoy and Galdós." En R. Cardona and A. N. Zahareas, ed. *The Christ Figure in the Novels of Pérez Galdós.* Pittsburgh: Anales Galdosianos, 1967. 79-92.

Conway, Jill K. "Introduction: The Concept of Gender." *Daedalus* 116 (1987): XXI-XXX.

Correa, Gustavo. *El simbolismo religioso en las novelas de Pérez Galdós.* Madrid: Gredos, 1974.

———. "Tradición mística y cervantismo en las novelas de Galdós, 1890-97." *Hispania* 53 (1970): 842-51.

Cro, Stelio, ed. *Descripción de la Sinapia.* Mc Master University, 1975.

———. *Realidad y Utopía en el descubrimiento y conquista de la América Hispana (1492-1682).* Michigan: I.B.P., 1983.

Crocker, Lester G. *An Age of Crisis. Man and World in Eighteenth Century French Thought.* Baltimore: The Johns Hopkins Press, 1959.

Davis, J. C. *Utopia and the ideal society.* Cambridge: Cambridge University Press, 1981.

de Camp, L. Sprague. "Robert E. Howard's Fiction." En Darrell Schweitzer, ed. *Exploring Fantasy Worlds.* San Bernardino: Borgo Press, 1985. 52-66.

Dendle, Brian. "Perspectives of Judgment: A Reexamination of *Gloria.*" *AG* XV (1980): 23-43.

Dendle, Brian. *The Novel of Religious Thesis in Spain. 1875-1936*. Ann Arbor: Univ. Microfilms, 1966.

Dérozier, Albert. "¿Por qué una revisión de Larra?" En *Revisión de Larra (¿Protesta o Revolución?)*. Besançon: Annales Littéraires de l'Université de Besançon, 1983. 13-34.

Derrida, Jacques. "Racism's Last Word." En Henry Louis Gates, ed. *"Race", Writing, and Difference*. Chicago: Chicago UP, 1986. 329-338.

———. "Psyche: Inventions of the Other." En Lindsay Waters and Wlad Godzich, eds. *Reading de Man Reading*. Minneapolis: U of Minnesota P, 1989. 25-65.

Dolgin, Stacey. "Nazarín and Galdós's Modern Point of View." *South Atlantic Review* 55, n.º 1 (1990): 93-102.

Domínguez Ortiz, Antonio. *Hechos y figuras del siglo XVIII español*. Madrid: Siglo XXI, 1973.

Doren, Alfred. "Wunschräume und Wunschzeiten." En Neusüss, Arnhelm, ed. *Utopie. Begriff und Phänomen des Utopischen*. 123-77.

Dowdle, Harold L. "Galdós' use of Quijote motifs in *Ángel Guerra*." *AG* XX n.º 1 (1985): 113-22.

Duchet, Michèle. "Discours ethnologique et discours historique: le texte de Lafitau". *SVEC* 152 (1976): 607-23.

Dudley, Edward, y Maximillian E. Novak, eds. *The Wild Man Within*. Pittsburgh: Pittsburgh UP, 1972.

Dumas, C. "Algunos aspectos de Unamuno galófobo." *CA* 137 (1964): 237-248.

Dysenrinck, Hugo. "Zum Problem der 'images' und 'mirages' und ihrer Untersuchung im Rahmen der Vergleichenden Literaturwissenschaft." *Arcadia* I (1966): 107-20.

Earle, Peter. "Utopia, Universópolis, Macondo." *HR* 50 (1982): 143-57.

———. *Unamuno and English Literature*. New York: Hispanic Institute, 1960.

Eiras Roel, Antonio. "Problemas demográficos del siglo XVIII." *España a finales del siglo XVIII*. Gonzalo Anes et al. Tarragona: Ed. de la Hemeroteca, 1982. 13-30.

El Censor (1781-87). Ed. por E. García-Pandavenes. Barcelona: Labor, 1972.

Eliade, Mircea. *Cosmos and History. The Myth of the Eternal Return*. New York: Garland Publishing, 1985.

Eliav-Feldon, Miriam. *Realistic Utopias*. Oxford: Clarendon Press, 1982.

Escobar, José. *Los orígenes de la obra de Larra*. Madrid: Editorial Prensa Española, 1973.

———. "El sombrero y la mantilla: moda e ideología en el costumbrismo romántico español." En *Revisión de Larra (¿Protesta o Revolución?)*. Besançon: ALUB, 1983. 161-165.

Fanon, Frantz. *Black Skin, White Masks*. New York: Grove Press, 1967.

———. *Los condenados de la tierra*. México: FCE, 1963.

Fayard, Janine. "La guerra de Sucesión (1700-14)." *Historia de España* V. Manuel Tuñón de Lara, dir. Barcelona: Labor, 1980.

Feijoo, Benito F. *Obras escogidas*. Madrid: BAE, 1924.

———. *Teatro crítico universal*. Madrid: Cátedra, 1980.

Fernández Montesinos, José. *Galdós* I. Madrid: Castalia, 1968.

Fernández Retamar, Roberto. "Modernismo, Noventiocho, Subdesarrollo." *Actas del Tercer Congreso Internacional de Hispanistas*. México, 1970. 345-353.

Fernández Turienzo, Francisco. "Unamuno, Menéndez Pelayo y la verdadera realidad histórica." En Gómez Molleda. 574-596.

Foucault, Michel. "The Subject and Power." *Critical Inquiry* 8 (Summer 1982): 777-795.

———. "What Is an Author?" En Vassilis Lambropoulos. 124-42.

Fox, Inman. " 'La amarga realidad' and the Spanish imagination." En Silvia Molloy, ed. *Essays on Hispanic Literature*. 1983. 73-8.

———. *La Crisis Intelectual del 98*. Madrid: Edicusa, 1976.

France, Peter. "Primitivism and Enlightenment: Rousseau and the Scots." En C. J. Rawson, ed. *The Yearbook of English Studies*. Leeds: W. S. Maney and Son, 1985. 64-79.

Franco, Dolores. *España como preocupación*. Madrid: Guadarrama, 1960.

Freud, Sigmund. *Civilization and Its Discontents*. New York: W. W. Norton and Co., 1961.

———. *Three Contributions to the Theory of Sex*. En *The Basic Writings of Sigmund Freud*. New York: The Modern Library, 1938. 553-629.

Frye, Northrop. "Varieties of Literary Utopias." En Manuel Frank. *Utopias and utopian thought*. 25-49.

Gadamer, Hans-Georg. *Truth and Method*. New York: Continuum, 1993.

Ganivet, Ángel. *Idearium Español*. Madrid: Imprenta clásica española, 1923.

García Camarero, Ernesto y Enrique, eds. *La polémica de la ciencia en España*. Madrid: Alianza, 1970.

García-Pandavenes, E., ed. *El Censor (1781-87)*. Barcelona: Labor, 1972.

García-Viñó, M. "Literatura e industrialismo en España." *Arbor* 108 (1981): 101-105.

Gómez Molleda, D., ed. *Volumen-Homenaje a Miguel de Unamuno*. Salamanca: Casa Museo Unamuno, 1986.

Goytisolo, Juan. *El furgón de cola*. En *Obras completas* II. Madrid: Aguilar, 1978. 805-1056.

———. *Señas de identidad*. Barcelona: Seix Barral, 1976.

Guinard, Paul-Jacques. "Les utopies en Espagne au XVIIIe siècle." En *Recherches sur le roman historique en Europe, XVIII-XIX siècles*. París: Les Belles Lettres, 1977. 171-202.

Gullón, Ricardo. *Galdós, novelista moderno*. Madrid: Gredos, 1966.

Gusfield, Joseph R. *Utopian Myths and Movements in Modern Societies*. Morristown: General Lerning Press, 1973.

Guyard, Marius-François. *La Littérature comparée*. Paris: Presses Univ. de France, 1951.

Hafter, Monroe Z. " 'Bálsamo contra bálsamo' in *Ángel Guerra*." *AG* IV (1969): 39-48.

———. "Toward a History of Spanish Imaginary Voyages." *Eighteenth Century Studies* VII (1975): 265-82.

Hansen, Keith W. *Tragic Lucidity. Discourse of Recuperation in Unamuno and Camus*. New York: Peter Lang, 1993.

Hansen, Klaus P. "Utopische und retrospektive Mentalität: Uberlegungen zu einer verkannten Tradition." *DVLG* 57 (1983): 569-92.

Hawkins, Hunt. "Conrad and the Psychology of Colonialism". En Ross C. Murfin, ed. *Conrad Revisited*. Alabama: Alabama UP, 1985.

Herrero, Javier. *Los orígenes del pensamiento reaccionario español*. Madrid: Edicusa, 1971.

Hoddie, James H. "*Gloria* reconstructed." *AG* XVI (1981): 119-27.

Hutcheon, Linda. "Ironie et parodie: stratégie et structure." *Poetique* 36 (1978): 467-477.

Hutchinson, Steven. "Mapping Utopia." *MP* 85 (1987): 170-85.

Ilie, Paul. "Autophagus Spain and the European Other." *Hispania* 67 (1984): 28-35.

———. "Self-Images in the Mirror of the Otherness." En Richard Herr & John H. R. Polt, ed. *Iberian Identity*. Univ. of California, Berkeley, IIS, 1989. 156-80.

Ilie, Paul. "Cultural Norms in the Spain of Soler." *Modern Language Studies* XIV n.° 2. Spring 1984. 10-35.

———. "Larra's Nightmare." *Revista Hispánica Moderna* 38 (1974-5): 153-166.

———. *Unamuno. An Existential View of Self and Society.* Madison: Wisconsin UP, 1967.

Irigaray, Luce. *Speculum of the Other Woman.* Ithaca: Cornell UP, 1985.

Iser, Wolfgang. "The Reading Process: A Phenomenological Approach." En Vassilis Lambropoulos. 381-400.

Jameson, Fredric. "Progress Versus Utopia; or, Can We Imagine the Future?" *SFS* 27 (July 1982): 147-58.

Jehmlich, Reimer. "Phantastik – Science Fiction – Utopie. Begriffsgeschichte und Begriffsabgrenzung." En Christian W. Thomsen und Jens Malte Fischer, ed. *Phantastik in Literatur und Kunst.* Darmstadt: Wissenschaftliche Buchgesellschaft, 1980. 11-33.

Jiménez, Juan Ramón. *Política poética.* Germán Bleiberg, ed. Madrid: Alianza, 1982.

Johnson, Roberta. "Las Guerras Personales de la Generación del '98." John P. Gabriele, ed. *Divergencias y unidad: perspectivas sobre la Generación del '98 y Antonio Machado.* Madrid: Orígenes, 1990.

Jovellanos, Gaspar Melchor de. *Obras en prosa.* Madrid: Castalia, 1978.

Juderías, Julián. *La Leyenda Negra.* Madrid: EN, 1974.

Juretschke, Hans. *España ante Francia.* Madrid: EFE, 1940.

King, Edmund L. "What is Spanish Romanticism?" *SiR* II, n.° 1 (1962): 1-11.

Kirkpatrick, Susan. *Larra: El laberinto inextricable de un romántico liberal.* Madrid: Gredos, 1977.

———. "Spanish Romanticism." En Roy Porter, ed. *Romanticism in National Context.* Cambridge: Cambridge UP, 1988.

———. "Spanish Romanticism and the Liberal Project: The Crisis of Mariano José de Larra." *Studies in Romanticism* 16 (Fall 77): 451-71.

Kristeva, Julia. "Psychoanalysis and the Polis." En Vassilis Lambropoulos, ed. *Twentieth-Century Literary Theory.* New York: State of NY Press, 1987.

Krömer, Wolfram. "El Romanticismo en España y en los países de lengua alemana (Contactos y afinidades)." *Arbor* 119 (1984): 123-134.

Lacan, Jacques. *Ecrits.* Paris: Editions du Seuil, 1966.

Lafaye, Jacques. *Quetzalcóatl y Guadalupe. La formación de la conciencia nacional en México.* México: FCE, 1977.

Laín Entralgo, Pedro. *La Generación del Noventa y Ocho.* Madrid: Espasa Calpe, 1967.

Laing, R. D. *The Divided Self.* New York: Pantheon Books, 1969.

Lakdahri, Sadi. "Le sein coupé dans *Ángel Guerra*." *Les Langues Neo-Latines* 81, n.° 260 (1987): 117-31.

Lambropoulos, Vassilis y David Neal Miller, eds. *Twentieth-Century Literary Theory.* New York: State Univ. of New York Press, 1987.

Lapesa, Rafael. "El beodo frente al literato en San Agustín y Larra." En *Poemas y Ensayos para un Homenaje.* Madrid: Tecnos, 1976.

Larra, Mariano José. *Obras* I y II. Madrid: B.A.E., 1960.

Lausberg, Heinrich. *Elementos de retórica literaria.* Madrid: Gredos, 1983.

Le Flem, Jean Paul. "Los aspectos económicos de la España moderna." *Historia de España* V. Manuel Tuñón de Lara, dir. Barcelona: Labor, 1980.

Lerner, Laurence. "Arkadien und das Goldene Zeitalter." En Pfister. 114-34.

Lévi-Strauss, Claude. *Race et histoire.* Paris: Gonthier, 1961.

———. *Tristes tropiques.* Paris, 1975.

Lida, Denah. "Sobre el 'krausismo' de Galdós." *AG* II (1967): 1-27.

Litvak, Lily. *Geografías mágicas. Viajeros españoles del siglo* XIX *por países exóticos (1800-1913).* Barcelona: Laertes, 1984.

López, François. "La historia de las ideas en el siglo XVIII: concepciones antiguas y revisiones necesarias." *Boletín del Centro de Estudios del Siglo XVIII*. Oviedo, 1975. 3-18.

López, Ignacio Javier. "En torno a la recepción del naturalismo en España." *NRFH* XXXIX, n.º 2 (1991): 1005-1023.

López Estrada, Francisco. "Prólogo" a Stelio Cro. *Realidad y utopía*. VII-XII.

——. *Tomás Moro y España: sus relaciones hasta el siglo XVIII*. Madrid: Universidad Complutense, 1980.

López Ibor, Juan José. *El español y su complejo de inferioridad*. Madrid: Rialp, 1954.

López Morillas, Juan. *Hacia el 98*. Barcelona: Ariel, 1972.

López Piñero, José María. *La introducción de la ciencia moderna en España*. Barcelona: Ariel, 1969.

Lorenzo-Rivero, Luis. *Estudios Literarios sobre Mariano J. de Larra*. Madrid: Porrúa, 1986.

——. *Larra: Lengua y estilo*. Madrid: Playor, 1977.

Lovejoy, Arthur O. and George Boas. *Primitivism and Related Ideas in Antiquity*. New York: Octagon Books, 1973.

Lowe, Jennifer. "*Ángel Guerra* and *Halma*: A Study of two love-relationships." *Hispanófila* 67 (1979): 53-61.

Lloréns, Vicente. *El Romanticismo español*. Madrid: Castalia, 1989.

Macías Picavea, Ricardo. *El problema nacional*. Madrid: Suárez, 1899.

Maeztu, Ramiro. *Hacia otra España*. Bilbao: Cardenal, 1899.

Mainer, José Carlos. "El teatro de Galdós: símbolo y utopía." En *La crisis de fin de siglo: Ideología y Literatura*. Barcelona: Ariel, 1975. 177-212.

——. "1900-1910: New Literature, New Publics." Wlad Godzich y Nicholas Spadaccini, eds. *The Crisis of Institutionalized Literature in Spain*. Minneapolis: The Prisma Institute, 1988. 195-227.

Mannheim, Karl. *Ideology and Utopia*. New York: Harcourt, Brace and World, 1936.

Maravall, José Antonio. "La palabra *civilización* y su sentido en el siglo XVIII." *Actas del Quinto Congreso Internacional de Hispanistas* I. Burdeos, 1977. 79-104.

——. "Las transformaciones de la idea de progreso en Miguel de Unamuno." *CHA* 440-1 (1987): 129-161.

——. "De la Intrahistoria a la Historia." En Gómez Molleda. 175-230.

——. *Utopía y contrautopía en el Quijote*. Santiago de Compostela: Pico Sacro, 1976.

——. *Utopía y Reformismo en la España de los Austrias*. Madrid: Siglo XXI, 1982.

Marchena, Abate. *Obras en Prosa*. Madrid: Alianza, 1985.

Marías, Julián. "La voz de Unamuno y el problema de España." En Antonio Sánchez Barbudo, ed. *Miguel de Unamuno*. 35-44.

Memmi, Albert. *The Colonizer and the Colonized*. New York: The Orion Press, 1965.

Menéndez Pidal, Ramón. *Los españoles en la historia*. Madrid: Espasa Calpe, 1982.

Mestre, Antonio. "La imagen de España en el siglo XVIII: apologistas, críticos y detractores." *Arbor* 115 (1983): 49-73.

——. "Corrientes interpretativas actuales de la Ilustración española." *España a finales del siglo XVIII*. Gonzalo Anes et al. Tarragona: Ed. de la Hemeroteca, 1982. 73-82.

Michaels, Walter Benn. "Race into Culture: A Critical Genealogy of Cultural Identity." *Critical Inquiry* 18 (Summer 1992): 655-85.

Miller, Stephen. *El mundo de Galdós*. Santander: Sociedad Menéndez Pelayo, 1983.

Morales Oliver, L. *África en la literatura española* III. Madrid: CSIC, 1964.

Morgan, Arthur E. *Nowhere was Somewhere*. Chapel Hill: The University of North Carolina Press, 1946.

Moro, Tomás. *Utopía*. Madrid: Alianza Editorial, 1987.

Morón, Ciriaco. "Unamuno y Hegel." En Antonio Sánchez Barbudo, ed. *Miguel de Unamuno*. 151-179.

Morson, Gary Saul. *The Boundaries of Genre. Dostoevsky's Diary of a Writer and the Traditions of Literary Utopia*. Austin: Univ. of Texas Press, 1981.

Morton, A. L. *The English Utopia*. London: Lawrence and Wishart Ltd., 1969.

Mumford, Lewis. *The Story of Utopias*. New York: The Viking Press, 1962.

Navajas, Gonzalo. *Miguel de Unamuno: Bipolaridad y Síntesis Ficcional. Una Lectura Posmoderna*. Barcelona: PPU, 1988.

Nietzsche, Friedrich. *The Use and Abuse of History*. En *The Complete Works 5*. New York: Gordon Press, 1974. 1-100.

Nozick, M. "Unamuno, gallophobe." *The Romanic Review* LIV, n.° 1 (1963): 30-48.

O'Connor, D. J. "The Recurrence of Images in *Ángel Guerra*." *Anales Galdosianos* XXIII (1988): 73-82.

Ortega y Gasset, José. *El espectador*. En *Obras completas* II.

———. *El tema de nuestro tiempo*. Madrid: Galo, 1934.

———. *España invertebrada*. En *Obras completas* III. 35-128.

———. *Meditaciones del Quijote*. En *Obras completas* I. Madrid: Cátedra, 1984.

———. *Obras completas* I a VIII. Madrid: Alianza/Revista de Occidente, 1983.

———. *Personas, obras, cosas*. En *Obras completas* I. 417-574.

———. *Teoría de Andalucía y otros ensayos*. En *Obras completas* VI. 109-214.

Ouimette, Victor. *Reason Aflame. Unamuno and the Heroic Will*. New Haven: Yale UP, 1974.

Palley, Julian. "Unamuno: The Critique of Progress." *Revista de Estudios Hispánicos* X (1976): 237-260.

Panofsky, Erwin. *Studies in Iconology*. New York: Harper and Row, 1972.

Pardo Bazán, Emilia. *La España de ayer y de hoy*. Madrid: Avrial, s.f.

———. *Obras completas* III. Madrid: Aguilar, 1947.

París, Carlos. *Unamuno, estructura de su mundo intelectual*. Barcelona: Anthropos, 1989.

Pattison, Walter. *Etapas preliminares de "Gloria"*. Barcelona: Puvill, s.f.

———. *Galdós and the Creative Process*. Minneapolis: Minnesota UP, 1954.

Peckham, Morse. "Toward a theory of Romanticism." *PMLA* 66 (1951): 3-23.

———. "Toward a Theory of Romanticism II: Reconsiderations." *SiR* I (1961): 1-8.

Pérez, Joseph. "España moderna (1474-1700)." *Historia de España* V. Manuel Tuñón de Lara, dir. Barcelona: Labor, 1980.

Pérez Galdós, Benito. *Alma y vida*. En *Obras completas. Cuentos y Teatro*. Madrid: Aguilar, 1941. 521-585.

———. *Ángel Guerra*. En *Novelas y miscelánea*. Madrid: Aguilar, 1973. 9-346.

———. *Doña Perfecta*. En *Novelas* I. Madrid: Aguilar, 1973. 413-511.

———. *Ensayos de Crítica literaria*. Barcelona: Península, 1972.

———. *Gloria*. En *Novelas* I. Madrid: Aguilar, 1973. 513-699.

———. *Halma*. En *Obras completas* V. Madrid: Aguilar, 1942. 1815-1921.

———. *Marianela*. Madrid: Cátedra, 1984.

———. *Misericordia*. En *Obras completas* V. Madrid: Aguilar, 1942. 1923-2043.

———. *Nazarín*. En *Obras completas* V. Madrid: Aguilar, 1942. 1723-1814.

———. *Novelas y miscelánea*. Madrid: Aguilar, 1973.

———. *Rosalía*. Madrid: Cátedra, 1983.

Pérez Gutiérrez, Francisco. *El problema religioso en la generación de 1868*. Madrid: Taurus, 1975.

Perry, Leonard. "Ambivalencia en 'La nochebuena de 1836', de Larra." *Arbor* 112 (1982): 87-97.

Prawer, Siegbert. "National Character and National Literature." *Comparative Literary Studies. An Introduction.* London: Duckworth, 1973. 13-30.

Prince, Gerald. *A Dictionary of Narratology.* Lincoln: Nebraska UP, 1987.

Ramos-Gascón, Antonio. "Spanish Literature as a Historiographic Invention: The Case of the Generation of 1898." En Wlad Godzich y Nicholas Spadaccini, eds. *The Crisis of Institutionalized Literature in Spain.* Minneapolis: The Prisma Institute, 1988. 167-193.

Regalado García, A. *El siervo y el señor. La dialéctica agónica de Miguel de Unamuno.* Madrid: Gredos, 1968.

Reyes, Alfonso. *Última Tule.* En *Obras completas de Alfonso Reyes* XI. México: FCE, 1960.

Ribbans, Geoffrey. "Some subversive thoughts on *Modernismo* and the Generation of '98." *Philological Papers* 39 (1993): 1-17.

Ricard, Robert. *Galdós et ses romans.* Paris: CRIEH, 1961.

Ricoeur, Paul. *Histoire et Vérité.* Paris: Ed. du Seuil, 1987.

Río, Ángel del. *El concepto contemporáneo de España.* Buenos Aires: Losada, 1946.

Rodgers, Eamon. *From Enlightenment to Realism: The Novels of Galdós. 1870-1887.* Dublin: Jack Hade & Co., 1987.

———. "Galdós y el 'complejo de inferioridad' español en el siglo XIX." En *Nationalisme et cosmopolitisme dans les littératures ibériques au XIXème siècle.* Univ. de Lille, 1973. 119-31.

Rodríguez-Aranda, Luis. *El desarrollo de la razón en la cultura española.* Madrid: Aguilar, 1962.

Roemer, Kenneth M. "Defining America as Utopia." En Kenneth M. Roemer, ed. *America as Utopia.* New York: Burt Franklin and Company, 1981. 1-15.

Rogers, Douglass M., ed. *Benito Pérez Galdós.* Madrid: Taurus, 1973.

Rüdiger, Horst. "Grenzen und Aufgaben der Vergleichenden Literaturwissenschaft." En *Zur Theorie der Vergleichenden Literaturwissenschaft.* Berlin: de Gruyter, 1971. 1-14.

Ruiz Ramón, Francisco. *Tres personajes galdosianos.* Madrid: Revista de Occidente, 1964.

Said, Edward. *Orientalism.* New York: Vintage Books, 1979.

Sainz Rodríguez, P. *Evolución de las ideas sobre la decadencia de España.* Madrid: Rialp, 1962.

Sánchez Barbudo, Antonio. *Estudios sobre Unamuno y Machado.* Madrid: Guadarrama, 1959.

———. Ed. *Miguel de Unamuno.* Madrid: Taurus, 1974.

Sargent, Lyman Tower. "Utopia: The Problem of Definition." *Extrapolation* 16 (1975): 137-48.

Sarmiento, Domingo Faustino. *Conflicto y armonía de razas en América.* Buenos Aires: La Cultura Argentina, 1915.

———. *Viajes.* Buenos Aires: Ed. Culturales Argentinas, 1961.

Sartre, Jean Paul. "Prefacio" a Frantz Fanon. *Los condenados de la tierra.* México: FCE, 1963. 7-29.

Sayers, Kathleen M. "El sentido de la tragedia en *Ángel Guerra*." *AG* V (1970): 81-5.

Scanlon, Geraldine M. "Religion and Art in *Ángel Guerra*." *AG* VIII (1973): 99-105.

Scari, Robert M. "Unamuno: Fruto Tardío del Romanticismo Español." *Hispanófila* 81 (1984): 51-70.

Schyfter, Sara E. *The Jew in the Novels of Benito Pérez Galdós.* London: Tamesis, 1978.

Scott, Joan W. "Gender: A Useful Category of Historical Analysis." En Elizabeth Weed, ed. *Coming to Terms.* New York: Routledge, 1989. 81-100.

Sebold, Russell P. *Descubrimiento y fronteras del neoclasicismo español.* Madrid: Cátedra/Juan March, 1985.

———. *El rapto de la mente.* Barcelona: Anthropos, 1989.

Sepúlveda, Juan Ginés de. *Demócrates Segundo o de las justas causas de la guerra contra los indios.* Madrid: CSIC, 1984.

Servier, Jean. *Histoire de l'utopie.* Paris: Gallimard, 1967.

Shaw, Donald. *La Generación del 98.* Madrid: Cátedra, 1982.

Shoemaker, William H. "A Note on Galdós' Religion in *Gloria*." *AG* XI (1976): 109-118.

———. *La Crítica Literaria de Galdós.* Madrid: Ínsula, 1979.

———. *The Novelistic Art of Galdós* II y III. Valencia: Albatros, 1980.

Sinnigen, John H. "The problem of individual and social redemption in *Ángel Guerra*." *AG* XII (1977): 129-40.

Smith, Alan. "Introducción" y "Estudio-Epílogo" a Benito Pérez Galdós. *Rosalía.* 11-14 y 385-438.

Sosa López, Emilio. "Galdós y las tensiones espirituales de su tiempo." *Cuadernos Americanos* 219 (1978): 146-61.

Spivak, Gayatri Chakravorty. "Three Women's Texts and a Critique of Imperialism." En Henry Louis Gates, ed. *"Race", Writing, and Difference.* Chicago: Chicago UP, 1986. 262-280.

Suleiman, Susan Rubin. *Le roman à thèse.* Paris: PUF, 1983.

Suvin, Darko. "Defining the Literary Genre of Utopia: Some Historical Semantics, Some Geneology, A Proposal and a Plea." *Studies in the Literary Imagination* 2 (1973): 121-45.

Teichmann, Reinhard. *Larra: sátira y ritual mágico.* Madrid: Playor, 1986.

Todorov, Tzvetan. "'Race', Writing, and Culture." *Critical Inquiry* 13 (1986): 171-181.

———. *Introduction a la Littérature Fantastique.* Paris: Editions du Seuil, 1970.

Tomashevskij, Boris. "Literature and Biography." En *Reading in Russian Poetics.* Ann Arbor: Michigan Slavic Publications, 1978. 47-55.

Torrecilla, Jesús. "Historia y 'ansiedad de influencia' colectiva en Ganivet." *Hispanic Review* 62 (Summer 1994): 363-379.

———. "¿Modernidad o autenticidad? La originalidad de Machado." *Bulletin of Hispanic Studies* 63 (1996): 57-76.

———. "La Luz de la Nación en las *Cartas marruecas*." En Jesús Torrecilla y Francisco LaRubia, eds. *Razón, Tradición y Modernidad: Revisión de la Ilustración Hispánica.* Madrid: Tecnos/Anaya, 1996.

———. "La pretendida 'utopía práctica' española en América: Las Casas y Quiroga." *Romanische Forschungen* 104, Heft 1/2 (1992): 89-103.

Toynbee, Arnold. *A study of History* I y III. London: Oxford Univ. Press, 1963.

Trousson, Raymond. *Voyages aux Pays de Nulle Part.* Bruxelles: Editions de l'Université de Bruxelles, 1975.

Ullman, Pierre L. *Mariano de Larra and Spanish Rhetoric.* Madison: Wisconsin UP, 1971.

Umbral, Francisco. *Larra. Anatomía de un dandy.* Madrid: Biblioteca Nueva, 1976.

Unamuno, Miguel de. *Castilla y León.* En *Obras* I. 615-682.

———. *Contra esto y aquello.* En *Obras* III. 503-633.

———. *El Porvenir de España.* En *Obras* III. 634-677.

———. *En torno al casticismo.* En *Obras* I. 773-869.

———. *Ensueño de una Patria.* Ed. por Víctor Ouimette. Valencia: Pre-textos, 1984.

———. *España y los españoles.* En *Obras* III. 679-827.

———. *La Raza y la Lengua.* En *Obras* IV. 87-703.

Unamuno, Miguel de. *Letras de América y otras lecturas*. En *Obras* IV. 704-1454.
———. "Sobre la europeización. (Arbitrariedades)." En *Obras* III. 925-938.
———. *Mi Religión y otros ensayos breves*. En *Obras* III. 259-367.
———. *Obras completas* I, III y IV. Madrid: Escelicer, 1966.
———. *Paisajes*. En *Obras* I. 53-82.
———. *República Española y España Republicana*. Ed. por Vicente González Martín. Salamanca: Almar, 1979.
———. *Vida de Don Quijote y Sancho*. En *Obras* III. 51-256.
Valera, Juan. *Obras completas* I a IV. Madrid: Aguilar, 1961.
Varela, José Luis. *Larra y España*. Madrid: Espasa Calpe, 1983.
Vilar, Pierre. "La España de Carlos III." Gonzalo Anes et al. *España a finales del siglo XVIII*. Tarragona: Ed. de la Hemeroteca, 1982. 83-93.
Wellek, René. "The Crisis of Comparative Literature." *Concepts of Criticism*. New Haven: Yale UP, 1963.
———. "The Name and Nature of Comparative Literature." *Discriminations: Further Concepts of Criticism*. New Haven: Yale UP, 1970.
——— y Austin Warren. *Teoría literaria*. Madrid: Gredos, 1981.
Williams, Raymond. "Utopia and Science Fiction." *Science-Fiction Studies* 5 (1978): 203-14.
Wyler, Jacqueline. "La evolución del concepto de patriotismo en la obra de Larra." En *Revisión de Larra (¿Protesta o Revolución?)*. Besançon: ALUB, 1983. 217-224.
Zavala, Iris M. *La Angustia y la Búsqueda del Hombre en la Literatura*. México: Univ. Veracruzana, 1965.

ÍNDICE

NORTH CAROLINA STUDIES IN THE ROMANCE LANGUAGES AND LITERATURES

I.S.B.N. Prefix 0-8078-

Recent Titles

RABELAIS: HOMO LOGOS, by Alice Fiola Berry. 1979. (No. 208). -9208-4.

"DUEÑAS" AND DONCELLAS": A STUDY OF THE DOÑA RODRÍGUEZ EPISODE IN "DON QUIJOTE", by Conchita Herdman Marianella. 1979. (No. 209). -9209-2.

PIERRE BOAISTUAU'S "HISTOIRES TRAGIQUES": A STUDY OF NARRATIVE FORM AND TRAGIC VISION, by Richard A. Carr. 1979. (No. 210). -9210-6.

REALITY AND EXPRESSION IN THE POETRY OF CARLOS PELLICER, by George Melnykovich. 1979. (No. 211). -9211-4.

MEDIEVAL MAN, HIS UNDERSTANDING OF HIMSELF, HIS SOCIETY, AND THE WORLD, by Urban T. Holmes, Jr. 1980. (No. 212). -9212-2.

MÉMOIRES SUR LA LIBRAIRIE ET SUR LA LIBERTÉ DE LA PRESSE, introduction and notes by Graham E. Rodmell. 1979. (No. 213). -9213-0.

THE FICTIONS OF THE SELF. THE EARLY WORKS OF MAURICE BARRES, by Gordon Shenton. 1979. (No. 214). -9214-9.

CECCO ANGIOLIERI. A STUDY, by Gifford P. Orwen. 1979. (No. 215). -9215-7.

THE INSTRUCTIONS OF SAINT LOUIS: A CRITICAL TEXT, by David O'Connell. 1979. (No. 216). -9216-5.

ARTFUL ELOQUENCE, JEAN LEMAIRE DE BELGES AND THE RHETORICAL TRADITION, by Michael F. O. Jenkins. 1980. (No. 217). -9217-3.

A CONCORDANCE TO MARIVAUX'S COMEDIES IN PROSE, edited by Donald C. Spinelli. 1979. (No. 218). 4 volumes, -9218-1 (set), -9219-X (v. 1), -9220-3 (v. 2); -9221-1 (v. 3); -9222-X (v. 4).

ABYSMAL GAMES IN THE NOVELS OF SAMUEL BECKETT, by Angela B. Moorjani. 1982. (No. 219). -9223-8.

GERMAIN NOUVEAU DIT HUMILIS: ÉTUDE BIOGRAPHIQUE, par Alexandre L. Amprimoz. 1983. (No. 220). -9224-6.

THE "VIE DE SAINT ALEXIS" IN THE TWELFTH AND THIRTEENTH CENTURIES: AN EDITION AND COMMENTARY, by Alison Goddard Elliot. 1983. (No. 221). -9225-4.

THE BROKEN ANGEL: MYTH AND METHOD IN VALÉRY, by Ursula Franklin. 1984. (No. 222). -9226-2.

READING VOLTAIRE'S CONTES: A SEMIOTICS OF PHILOSOPHICAL NARRATION, by Carol Sherrnan. 1985. (No. 223). -9227-0.

THE STATUS OF THE READING SUBJECT IN THE "LIBRO DE BUEN AMOR", by Marina Scordilis Brownlee. 1985. (No. 224). -9228-9.

MARTORELL'S TIRANT LO BLANCH: A PROGRAM FOR MILITARY AND SOCIAL REFORM IN FIFTEENTH-CENTURY CHRISTENDOM, by Edward T. Aylward. 1985. (No. 225). -9229- 7.

NOVEL LIVES: THE FICTIONAL AUTOBIOGRAPHIES OF GUILLERMO CABRERA INFANTE AND MARIO VARGAS LLOSA, by Rosemary Geisdorfer Feal. 1986. (No. 226). -9230-0.

SOCIAL REALISM IN THE ARGENTINE NARRATIVE, by David William Foster. 1986. (No. 227). -9231-9.

HALF-TOLD TALES: DILEMMAS OF MEANING IN THREE FRENCH NOVELS, by Philip Stewart. 1987. (No. 228). -9232-7.

POLITIQUES DE L'ECRITURE BATAILLE/DERRIDA: le sens du sacré dans la pensée française du surréalisme à nos jours, par Jean-Michel Heimonet. 1987. (No. 229). -9233-5.

GOD, THE QUEST, THE HERO: THEMATIC STRUCTURES IN BECKETT'S FICTION, by Laura Barge. 1988. (No. 230). -9235-1.

THE NAME GAME. WRITING/FADING WRITER IN "DE DONDE SON LOS CANTANTES", by Oscar Montero. 1988. (No. 231). -9236-X.

When ordering please cite the ISBN Prefix plus the last four digits for each title.

Send orders to: University of North Carolina Press
                    P.O. Box 2288
                    CB# 6215
                    Chapel Hill, NC 27515-2288
                    U.S.A.

NORTH CAROLINA STUDIES IN THE ROMANCE LANGUAGES AND LITERATURES

I.S.B.N. Prefix 0-8078-

Recent Titles

When ordering please cite the ISBN Prefix plus the last four digits for each title.

Send orders to: University of North Carolina Press
P.O. Box 2288
CB# 6215
Chapel Hill, NC 27515-2288
U.S.A.